OpenCV를 이용한

디지털 영상처리

DIGITAL IMAGE PROCESSING
Using OpenCV

OpenCV를 이용한

디지털 영상처리

DIGITAL IMAGE PROCESSING Using OpenCV

INFINITY BOOKS

천인국 지음

국립중앙도서관 출판시도서목록(CIP)

이 도서의 국립중앙도서관 출판예정도서목록(CIP)은 서지정보유통지원
시스템 홈페이지(http://seoji.nl.go.kr)와 국가자료종합목록시스템
(http://www.nl.go.kr/kolisnet)에서 이용하실 수 있습니다.

(CIP제어번호 : CIP2019001563)

영상 처리는 멀티미디어 시대에 있어 중요한 역할을 하는 영상을 컴퓨터를 이용해 처리하는 학문 분야입니다. 최근에 영상 처리는 인공 지능과 함께 많은 분야에 응용되고 있습니다. 예를 들어서 자율 주행 자동차에서도 카메라를 통해 전방의 장애물을 판별하는 데 사용됩니다.

현재까지 적지 않은 영상 처리 관련 책들이 출판되었으나 너무 어려운 수식이나 복잡한 이론들이 자세한 설명 없이 나열되어 있어, 학생들에게 쉽게 가르치기에는 부족하다는 점을 저자는 교육 현장에서 체험해왔습니다. 이런 경험을 바탕으로 본서는 영상 처리를 공부하는 학생이나 일반인들을 대상으로 한 입문서로서 집필되었습니다.

이 책은 다음과 같은 목표를 가지고 제작되었습니다.

- ▶ 최대한 많은 그림을 사용해 각종 알고리즘을 설명했습니다. 또한 영상 처리의 핵심적인 내용도 빠짐없이 기술했으므로 입문자들도 영상 처리 알고리즘의 핵심 내용을 쉽게 파악할 수 있습니다.
- ▶ 영상 처리 알고리즘의 표준 라이브러리인 OpenCV 최신판을 사용하여 프로그램을 제시했고, 프로그래밍 언어로는 빠른 속도를 자랑하는 C++를 사용했습니다.
- ▶ 독자들이 흥미를 가질 만한 예제들을 엄선하였습니다.
- ▶ 기초적인 기계 학습 알고리즘도 소개하였습니다. 영상을 인식하려면 기계 학습 알고리즘도 필요하기 때문입니다.

본 교재를 집필하는 동안, 오류가 없는 책을 만들기 위해 나름대로의 노력을 다하였으나, 저자가 지닌 지식의 한계로 말미암아, 부족한 부분과 오류가 있을 것으로 예상됩니다. 이 부분은 지속적인 수정을 통해 더 완벽하고 견고한 교재로 거듭날 수 있도록 최선의 노력을 다할 것임을 약속드립니다. 늘 격려를 아끼지 않으시는 여러 교수님과 인피니티북스 관계자 여러분들께 깊이 감사드립니다.

영상 처리를 공부하는 많은 이들이 이 책을 통해 좀 더 재미있게 학습할 수 있다면 필자에게는 큰 보람이 될 것입니다.

2019년 1월
저자 천인국

강의 계획

1학기를 16주로 가정하여 다음과 같은 진행을 생각할 수 있습니다. 상황에 따라 일부 내용은 제외될 수 있습니다.

주	해당 Chapter	주제
1	1장	영상 처리 개요
2	2장	OpenCV 설치와 개요
3	3장	OpenCV 기초, Mat 클래스 사용 방법
4	4장	화소 처리
5	5장	히스토그램
6	6장	공간 영역 필터링
7	7장	기하학적 처리
8	중간고사	중간 평가 및 프로젝트 제안서 발표
9	8장	모폴로지 처리
10	9장	컬러 영상 처리
11	10장	주파수 영역 처리
12	11장	영상 분할
13	12장	영상 특징 추출, 허프 변환
14	13장	영상 분류
15	14장	기계 학습과 딥러닝
16	기말고사	기말 평가 및 프로젝트 결과 발표

차례

영상 처리 개요

단원 목표

• 영상 처리란 무엇인지 개략적으로 이해한다.

• 영상을 획득하는 과정을 이해한다.

• 컬러의 기본을 이해한다.

• 연속적인 신호에서 표본을 추출하는 표본화를 이해한다.

• 화소의 값을 정해진 몇 단계의 밝기로 제한하는 과정인 양자화를 이해한다.

• 디지털 영상은 근본적으로 숫자들의 2차원 배열임을 이해한다.

영상 처리란?

인간은 기본적으로 시각적인 생물이다. 사람은 눈을 통하여 많은 정보를 얻는다. 영상 처리^{image} ^{processing}란 디지털 카메라를 통하여 영상을 전자적으로 얻은 후, 컴퓨터로 영상을 처리하여 원하는 출력 영상을 얻는 기술 분야이다. 어도비사의 포토샵^{Photoshop}을 사용해보았다면 여러분들은 이미 어느 정도의 영상처리를 경험한 셈이다. 우리는 포토샵을 이용하여 인물 사진을 보정한다거나 영상의 화질을 개선시킬 수 있다. 또 펜이나 브러시로 영상 위에 그림을 그릴 수도 있고 하나의 영상을 다른 영상과 합성할 수도 있다. 영상을 압축한다거나 영상에서 관심 있는 영역만을 추출한다거나 영상을 기하학적으로 변형하는 것도 영상 처리에 속한다.

영상 출처: 어도비사 홈페이지

1960년대부터 시작된 영상 처리는 점진적으로 중요한 연구 분야가 되어 왔다. 영상 처리 알고리즘은 막대한 처리 용량을 필요로 했기 때문에 1960년대에는 소수의 전문가들의 연구 영역으로 머물러 있었다. 1970년대부터 컴퓨터의 성능이 놀랍게 증대되면서 많은 사람들이 컴퓨터를 이용하여 영상을 처리하는 것에 관심을 가지게 되었다. 최근에는 여러 가지 기술의 발전으로 인해 영상 처리 분야의 성장 가능성이 한층 더 기대되고 있다. 대표적으로 강력한 성능의 CPU, 병렬 처리 기술의 발전, CCD 소자의 가격 하락, 메모리칩의 대용량화, 저렴한 가격의 고해상도 컬러 디스플레이 시스템 등을 들 수 있다.

영상 처리 시스템 개요

영상 처리는 아날로그 영상 처리와 디지털 영상 처리로 구분할 수 있지만 최근에 컴퓨터의 발전으로 영상 처리라고 하면 일반적으로 디지털 영상 처리를 의미한다.

영상은 수학적으로는 2차원 함수 $f(x, y)$로 정의될 수 있으며, 여기서 x와 y는 2차원 공간 좌표이다. 좌표 (x, y)에서 f의 값이 그 점에서의 영상의 밝기^{intensity}가 된다. 만약 x와 y가 유한하고 이산적일 때 이러한 영상 $f(x, y)$를 디지털 영상이라고 한다. 디지털 영상은 유한한 개수의 점들로 구성되며, 이러한 점을 화소^{pixel: picture element} 라고 부른다.

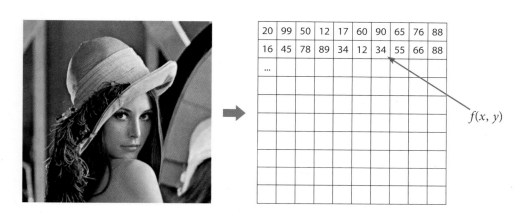

일반적인 영상 처리 시스템은 [그림 1.1]과 같다. 영상은 카메라로 캡처되고, 컴퓨터로 전송되어 목적에 맞는 여러 가지 처리가 수행된다.

실제 세계   카메라   처리된 영상

[그림 1.1] **영상 처리 시스템의 개요**

영상 처리에는 일반적으로 저수준 처리, 중수준 처리, 고수준 처리가 있다.

- ▶ 저수준 처리^{low-level image processing} : 잡음을 줄이는 처리, 콘트라스트 개선, 영상 선명화 등의 처리로서 입력과 출력이 모두 영상 처리이다.
- ▶ 중수준 처리^{mid-level image processing} : 영상을 영역으로 구분하거나 객체들의 묘사, 객체 인식 등의 처리로서 입력은 영상이지만 출력은 영상으로부터 추출된 속성이다.
- ▶ 고수준 처리^{high-level image processing} : 영상을 분석하고 인식하는 처리로서 입력은 영상이지만 출력은 물체의 레이블일 수 있다.

영상의 획득

영상 처리 시스템의 첫 번째 단계는 영상 획득 단계이다. [그림 1.2]는 영상이 형성되는 과정을 알려준다. 광원에서 나오는 빛이 물체에 반사되고 이 빛을 카메라 안의 센서가 잡아서 디지털 영상이 형성된다.

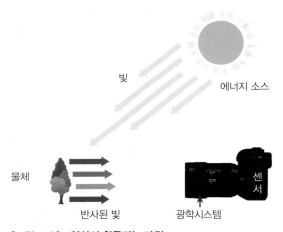

[그림 1.2] **영상이 획득되는 과정**

카메라

영상을 획득하는 카메라와 인간의 눈은 유사한 구조를 가지고 있다. 인간의 눈에 있는 수정체는 카메라의 렌즈에 해당되며, 망막은 카메라의 영상 센서에 해당된다.

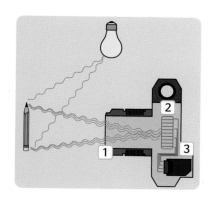
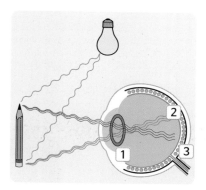

카메라는 가변 조리개가 있는 렌즈를 사용하여 영상 센서에 빛을 집중시킨다. 조리개와 셔터는 영상 센서에 적절한 양의 빛을 통과시킨다. 영상 센서로는 2가지 종류(CCD 및 CMOS)가 사용된다. CCD 센서는 모든 화소에 하나의 증폭기를 가지고 있는 반면 CMOS 액티브 센서의 각 화소는 자체 앰프를 가지고 있다. 통상적으로 CMOS 센서는 CCD 센서에 비해 전력 소모가 적다. 영상의 화질은 센서의 종류보다는 카메라의 영상 처리 능력에 더 좌우된다.

카메라는 어떻게 컬러 영상을 생성할까? 컬러 영상은 가시광선의 3원색에 해당하는 파장에서의 강도 intensity 를 기록함으로써 생성된다. 이것은 우리 눈이 컬러를 인식하는 것과 매우 유사하다. 컬러 카메라에는 적색, 녹색, 청색 빛을 받을 수 있는 센서들이 촘촘하게 번갈아서 배치되어 있다. 각 센서들은 각자의 위치에서 적색, 녹색, 청색 빛의 강도를 측정한다. 이것이 카메라 내의 메모리로 전송되어서 디지털 영상이 된다.

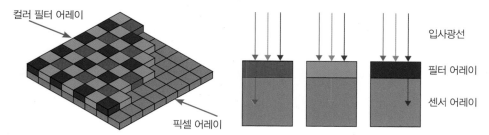

[그림 1.3] **디지털 카메라의 CFA(컬러 필터 어레이)**

컬러

대부분의 실세계의 영상들은 단색이 아니고 컬러 영상이다. 17세기에 위대한 물리학자 뉴턴은 태양 빛이 프리즘을 통과하면 무지개 색을 나타낸다는 것을 발견하였다. 뉴턴은 이를 바탕으로 흰색광은 많은 서로 다른 컬러로 이루어져 있다고 결론을 내렸다.

빛도 전자기파의 일종이다. 전자기파 중에서 우리가 눈으로 볼 수 있는 것을 가시광선이라고 한다. [그림 1.4]는 가시광선에 해당하는 파장 ^{wavelength}을 표시한 것이다. 예를 들어서 파장이 400nm의 전자기파는 보라색에 해당한다. 파장이 750nm인 전자기파는 빨간색이다.

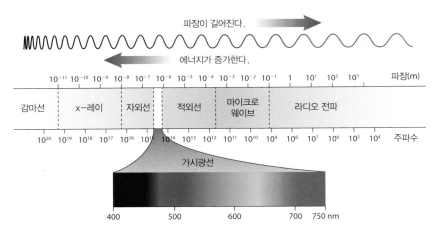

[그림 1.4] **백색광의 에너지 분포**

인간은 가시광선만 볼 수 있지만, 영상 처리에 사용되는 기계들은 감마선에서 라디오 전파까지 거의 전체 스펙트럼을 볼 수 있다. 따라서 영상 처리에서는 가시광선만을 다루는 것이 아니다. 초음파 센서, 자외선 센서, 적외선 센서들이 생성한 영상도 영상 처리에서 다룰 수 있다.

19세기 후반에 물리학자 맥스웰은 컬러 영상은 3개의 기본 컬러를 이용하여 생성될 수 있음을 보였다. 그가 주장한 3가지의 기본 컬러는 적색^{red}, 청색^{blue}, 녹색^{green}이었고 이들을 적당히 섞으면 모든 컬러를 만들 수 있다는 것이었다. [그림 1.5]는 3개의 주요한 컬러와 이들의 혼합으로 만들어지는 2차색을 보여준다. 이것은 중요한 발견으로서 최근의 컬러 모니터와 TV 등이 모두 이 이론을 바탕으로 만들어진다. 모니터는 3가지의 파장이 다른 빛을 내는 소자들을 결합하여서 다양한 색상을 만들어낸다.

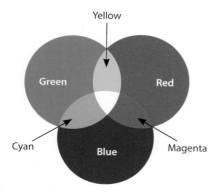

[그림 1.5]　**기본적인 R, G, B 컬러**

컴퓨터에서 사용하는 LCD 디스플레이도 수백만 개의 작은 적색, 녹색, 청색 소자들을 가지고 있다. LCD 디스플레이가 표시할 수 있는 색역^{gamut}은 적색, 녹색, 청색 소자에 사용되는 색상에 따라 달라진다.

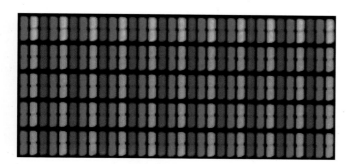

[그림 1.6]　**LCD 디스플레이를 확대한 것**

컬러 영상과 그레이스케일 영상

영상에는 컬러 영상과 그레이스케일 영상^{grayscale image}(흔히 흑백 사진이라고 하는 것, 그레이레벨 영상이라고도 한다)이 있다. 카메라에 빛의 강도만을 측정할 수 있는 센서만 있다면 흑백 영상이 만들어진다. 컬러 영상은 카메라에 가시광선의 3원색을 측정할 수 있는 센서가 있어야 만들 수 있다.

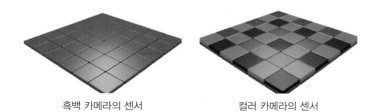

흑백 카메라의 센서　　　　　　　컬러 카메라의 센서

여러분들은 그레이스케일 영상보다는 컬러 영상을 사용하고 싶겠지만 영상 처리에서는 그레이스케일 영상도 많이 사용된다. 빛의 강도만 있으면 충분히 분석할 수 있는 경우가 많기 때문이다. 컬러 영상은 아주 쉽게 그레이스케일 영상으로 변환할 수 있다. 많은 변환식이 있지만 가장 간단한 식은 다음과 같다.

$$Grayscale = (Red + Green + Blue)/3$$

3

표본화와 양자화

지금부터 디지털 영상이 생성되는 과정을 한 단계씩 자세히 살펴보자. 카메라에서 영상을 캡처하는 것은 물리적인 과정이다. 빛이 물체에서 반사된 양이 카메라의 센서에 의해 감지되고 감지된 데이터의 양에 의해 연속적인 전압 신호가 발생한다. 전압 신호는 아날로그 신호이지만 표본화 sampling 및 양자화 quantization 가 수행되면 영상은 2차원 숫자 배열로 바뀌게 되고 이것이 바로 디지털 영상이다. 영상이 숫자들의 2차원 배열로 바뀌면 이후부터는 컴퓨터로 쉽게 처리할 수 있다. 컴퓨터는 근본적으로 숫자만을 처리하는 기계이고, 무엇이든지 숫자로만 바뀌면 컴퓨터가 다룰 수 있는 것이다. 우리는 이제부터 "숫자들의 2차원 행렬"인 영상을 가지고 여러 가지 작업을 하겠지만 영상이 만들어지는 과정을 약간 상세하게 알 필요가 있다. 일단 그레이스케일 영상만을 생각하자.

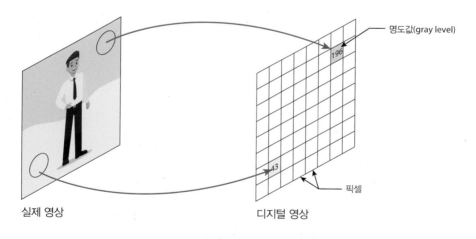

실제 영상   디지털 영상

표본화와 양자화란 무엇일까? 일단 간단하게 설명하자면 아날로그 영상에서 적당한 간격으로 샘플을 추출하는 것이 표본화이다. 양자화는 각 샘플들의 밝기를 제한된 수의 비트로 표시하는 것이다.

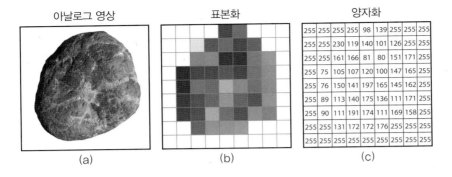

아날로그 영상	표본화	양자화
(a)	(b)	(c)

표본화와 양자화는 모두 카메라 안에서 이루어진다. 카메라 안의 센서 출력은 연속적인 전압 파형이다. 감지된 전압 파형을 디지털 영상으로 만들려면 표본화와 양자화 과정을 거쳐야 한다. 우리가 카메라로부터 전달받는 것은 표본화와 양자화 과정을 거친 "숫자들의 2차원 행렬"이다. 간단히 설명하자면 영상의 좌표값들을 디지털화하는 과정을 표본화라고 한다. 영상의 밝기값들을 디지털화하는 과정을 양자화라고 부른다.

표본화

표본화(샘플링)^{sampling}는 용어 그대로 샘플을 취한다는 의미이다. 1차원 신호로 표본화를 설명해보자. [그림 1.7]은 아날로그 파형을 보여준다. 우리는 이 파형을 디지털 데이터로 변환하고자 한다. 어떻게 해야 할까? 이 파형은 연속된 값으로 이루어져 있지만 컴퓨터는 메모리의 제한이 있기 때문에 모든 값을 저장할 수는 없다. 따라서 일정한 간격(T)으로 표본화한 값만을 저장하게 된다. [그림 1.7]에서는 붉은색 점으로 표시되어 있다. 이것이 바로 표본화이다.

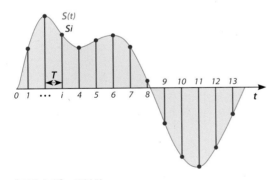

[그림 1.7] **표본화**

이 개념을 2차원 공간으로 확장하면 영상의 표본화가 된다. 실제 영상은 2차원 공간에서 무한한 점들로 이루어진다. 이것을 디지털 영상으로 만들려면 점의 개수를 제한할 수밖에 없다. 공간 영역에서 점의 개수를 제한하는 것이 영상에서의 표본화^{sampling}이다.

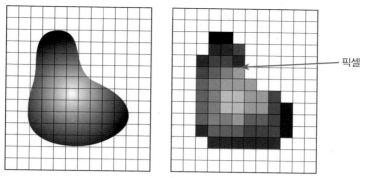

픽셀

[그림 1.8] **영상에서의 표본화**

앞에서도 언급하였지만 표본화하는 점들을 화소 pixel: picture element 라고 한다. 표본화는 영상의 해상도를 결정한다. 영상의 크기를 1200 × 800이라고 하면 이것은 가로 방향으로 1200개의 화소가 있고 세로 방향으로는 800개의 화소가 있다는 것을 의미한다. [그림 1.9]는 동일한 장면을 해상도를 달리하여서 표본화한 것이다.

    (a) 256×256 영상   (b) 128×128 영상   (c) 64×64 영상   (d) 32×32 영상

[그림 1.9] **해상도에 따른 영상의 변화**

양자화

영상의 양자화 quantization 란 각 화소의 값을 정해진 몇 단계의 밝기로 제한하는 과정이다. 카메라 센서에 감지된 값들은 아날로그 값이기 때문에 연속된 무한한 범위의 값을 가진다. 하지만 디지털 카메라에서는 제한된 비트로 화소값을 나타내기 때문에 화소값을 제한된 단계의 밝기로 제한하여야 한다. 예를 들어, 카메라 센서의 특정 화소 위치에 감지된 값이 126.37이라고 하자. 화소당 8비트를 할당하는 카메라에서는 이것을 126으로만 나타낼 수 있다. 소수점 이하 값은 표현할 수 없는 것이다.

양자화도 1차원 신호로 자세히 설명해보자. [그림 1.10]에서 아날로그 파형을 2비트로 양자화한 것이 왼쪽 그림이고 3비트로 양자화한 것이 오른쪽 그림이다. 2비트로 양자화한다면 00, 01, 10, 11로 파형값을 표현해야 한다. 3비트로 양자화한다면 000, 001, …, 111까지 8단계의 값으로 파형값을 표현한다.

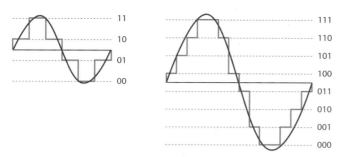

[그림 1.10] **1차원 신호의 양자화**

예를 들어 그레이스케일 영상에서 각 화소의 값을 8비트로 양자화 한다면 00000000, … 11111111까지 256단계의 값으로 화소값을 표현하게 된다. 즉 하나의 화소는 0에서 255까지의 숫자만을 가질 수 있다. 이것이 바로 양자화이다. 일반적인 영상은 몇 비트로 양자화하면 좋을까? 각 화소에 할당되는 비트 수를 늘리면, 더 정확한 영상을 나타낼 수 있지만 인간의 시각 특성을 고려하여야 한다. 인간의 눈은 최대 500단계의 명암까지만 판별할 수 있다고 한다. 따라서 8비트의 양자화면 충분하다.

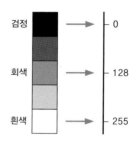

[그림 1.11]은 동일한 영상을 다양한 양자화 비트를 사용해서 디지털 영상으로 만들어 본 것이다.

[그림 1.11] **다양한 양자화에 따른 영상의 변화(256, 129, 64, 32, 16, 8, 4, 2)**

디지털 영상의 종류

전술한 바와 같이 디지털 영상을 구성하는데 있어 가장 작은 단위를 화소라고 부른다. 화소 pixel 는 영상을 이루고 있는 개개의 점을 의미한다. 이 화소들의 2차원적 집합이 디지털 영상이라고 할 수 있다. 디지털 영상은 수학적으로는 수평과 수직으로 구성되는 2개의 좌표축 x와 y에 의하여 표현되는 2차원 행렬이다.

일반적으로 영상은 M행과 N열을 가진 2차원 행렬로 표시되며 행(줄)과 열(칸)의 인덱스는 y와 x, 또는 r과 c로 나타낸다. 많은 경우에 영상 행렬은 정사각형, 즉 $M = N$이며 M과 N의 대표적인 값들은 128, 256, 512, 1024 등의 2의 배수이다.

가장 간단한 영상은 각 화소가 0과 1의 값만을 갖는 영상이다. 이런 영상을 이진 영상^{binary image} 이라고 한다. 1과 0은 밝은 부분과 어두운 영역, 또는 물체와 배경을 나타낸다.

빛의 강도를 더 세밀하게 양자화하려면 화소당 여러 비트를 사용한다. 이러한 영상을 그레이스케일 영상^{gray scale image} 이라고 하며 한 화소당 8비트를 할당하는 경우, 하나의 화소는 0(검은색)에서 255(흰색)까지의 값을 가질 수 있고 이들 값들은 회색(그레이)^{gray} 의 농도를 나타낸다. 이 경우에 한 화소의 밝기^{brightness} 를 나타내는 정수값을 명도^{gray level} 라고 한다. 영상을 x, y 좌표계에 의하여 표현할 경우, 명도를 $f(x, y)$로 표현한다. $f(x, y)$가 가질 수 있는 값의 범위 또는 값의 개수를 명도 수라고 부른다. 그레이스케일 영상에서는 일반적으로 명도 수가 클수록 화질이 좋아진다.

컬러 영상^{color image} 은 3가지 기본색인 적색^{red}, 녹색^{green}, 청색^{blue} 에 대하여 각각 하나의 $M \times N$의 행렬을 필요로 한다. 따라서 각 행렬의 명도값은 각 화소 지점에서의 적색, 녹색, 청색 성분의 강도를 나타낸다. 따라서 컬러 영상에서의 각 화소 $f(x, y)$는 R ^{Red}, G ^{Green}, B ^{Blue} 의 3요소로 구성되어 있다.

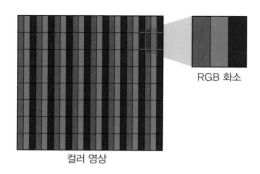

RGB 화소

컬러 영상

각 색상의 명도를 나타내는 $R(x, y)$, $G(x, y)$, $B(x, y)$에 의해서 색상이 결정된다. 예를 들면 R, G, B가 각각 8비트인 경우 각 성분은 $2^8 = 256$단계의 명도를 가진다. 따라서 R, G, B 세 가지 성분으로 이루어진 컬러 영상으로 표현 가능한 색상은 $2^3 \times 2^3 \times 2^3 = 256^3 = 1677216 \approx$ 약 1680만 색이 된다. 인간이 눈으로 구별할 수 있는 컬러의 개수를 고려해볼 때 R, G, B에 8비트를 부여하면 충분한 것으로 분석되었고 이런 이유로 R, G, B에 각각 8비트를 할당한 24비트 컬러 영상을 트루 컬러 영상true color image이라고 한다.

영상의 좌표계

영상은 "숫자들의 행렬"로서 $f(x, y)$와 같이 나타낼 수 있다고 하였다. 즉 영상은 2개의 독립 변수를 가지는 함수라고 생각할 수 있다. 즉 x와 y값이 결정되면 화소 값인 $f(x, y)$값이 결정된다. 하지만 좌표계는 우리가 수학에서 학습하였던 좌표계와는 조금 다르다.

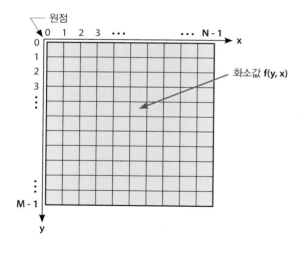

영상의 좌표계에서는 원점이 좌측 상단이 된다. 또 OpenCV 프로그램에서 화소의 값을 표기할 때는 $f(x, y)$보다는 $f(y, x)$를 사용하는 경우가 많다. 이것은 수학에서의 행렬과 관련이 있는데 행렬에서 행의 좌표를 r, 열의 좌표를 c라고 하면 행렬의 원소는 $A(r, c)$라고 표기하기 때문이다. 영상은 "숫자들의 행렬"로 생각할 수 있다고 하였다. 하지만 각종 영상 처리를 설명하는 부분에서는 $f(x, y)$를 사용할 수도 있으니 많은 양해 부탁드린다.

정지 영상의 크기

정지 영상의 데이터양은 영상의 해상도와 화소당 할당된 비트 수에 따라 다음과 같이 계산된다.

정지 영상 데이터양 = (가로 픽셀 수) × (세로 픽셀 수) × (픽셀당 비트 수)

512 × 512 크기이고 화소당 8비트인 그레이스케일 영상은 512 × 512 × 8 = 2097152비트 = 256KB의 메모리를 필요로 한다. 이것은 텍스트만으로 이루어진 문서 약 100페이지에 해당한다. 512 × 512 크기이고, 한 화소당 8비트 크기의 R, G, B 성분을 가지는 컬러 영상의 경우, 데이터양은 512 × 512 × (8 × 3) = 6291456비트 = 786KB가 된다.

디지털 영상은 이와 같이 막대한 데이터양이 되므로 디지털 영상 처리를 하기 위해서는 필수적으로 영상 압축 기술과 높은 계산 능력이 요구된다. 일반적으로 영상에서 한 행^{row}이 8비트 경계나 32비트 경계로 끝나지 않는 경우, 처리를 빠르게 할 목적으로 여분의 비트나 바이트(보통 패딩이라고 함)가 추가되는 경우가 있다. 이럴 경우는 패딩 비트나 바이트를 넣어서 계산해야 한다.

동영상의 크기

동영상의 크기를 계산하려면 앞의 식에 초당 프레임을 곱하면 된다.

동영상 데이터양 = (가로 화소 수) × (세로 화소 수) × (화소당 비트 수) × (초당 프레임 수)

동영상의 경우에는 사정이 더욱 심각한데 예를 들어 어떤 사람이 512 × 512 크기에 화소당 8비트를 가지는 영상을 초당 10개씩 실시간으로 처리해야 한다고 가정해보자. 처리되어야 하는 데이터의 양은 1분에 150MB 즉 텍스트 문서 약 60,000페이지에 해당하는 양이다. 하지만 최근에는 아주 좋은 영상 압축 알고리즘들이 등장하여서 동영상의 크기는 상당히 줄어들었다.

4

영상 처리는 어디에 사용될까?

최근에 영상 처리는 많은 영역에서 실제로 사용되고 있다. 대표적인 것이 자율 주행 자동차이다. 자율 주행 자동차에서는 카메라, 레이다 radar, 라이더 lidar 와 같은 각종 센서를 통하여 들어오는 정보를 영상 형태로 통합하여 차선이나 장애물을 식별한다. 또 안면 인식 기술은 중국을 비롯하여 여러 국가에서 광범위하게 사용되고 있다. 안면 인식 기술은 스마트폰의 잠금을 해제하는 용도로도 사용된다. 영상 처리의 응용 분야를 자세히 살펴보자.

영상 출처: https://automotivelectronics.com/, https://leaksource.wordpress.com

자율 주행 자동차

자율 주행 자동차에서는 카메라나 레이다를 통하여 차선이나 장애물을 인식한다. 영상에서 어떤 물체를 인식하려면 사전 작업으로 방대한 양의 영상 처리가 필요하다. 어떤 처리들이 필요할까? 예를 들어서 차선을 검출한다고 하자. 다양한 방법들이 있지만 한 가지 방법은 영상의 왜곡을 보정한 후에 에지 edge (경계선)를 계산하는 미분 연산자를 적용하고, 그 결과에 직선이나 곡선을 찾는 알고리즘을 적용하는 것이다. 이 모든 것이 영상 처리에 속한다.

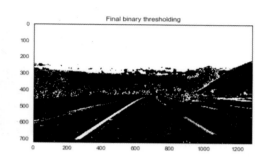

영상출처: https://towardsdatascience.com/

공장 자동화

공장의 생산 현장에서 영상 처리 시스템은 자동화된 검사와 산업용 로봇에 이용된다. 공장 자동화 factory automation 에서 사용되는 로봇들은 제품의 생산이나 제품의 결함을 찾는데 영상 처리를 이용한다. 이들 시스템은 생산 공정의 정밀도와 안정성을 향상시키면서 작업자의 수를 줄인다. 생산 비용을 낮추는 것은 물론이다. 산업용 로봇에 시각 장치를 붙이면 로봇이 부품들을 유연하게 집을 수 있고, 인식 및 측정 한 다음 정확하고 신속하게 배치할 수 있다.

출처: https://www.automation.com/

생체 인식 시스템

스마트폰이나 ATM에서 사용자의 얼굴을 인식하여 잠금을 풀 수 있다. 또 인터넷의 영상을 분석하여 영상 안에 존재하는 동물이나 사물을 자동으로 인식할 수 있다. 우리는 이러한 기능을 이용하여 원하는 영상을 자동으로 찾을 수도 있다. 구글도 영상 기반의 검색 서비스를 제공하고 있다. 이러한 분야는 전통적으로는 컴퓨터 비전에 속하는 것이지만 컴퓨터 비전 알고리즘 중에서 상당한 부분이 영상 처리 알고리즘이다. 인식 시스템에서는 영상에서 어떤 특징을 찾아서 데이터베이스에 저장된 특징과 비교한다.

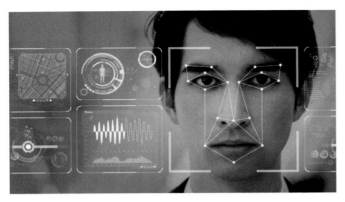

출처: https://www.techfunnel.com/

의료(생물학) 영상 처리

병원에서의 X-ray나 CT 촬영은 영상 처리를 집중적으로 사용한다. CT는 여러 장의 2차원 투영 영상을 이용하여 3차원 영상을 합성하는 장치이다. 영상 처리 기술을 이용하여 X-ray 영상이나 CT 영상의 화질을 개선하기도 한다. 생물학 biological 과 생의학 biomedical 연구실에서는 생물 샘플을 시각적으로 분석하기 위해 영상 처리를 사용한다. 예를 들어서 영상 처리를 이용하여 세포들의 개수를 자동적으로 셀 수 있다. DNA의 분석, 분류, 정합을 수행하는 데도 영상 처리가 사용된다.

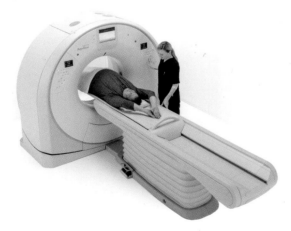

출처: https://us.medical.canon/

문서 자동 인식

영상 처리를 이용하면 문서 영상에서 문자들을 자동으로 인식하여 텍스트 형태로 변경하여 저장할 수 있다. 이 기술은 수표나 세금 양식에 인쇄되어 있는 글자를 자동 검출하고 인식할 수 있어서 은행에서 업무를 자동화하는데 큰 도움을 주고 있다. 스마트폰에서도 카메라로 영상을 찍으면 영상 안의 글자를 인식하여 번역할 수 있다. 특히 최근에 고속도로나 주차장에서 번호판을 자동으로 인식하는 장치가 이미 널리 사용되고 있다.

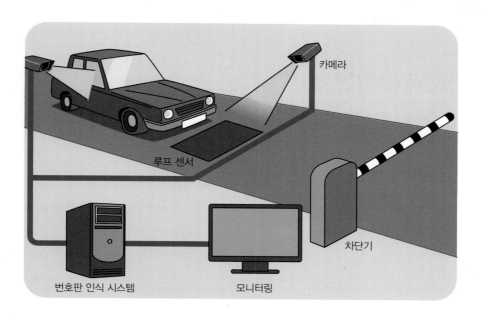

5

영상 처리와 유사한 분야

영상 처리를 학습하다보면 유사한 분야가 많다. 영상 처리가 다른 기술 분야와 어떻게 다른지 살펴보자.

컴퓨터 비전과의 비교

컴퓨터 비전computer vision 은 입력 영상에서 어떤 정보를 추출하는 분야이다. 예를 들어서 영상에서 얼굴을 인식하여 스마트폰의 잠금을 열어주는 시스템은 엄밀히 말하자면 컴퓨터 비전 분야이다. 컴퓨터 비전은 영상에서 물체를 찾고 의미 있게 설명하는 것을 목표로 한다. 컴퓨터 비전의 출력은 영상의 설명이나 해석이다. 영상 처리에서는 입력이 영상이고 출력도 영상이 된다. 하지만 이 구분은 상당히 모호하다. 예를 들어서 영상에 들어있는 화소들의 평균값을 계산하여 출력하는 처리는 컴퓨터 비전 같지만 실제로는 영상 처리라고 할 수 있다.

영상 처리와 컴퓨터 비전은 정말 많은 내용이 중복된다. 이 책의 후반부에서 약간의 컴퓨터 비전 주제를 다루었다.

컴퓨터 그래픽과의 비교

컴퓨터 그래픽computer graphics 은 컴퓨터에서 가상의 영상을 생성하는 것을 다루는 학문이다. 영상 처리는 실제 세계에서 획득된 영상을 컴퓨터로 처리한다.

인공 지능과의 비교

인공 지능은 컴퓨터에서 인간의 지능을 구현하려고 하는 시도이다. 많은 인공 지능 분야가 영상 처리와 관련이 있다. 컴퓨터 비전은 인공 지능의 한 분야로 소개된다. 입력 영상에서 물체를 구분하려면 여러 가지 패턴 인식과 같은 인공 지능 기법이 필요하다. 자율 주행 자동차에서 카메라를 통하여 입력되는 영상을 분석하는 시스템에서는 영상 처리 기술과 인공 지능 기술을 함께 사용한다.

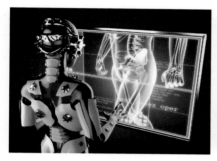

영상 출처: https://www.nanalyze.com/, Bosch 사

신호 처리와의 비교

신호 처리^{signal processing}는 굉장히 방대한 분야이다. 영상 처리도 신호 처리의 일부라고 할 수 있다. 다양한 신호 처리 중에서 입력이 영상이고 출력이 영상인 신호 처리를 영상 처리라고 할 수 있다. 신호 처리에서의 표본화 및 양자화 이론은 영상 처리에서도 동일하게 적용된다.

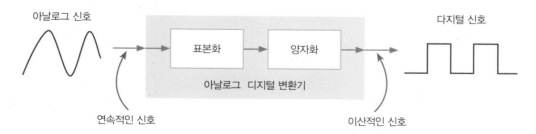

6

영상 처리 분야

영상 처리를 크게 분류하면 저수준 영상 처리와 고수준 영상 처리로 나눌 수 있다. 저수준 영상 처리란 입력 영상을 처리하여서 영상의 화질을 개선하거나 잡음을 제거하는 영상 처리이다. 일반적으로 처리 결과가 영상이 된다. 고수준 영상 처리란 영상을 분석하여서 영상을 분할하거나 영상안에 존재하는 사물을 인식하는 것이다. 이 경우, 처리 결과는 영상이 아니라 물체의 레이블이 될 수 있다. 고수준의 영상 처리는 컴퓨터 비전computer vision이라는 분야와 겹치게 된다. 컴퓨터 비전 분야의 최종 목적은 인간처럼 컴퓨터가 사물을 인식하게 만드는 것이다. 예를 들어서 자율 주행자동차에서 보행자나 자전거를 인식하는 기술이다.

영상 처리 기술은 다음과 같이 분류할 수 있다.

▶ 영상 조작image manipulation : 영상을 변형하는 것이다.
▶ 영상 분석image analysis : 영상 안의 물체를 측정하거나 검사한다.
▶ 영상 인식image recognition : 영상 내 존재하는 물체의 종류와 개수 등을 식별하는 기술이다.
▶ 영상 압축image compression : 영상의 크기를 줄이는 기술이다.

영상 조작

영상 조작 image manipulation 은 전통적이고 대표적인 영상 처리 분야이다. 잡음이 많은 영상을 개선하거나, 흐려진 영상을 복원하고, 영상의 명암비를 향상하는 것이 모두 이 분야에 속한다. 영상의 기하학적인 교정이나 예술적인 변형도 여기에 속한다.

영상 분석

영상 분석^{image analysis}은 인쇄되거나 필기된 글자를 식별하거나, 카메라를 통하여 부품의 치수를 측정하고 PCB 기판의 정밀도 체크하거나, 의료 분야에서의 세포 분석 등이 여기에 해당된다.

영상 출처: https://www.generationrobots.com/, https://resources.infosecinstitute.com/

영상 인식

영상 처리의 가장 흥미로운 분야 중 하나로 영상 내 존재하는 물체의 종류와 개수 등을 인식하는 것이다. 대표적 예가 로봇의 시각 시스템과 자율 주행 자동차의 전자 눈이다. 그러나 영상 인식^{image recognition}은 본질적으로 구현하기 어려운 문제이며 유용한 시스템을 만들기 위해서는 아직도 많은 연구 과제가 남아 있다.

영상 출처: https://medium.com/, By Humanrobo - Own work, CC BY-SA 3.0

영상 압축

영상 압축^{image compression}은 저장 또는 전송 비용을 줄이기 위해 디지털 영상에 적용되는 데이터 압축 방법이다. 인간의 시각적 인식 특성과 영상 데이터의 통계적 특성을 활용하면 일반 압축 방법과 비교하여 우수한 결과를 제공할 수 있다.

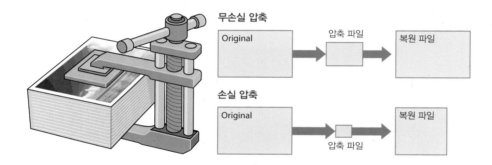

영상 압축은 무손실 압축과 손실 압축으로 분류할 수 있다. 무손실 압축은 압축 시에 영상의 손실이 없는 방법으로 의료용 영상, 기술 도면, 클립아트 등을 저장할 때 적합한 압축 방법이다. 손실은 없지만 압축율은 비교적 낮다. 무손실 압축 방법은 다음과 같다.

- ▶ 런길이 압축^{Run-length encoding}: PCX의 기본 방법이다. BMP, TGA, TIFF에서 사용된다.
- ▶ LZW와 같은 적응형 사전 알고리즘: GIF 및 TIFF에서 사용된다.
- ▶ DEFLATE: PNG, MNG, TIFF에서 사용된다.
- ▶ 체인 코드

손실 압축은 압축률을 높이기 위하여 손실을 감수하는 방법이다. 사진과 같은 풍경 영상에 특히 적합하다.

- ▶ DCT^{Discrete Cosine Transform}를 이용하는 방법: JPEG, MPEG
- ▶ 프랙탈 압축
- ▶ 색상 공간을 줄이는 방법

Summary

▶ 영상 처리란 입력 영상을 컴퓨터로 처리하여 출력 영상을 생성하는 기술 분야이다.

▶ 영상 처리에는 저수준, 중수준, 고수준 처리가 있다.

▶ 영상은 표본화와 양자화 과정을 거쳐서 만들어진다.

▶ 표본화^{sampling}는 2차원 공간에서 일정한 간격으로 샘플을 취하는 것을 의미한다. 표본화는 영상의 해상도를 결정한다.

▶ 양자화^{quantization}는 각 화소의 명암(밝기)값을 정해진 몇 단계의 밝기로 제한하는 과정이다.

▶ 영상은 숫자들이 2차원 형태로 나열된 행렬^{matrix}이라고 할 수 있다.

▶ 그레이스케일 영상이란 각 화소가 밝기값만을 가지고 있는 영상이다.

▶ 컬러 영상에는 각 화소에 R^{red}, G^{green}, B^{blue} 값이 저장된다.

▶ 컴퓨터 비전은 영상을 처리하여 어떤 정보를 추출하는 기술 분야이다.

▶ 영상 처리와 컴퓨터 비전은 많은 부분이 겹치게 된다.

01 연속되는 신호에서 주기적인 간격으로 값을 샘플링하는 것을 무엇이라고 하는가?

02 전자 공학에서 이야기하는 "표본화 정리 Sampling Theory"가 무엇인지 인터넷에서 찾아서 정리해보자.

03 입력 신호의 표본값을 유한개의 값으로 한정하는 것을 무엇이라고 하는가?

04 한 화소를 8비트로 표현한다면 나타낼 수 있는 값의 범위는 얼마에서 얼마인가? 일반적으로 n 비트가 있다면 몇 개의 값을 표현할 수 있는가?

05 다음 그림을 이용하여 표본화와 양자화를 설명해보자. 표본화와 양자화를 거친 후에 생성되는 값을 구체적으로 계산해보자. 디지털 신호는 8비트로 표현된다고 가정하자.

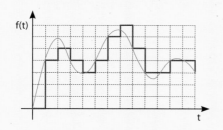

06 인터넷에서 "양자화 잡음 Quantizing Noise"에 대하여 조사해보자. 양자화 잡음은 제거할 수 있는 것인가?

07 음악 CD에는 디지털 오디오가 저장되어 있다. 이 디지털 오디오를 만들기 위해서 수행하는 표본화의 주기와 양자화 비트 수를 인터넷에서 조사해보자.

08 640 × 480 크기의 흑백 영상의 크기를 계산해보자. 흑백 영상은 화소당 8비트로 표현된다. 만약 컬러 영상이었으면 크기가 얼마나 될까? 컬러 영상은 화소당 24비트 크기의 RGB 방식으로 표현된다고 가정한다.

09 최근에 우리의 일상생활에서 영상 처리가 활발히 사용되는 분야를 정리해보자.

Chapter **02**

OpenCV 설치와 개요

단원 목표

• OpenCV를 설치할 수 있다.
• 비주얼 스튜디오에서 OpenCV를 사용할 수 있다.
• 비주얼 스튜디오의 속성 시트를 사용할 수 있다.
• OpenCV를 이용하여 영상을 읽어서 화면에 표시할 수 있다.
• 컬러 영상을 읽어서 흑백 영상으로 저장할 수 있다.
• OpenCV의 그리기 함수들을 사용할 수 있다.
• OpenCV의 마우스 이벤트, 키보드, 트랙바를 사용할 수 있다.
• OpenCV로 비디오를 읽을 수 있다.

OpenCV는 영상 처리의 표준 라이브러리가 되었다. OpenCV는 파이썬이나 자바 등의 언어로도 사용이 가능하지만 가장 속도가 빠르고 자연스러운 언어는 C++이다. 이번 장에서는 OpenCV를 설치하고 이것을 사용하여 기초적인 프로그램들을 작성해보자.

(1) 영상을 화면에 표시하고 저장해보자.

(2) 영상 위에 원을 그려보자.

(3) 동영상을 화면에 표시해보자.

OpenCV란?

OpenCV^Open Source Computer Vision Library 는 컴퓨터 비전 응용 프로그램을 개발할 수 있는 강력한 라이브러리이다. OpenCV는 BSD 라이선스 하에 배포되므로 학술적 및 상업적 용도로 무료이다. OpenCV는 계산 효율성과 실시간 응용 프로그램에 중점을 두고 설계되었다. OpenCV의 코어 부분은 C /C++로 작성되었으며 CPU의 멀티 코어를 이용할 수 있도록 설계되었다.

현재 OpenCV는 4만 7천 명 이상의 사용자를 가지고 있으며 1400만 개가 넘는 다운로드 수를 기록했다고 한다. OpenCV는 영상 처리, 얼굴 인식, 물체 감지, 비디오 캡처 및 분석, 딥러닝 프레임 워크인 TensorFlow, Torch/PyTorch, Caffe도 지원하고 있다.

OpenCV 라이브러리를 사용하면 다음과 같은 작업을 쉽게 할 수 있다.

▶ 영상 파일의 읽기 및 쓰기
▶ 비디오 캡처 및 저장
▶ 영상 처리(필터, 변환)
▶ 영상이나 비디오에서 얼굴, 눈, 자동차와 같은 특정 물체를 감지
▶ 비디오를 분석하여 움직임을 추정하고, 배경을 없애고, 특정 물체를 추적할 수 있다.
▶ 기계 학습 알고리즘을 사용하여 물체를 인식할 수 있다.

OpenCV의 역사

OpenCV는 게리 브래드스키^{Gary Bradski}에 의해 1999년에 시작된 CPU-집약적인 응용 프로그램을 위한 인텔의 연구 이니셔티브였다. 처음에는 Intel IPL ^{Image Processing Library}이라는 이름으로 발표되었다. 2006년에 첫 번째 버전인 OpenCV 1.0이 배포되었고, 2009년에 두 번째 버전인 OpenCV 2.0이 발표되었다. OpenCV 2.0은 C++ 인터페이스를 채택하여 보다 쉽고 안전한 코드 작성이 가능하게 되었다. 현재 최신 버전은 2014년에 발표된 OpenCV 3.0이다. OpenCV는 영상 처리, 컴퓨터 비전, 기계 학습과 관련된 많은 알고리즘을 지원하며 지속적으로 확장되고 있다. 2012년 8월 이후 OpenCV의 지원은 비영리 재단 OpenCV.org이 맡고 있다.

프로그래밍 언어 인터페이스

현재 OpenCV는 C++, 파이썬, 자바와 같은 다양한 프로그래밍 언어 인터페이스를 지원하며 윈도우, 리눅스, OS X, 안드로이드, iOS 등 다양한 플랫폼에서 사용할 수 있다. OpenCV는 C++로 작성되었으며 기본 인터페이스는 C++로 되어 있지만 예전에 사용하던 C 인터페이스도 여전히 사용할 수 있다.

참고 _____

왜 컴퓨터 비전 라이브러리를 영상 처리에 사용하는가?

OpenCV는 영상 처리 라이브러리가 아니고 컴퓨터 비전 라이브러리이다. 이 점을 이상하게 생각하는 독자들도 있겠지만 컴퓨터 비전 분야가 영상 처리를 포함하고 있다. 영상 처리는 영상의 조작에 중점을 두지만 컴퓨터 비전은 영상에서 물체를 인식하는 것을 최종 목표로 한다. 일반적으로 영상에서 물체를 인식하기 위해서는 영상 처리 과정을 거쳐야 하는 경우가 많다. 따라서 OpenCV도 영상 처리에 필요한 거의 대부분의 함수를 포함하고 있다.

OpenCV 라이브러리 모듈

OpenCV는 여러 개의 모듈로 구성되어 있다.

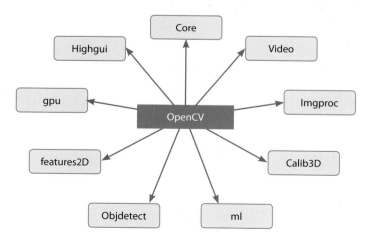

▶ Core: OpenCV 응용 프로그램을 작성하는 데 사용되는 Scalar, Point, Range 등과 같은 기본 데이터 구조를 가지고 있다. 영상을 저장하는 데 사용되는 다차원 행렬 Mat도 여기에 포함되어 있다.

▶ Image Processing: 영상 필터링, 기하학적 영상 변환, 색 공간 변환, 히스토그램 등과 같은 다양한 영상 처리 작업을 포함하고 있다.

▶ Video: 움직임 추정, 배경 삭제 및 객체 추적과 같은 비디오 분석 기능을 다루고 있다.

▶ Video I/O: 비디오 캡처 및 비디오 코덱 기능을 가지고 있다.

▶ calib3D: 다중 뷰 지오메트리 알고리즘, 단일 및 스테레오 카메라 보정, 물체 자세 추정, 스테레오 비전을 이용한 3D 구조 복원 등의 알고리즘이 포함되어 있다.

▶ features2D: 이 모듈에는 특징 인식과 특징을 기술하는 기능이 포함되어 있다.

▶ Objdetect: 이 모듈에는 얼굴, 눈, 머그잔, 사람, 자동차 등과 같은 사전에 정의된 물체를 탐지하는 코드가 탑재되어 있다.

▶ Highgui: 간단한 그래픽 사용자 인터페이스 기능을 제공하는 모듈이다.

▶ ml: 다양한 기계 학습 라이브러리를 제공한다. 딥러닝, SVM, kNN 등의 알고리즘이 제공된다.

▶ gpu: GPU(그래픽CPU)를 사용할 수 있는 클래스와 함수들이 들어 있다.

OpenCV의 설치

이 책에서는 윈도우 10에서의 설치 방법을 설명한다. 다른 운영체제 버전에서도 설치 방법은 유사하다.

❶ https://opencv.org/에 접속하면 다음과 같은 화면을 볼 수 있다. [Release] 링크를 클릭한다.

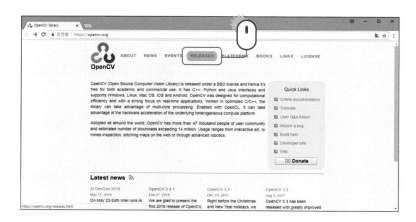

❷ 다음과 같은 화면에서 [Win pack]을 선택한다.

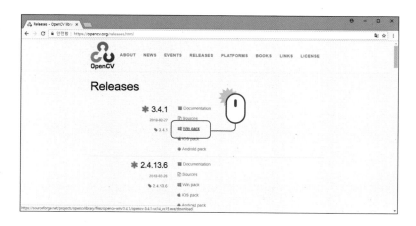

❸ [Source Forge] 사이트로 이동하여 다운로드가 시작된다.

❹ 다운로드가 종료되면 다운로드 파일을 클릭하여 압축을 풀 디렉터리를 지정한다. 여기서는 C
드라이브에 [opencv]라는 이름으로 설치한다고 가정하였다. C:\을 입력하면 된다.

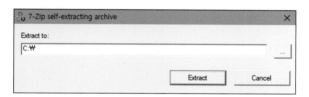

참고

OpenCV 라이브러리를 설치할 때, 미리 빌드 된 라이브러리를 사용하여 설치하거나 소스파일에서 자신의 라이브
러리를 만들어 설치하는 두 가지 옵션이 있다. 첫 번째 방법이 훨씬 쉽지만 최신 기술을 활용하려면 두 번째 방법을
사용하는 것도 좋다. 이 책에서는 첫 번째 방법(미리 빌드 된 라이브러리를 사용)만을 소개한다.

OpenCV 사용하기

이번 절에서는 OpenCV 라이브러리를 사용하는 간단한 프로그램을 작성해보자.

Step #1 : 프로젝트 만들기

❶ 비주얼 스튜디오 내에서 [파일] → [새로 만들기] → [프로젝트] 선택을 통해 새로운 프로젝트를 생성한다. 유형으로 "Windows 데스크톱 마법사"를 선택한다. 프로젝트 이름을 입력하고 프로젝트가 저장될 위치를 선택한다.

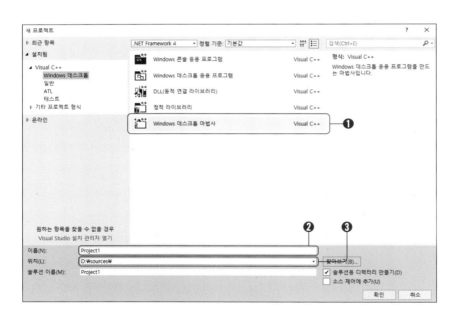

❷ 이어서 나오는 대화 상자에서 다음과 같이 [빈 프로젝트]를 선택한다.

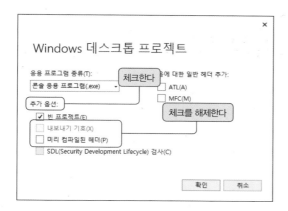

Step #2: 소스 파일 만들고 코드 입력하기

❶ 프로젝트의 [소스 파일] 폴더에서 [추가] → [새 항목]을 선택하여 test.cpp 파일을 프로젝트에 추가한다.

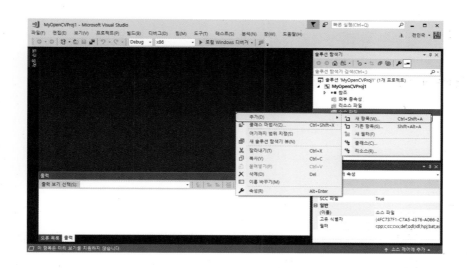

❷ test.cpp 파일 안에 다음과 같은 코드를 입력한다. 이 코드는 d 드라이브에 있는 lenna.jpg 파일을 읽어서 화면에 표시한다.

Code 2.1

```
01   #include <opencv2/opencv.hpp>
02   #include <iostream>
03
04   using namespace cv;
05   using namespace std;
```

```
06
07   int main()
08   {
09       Mat image;
10       image = imread("d:/lenna.jpg", IMREAD_COLOR);
11       if (image.empty()) { cout << "영상을 읽을 수 없음" << endl; }
12
13       imshow("출력 영상", image);
14       waitKey(0);
15       return 0;
16   }
```

❸ 위의 소스 파일을 컴파일하면 수많은 오류가 나오게 된다(이미 화면에 빨간 줄이 그어져 있을 것이다). 이제부터 하나씩 해결해보자. 위의 프로그램은 OpenCV가 제공하는 함수들을 사용하고 있다. 현재 컴파일러는 어디서 이러한 함수들을 찾아야 할지를 모른다. 우리가 알려주어야 한다. 우리가 알려주어야 할 사항은 2가지이다. ① "이 함수들의 원형이 정의된 헤더 파일"의 위치를 알려주어야 하고, ② 실행 파일에 링크할 "라이브러리 파일의 위치"를 알려주어야 한다. 이러한 작업들은 비주얼 스튜디오에서 외부 라이브러리를 사용할 때면 항상 해주어야 하는 작업이다.

▶ OpenCV 헤더 파일의 위치를 컴파일러에게 알려주어야 한다.
▶ OpenCV 라이브러리가 설치된 위치를 링커에게 알려주어야 한다.

Step #3: 헤더 파일의 위치 알려주기

❶ 상단 메뉴에서 [프로젝트] → [Project1 속성]을 선택하면 다음과 같은 속성 페이지 창이 뜬다. 먼저 구성을 [Release]로, 플랫폼을 [x64]로 변경한다. 창의 왼쪽에서 [VC++ 디렉터리]를 선택하면 컴파일과 링킹에 필요한 많은 디렉터리들을 볼 수 있다.

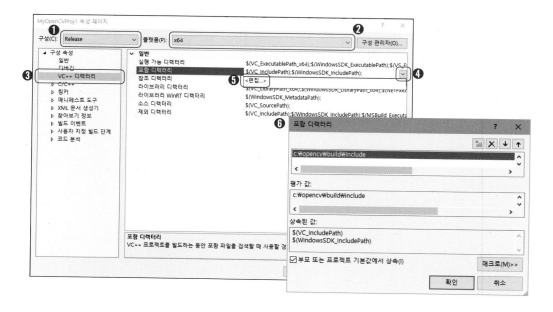

❷ 오른쪽에 있는 역삼각형을 클릭하면 <편집…>이 등장하며 이것을 클릭하면 디렉터리를 추가할 수 있는 창이 나타난다. 여기에 OpenCV 헤더 파일이 저장된 위치 "c:\opencv\build\include"를 위와 같이 입력한다.

Step #4: 라이브러리 위치 알려주기

❶ [VC 디렉터리] 화면의 [라이브러리 디렉터리]도 동일한 방식으로 편집한다. 라이브러리 디렉터리에 "c:\opencv\build\x64\vc14\lib"를 추가한다. 헤더 파일의 위치와 라이브러리 파일의 위치는 비주얼 스튜디오의 버전에 따라서 약간씩 달라진다.

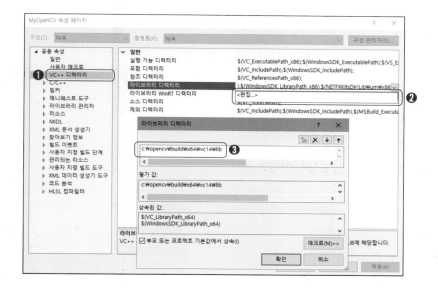

❷ 이어서 속성 페이지에서 [링커] → [입력]을 선택하고 [추가 종속성]을 편집한다.

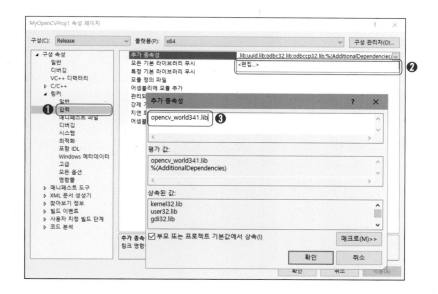

❸ 추가 종속성은 링크될 라이브러리 파일을 지정하는 것이다. OpenCV 3.0 버전부터는 라이브러리 파일들이 하나로 통합되어 있기 때문에 "opencv_world341.lib" 파일만 추가하면 된다. 구체적인 숫자는 버전에 달라진다. 이제 완료되었다. 지금쯤이면 소스의 빨간 줄이 없어져야 한다. 없어지지 않았다면 디렉터리 이름을 잘못 입력한 것이므로 다시 한번 확인한다. 그래도 없어지지 않았다면 응용 프로그램의 플랫폼을 [Release], [x64]로 변경하였는지 다시 확인해보자.

Step #5: DLL 파일 복사하기

❶ c:\opencv\build\x64\vc14\bin 디렉터리에 있는 opencv_world341.dll 파일을 프로젝트 디렉터리로 복사한다. 이 DLL 파일이 있어야 OpenCV 애플리케이션이 실행된다. 예를 들어서 우리가 만든 프로젝트는 d:\sources\project1\project1에 위치한다. 여기에 opencv_world341.dll 파일을 복사한다(솔루션 디렉터리가 아니고 프로젝트 디렉터리이다. 잘 구별하도록 하자).

▼c:\opencv\build\x64\vc14\bin*.*				* ▼
↑파일명	확장자	크기	날짜	속성
⬆[..]		<폴더>	2018-04-22 15:28	—
opencv_annotation	exe	53,760	2018-02-23 22:46	-a-
opencv_createsamples	exe	57,344	2018-02-23 22:46	-a-
opencv_ffmpeg341_64	dll	18,053,632	2018-02-23 22:41	-a-
opencv_interactive-calibration	exe	139,776	2018-02-23 22:46	-a-
opencv_traincascade	exe	329,728	2018-02-23 22:46	-a-
opencv_version	exe	39,424	2018-02-23 22:46	-a-
opencv_visualisation	exe	61,440	2018-02-23 22:46	-a-
opencv_world341	dll	65,811,968	2018-02-23 22:46	-a-
opencv_world341d	dll	104,591,872	2018-02-23 22:55	-a-

▼d:\sources\Project1\Project1*.*				* ▼
파일명	↑확장자	크기	날짜	속성
⬆[..]		<폴더>	2018-07-29 16:37	—
[x64]		<폴더>	2018-07-29 16:36	—
test	cpp	303	2018-07-29 16:37	-a-
opencv_world341	dll	65,811,968	2018-02-23 22:46	-a-
Project1.vcxproj	filters	961	2018-07-29 16:36	-a-
Project1	vcxproj	7,516	2018-07-29 16:36	-a-

참고 _____

lib 파일과 dll 파일

OpenCV는 상당히 큰 라이브러리이다. lib 파일은 정적 라이브러리 파일이다. lib 파일로 프로그램에 붙이면 실행 파일의 크기가 커지고 동일한 코드를 여러 응용 프로그램에 붙여야 한다. 이것을 막기 위하여 dll 파일을 사용한다. dll 파일은 동적 라이브러리라는 의미로 응용 프로그램에 실행될 때에 컴퓨터의 메모리로 적재된다. 여러 응용 프로그램이 사용한다고 하더라도 한 카피만 메모리에 있으면 된다. OpenCV는 dll 파일의 최소한의 정보만을 lib 파일에 넣어두고 응용 프로그램에서만 이것만 붙인다. OpenCV 프로그램 실행 시에는 dll 파일이 실행 경로에 있어야 한다.

Step #6: 실행하기

❶ OpenCV 3.X 버전부터는 64비트 버전만을 제공하기 때문에 응용 프로그램의 플랫폼을 [Release], [X64]로 변경한다.

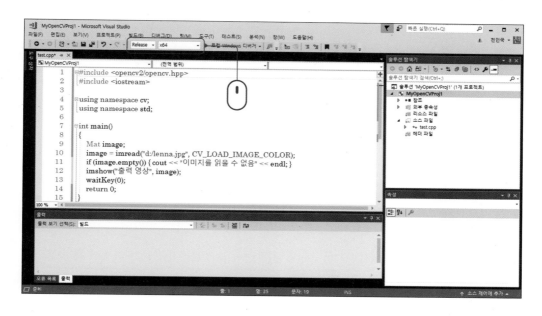

❷ 위의 예제는 d 드라이브에 "lenna.jpg"라는 영상 파일이 있다고 가정한다. 만약 없다면 영상 파일이 있는 경로로 변경하여야 한다. 실행하여 보자. 다음과 같은 화면이 나오면 성공한 것이다.

4

OpenCV의 속성 시트 사용하기

앞의 방법만으로도 OpenCV 라이브러리를 사용할 수 있다. 하지만 매번 프로젝트를 만들 때마다 앞 절과 같이 속성을 변경하는 것은 상당히 번거롭다. 이러한 경우에 속성을 XML 파일로 저장하여서 차후 프로젝트에서 사용할 수 있는 방법이 있다.

❶ 비주얼 스튜디오의 메뉴에서 [보기] → [다른 창] → [속성관리자]를 클릭하여서 속성 관리자 창을 연다.

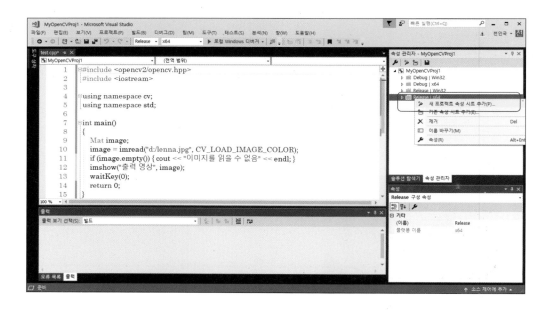

❷ [Release | x64] 폴더 위에서 [새 프로젝트 속성 시트 추가]를 선택하면 다음과 같은 창이 열리며 여기에서 현재의 설정을 저장할 XML 파일을 지정할 수 있다. 우리는 "MyOpenCV.props"로 지정한다. 이 파일의 위치를 잘 기억하여야 한다.

❸ 파일을 저장하고 속성관리자를 보면 방금 저장하였던 속성 시트 파일이 추가되어 있다. 이 파일 위에서 마우스 오른쪽 버튼을 눌러서 [속성]을 클릭하면 속성 페이지 창이 나타난다.

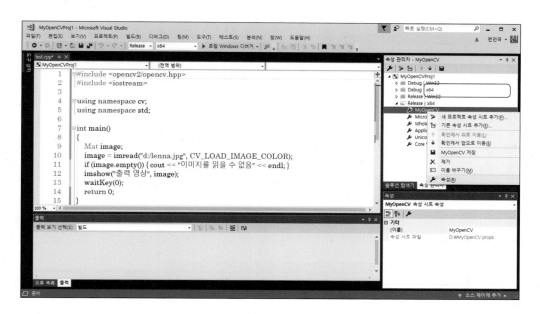

❹ 속성 페이지 창에서 앞에서 했던 대로 [포함 디렉터리], [라이브러리 디렉터리], [추가 종속성]을 설정해주면 된다.

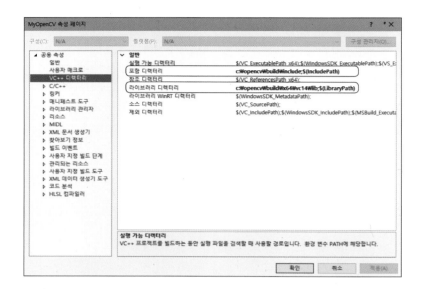

❺ 마우스 오른쪽 메뉴에서 [MyOpenCV 저장]을 선택하여 변경된 내용을 저장한다. 저장된 속성 시트 파일은 다음 프로젝트에서 읽어서 사용할 수 있다.

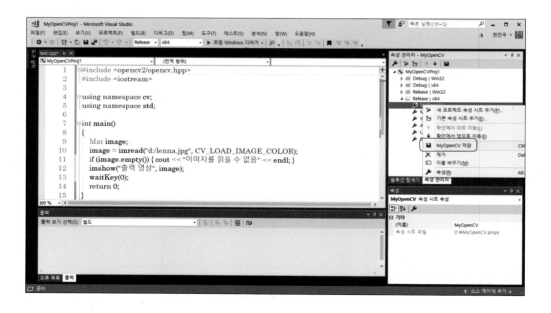

❻ 차후에 새로운 프로젝트에서 속성 관리자를 열어서 이번에는 [Release | x64] 폴더 위에서 [기존 속성 시트 추가]를 선택하고 저장해두었던 속성 시트 파일을 입력하면 모든 설정이 한번에 끝나게 된다. 속성 시트 파일의 내용을 메모장으로 보면 다음과 같다. XML 형식으로 각종 디렉터리 정보가 저장되어 있는 것을 알 수 있다.

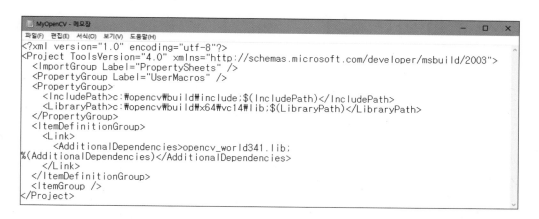

영상 파일 읽고 쓰기

앞에서 사용한 코드를 한 줄씩 분석해보자. 이번 장에서는 간단한 설명만 주어진다. Mat 클래스는 3장에서 자세히 분석된다.

Code 2.2

```
01  #include <opencv2/opencv.hpp>
02  #include <iostream>
03
04  using namespace cv;
05  using namespace std;
06
07  int main()
08  {
09      Mat image;
10      image = imread("d:/lenna.jpg", IMREAD_COLOR);
11
12      if( image.empty() ) { cout << "영상을 읽을 수 없음" << endl; }
13      imshow("출력 영상", image);
14
15      waitKey(0);
16      return 0;
17  }
```

코드설명

```
01  #include <opencv2/opencv.hpp>
```

OpenCV 라이브러리에는 여러 개의 모듈이 있다. 각 모듈은 다른 영상 처리를 담당한다. 각 모듈들을 사용하기 전에 각 모듈의 내용이 선언된 헤더 파일을 포함시켜야 한다. 최신 버전에서는 opencv.hpp 헤더 파일이 많이 사용되는 몇 개의 헤더 파일을 포함하고 있다. 따라서 우리는 특별한 사항이 없다면 opencv.hpp 헤더 파일만을 포함하면 된다. 다음과 같이 헤더 파일을 별도로 포함하여도 된다.

```
#include <opencv2/core.hpp>      // 핵심적인 부분
#include <opencv2/highgui.hpp>   // 사용자 인터페이스
```

```
04  using namespace cv;
05  using namespace std;
```

C++에서는 다른 라이브러리와의 데이터 구조 및 함수 이름 충돌을 피하기 위해 이름 공간[name space]을 사용한다. OpenCV는 자체 이름 공간인 cv를 가지고 있다. 함수나 변수 앞에 cv:: 키워드를 추가할 필요가 없게 하려면 위와 같은 문장을 사용하여야 한다.

```
09  Mat image;
```

영상의 데이터를 저장할 비어 있는 Mat 객체를 만든다. Mat 클래스는 영상 데이터를 표현하기 위해 사용하는 클래스이다. 템플릿 기법으로 작성되어서 다양한 자료형의 영상을 쉽게 만들 수 있다. 또 각각의 픽셀에 대한 접근도 비교적 쉽다. 영상 데이터를 저장하는 동적 메모리의 해제도 소멸자에서 처리하기 때문에 메모리 관리가 쉬워진다. Mat 클래스는 너무나 중요하기 때문에 3장에서 상세하게 다루었다.

```
10  image = imread("d:/lenna.jpg", IMREAD_COLOR);
```

위의 문장은 imread() 함수를 호출하여서 지정된 영상을 메모리로 적재한다. 첫 번째 인수는 영상 파일의 경로이다. 두 번째 인수는 어떤 형식으로 영상을 읽을 것인지를 지정한다. 많이 사용되는 값들은 다음과 같다. 두 번째 인수가 지정되지 않으면 IMREAD_COLOR로 생각한다.

> ▶ IMREAD_UNCHANGED (<0) 영상을 그대로 적재한다.
> ▶ IMREAD_GRAYSCALE (0) 영상을 그레이스케일 영상으로 적재한다.
> ▶ IMREAD_COLOR (>0) 컬러 영상을 RGB 형식으로 적재한다.

IMREAD_COLOR 대신에 CV_LOAD_IMAGE_COLOR라고 하여도 된다. 그레이스케일 영상은 컬러가 아니고 회색조 영상이다. 즉 영상을 명도값만을 이용해서 표현한다. 흔히 우리가 흑백 사진이라고 하는 영상의 종류이다. 영상 처리에서는 그레이스케일 영상을 아주 많이 사용한다. 컬러 영상도 imread()로 읽을 때 IMREAD_GRAYSCALE을 지정하면 그레이스케일 영상으로 변환하여 읽을 수 있다.

```
12  if( image.empty() ) { cout << "영상을 읽을 수 없음" << endl; }
```

만약 어떤 이유로 영상을 읽지 못하였다면 image.data가 NULL(0)이 된다. 따라서 이것을 검사하면 영상이 올바르게 읽혔는지를 알 수 있다. empty() 함수는 data가 NULL인지 체크한다. 영상이 올바르게 적재되지 못했으면 오류 메시지를 출력한다.

```
13  imshow("출력 영상", image);
```

imshow()는 영상을 윈도우에 표시한다. 위의 문장은 "출력 영상"이라는 이름의 윈도우에 image를 표시한다. 원칙적으로는 namedWindow("출력 영상", WINDOW_AUTOSIZE);을 호출하여서 먼저 윈도우를 생성하고 imshow()하여야 하지만 imshow()만 호출하여도 윈도우는 생성된다.

```
namedWindow( "출력 영상", WINDOW_AUTOSIZE );
imshow("출력 영상", image);
```

```
15  waitKey(0);
```

waitKey() 함수는 사용자가 키를 누를 때까지 기다린다. 이 함수의 매개 변수는 사용자 입력을 기다리는 시간으로 단위는 밀리초이다. 매개 변수로 0을 주면 영원히 기다리는 것을 의미한다.

6

간단한 영상 처리 경험해보기

이번에는 약간 복잡한 예제를 작성하여 실행해보자. 프로젝트의 속성을 설정할 때, 앞 절에서 저장한 속성 시트 파일을 사용해보자. 우리가 작성할 예제는 컬러 영상을 그레이스케일 영상으로 만든 후에 파일로 저장하는 예제이다.

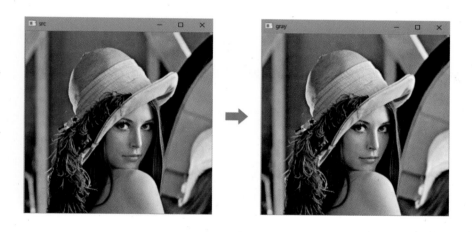

Step #1 : 프로젝트 만들고 소스 입력하기

새로운 프로젝트 gray를 생성하고 test.cpp를 추가하여서 다음과 같은 코드를 입력한다.

Code 2.3

```
01  #include <opencv2/opencv.hpp>
02  #include <iostream>
03  using namespace cv;
04  using namespace std;
05
06  int main()
07  {
```

```
08      Mat src = imread("d:/lenna.jpg", IMREAD_COLOR);
09      if (src.empty()) { cout << "영상을 읽을 수 없음" << endl; }
10      imshow "src", src ;
11
12      Mat gray, edge, output;                              영상을 저장할
                                                             Mat 객체들을 생성한다.
13      cvtColor(src, gray, CV_BGR2GRAY);                    컬러 영상을 그레이스케일
14                                                           영상으로 바꾼다
15      imshow("gray", gray);
16      imwrite("d:/gray.jpg", gray);                        영상을 "gray.jpg"라는
17      waitKey(0);                                          이름으로 저장한다.
18      return 0;
19   }
```

Step #2: 속성 시트를 적용해보자.

앞에서 저장하였던 속성 시트를 불러와보자. [보기] → [다른 창] → [속성관리자]를 선택한다. 속
성관리자가 나타나면 [Release | x64] 폴더 위에서 [기존 속성 시트 추가]를 선택하고 저장해두었
던 속성 시트 파일을 선택한다. 이전에 저장하였던 파일은 d:\OpenCV.props였다. 이 파일을 선택
하면 모든 설정이 한 번에 완료된다. 편리하지 않은가?

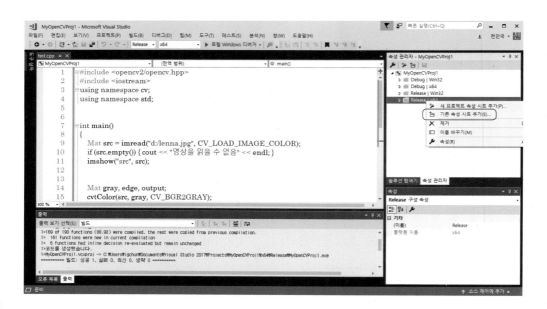

Step #3: 실행하여 본다.

프로젝트를 실행하여서 다음과 같은 화면이 나오는지 확인한다. 왼쪽 윈도우는 원 영상을 보여준
다. 오른쪽 윈도우는 그레이스케일 영상을 보여준다.

코드설명

위의 프로그램은 "d:/lenna.jpg" 파일을 imread()를 사용해 영상을 적재한 후 cvtColor()를 호출하여 그레이스케일 영상으로 변환된다. 이 영상을 하드 디스크에 gray.jpg란 이름으로 저장한다.

```
13  cvtColor (src, gray, CV_BGR2GRAY);
```

cvtColor()는 컬러 영상을 그레이스케일 영상으로 변환하는 함수로서 다음과 같은 매개 변수를 가진다.

매개 변수	설명
src	입력 영상
gray	출력 영상
CV_BGR2GRAY	수행할 변형의 종류를 나타내는 추가 매개 변수. 이 경우 우리는 CV_BGR2GRAY를 사용한다. OpenCV에서는 컬러 영상이, RGB가 아닌 BGR 순서로 저장된다.

```
16  imwrite("d:/gray.jpg", gray);
```

위의 문장은 d: 드라이브에 gray.jpg라는 이름으로 gray를 저장한다. 영상을 저장하기 위해 우리는 imwrite() 함수를 사용한다.

참고

그레이스케일 영상은 일반적으로 화소당 1바이트를 사용하여 화소의 밝기만을 표시한다. 컬러 영상은 화소당 3바이트를 사용하여 화소의 blue, green, red 성분을 저장한다.

도전문제

1. flip(src, dst, 1)을 이용하면 입력 영상을 좌우로 뒤집을 수 있다. 영상을 좌우로 뒤집은 후에 하드 디스크에 저장하는 프로그램을 작성해보자.

7

OpenCV를 이용하여 도형 그리기

영상 처리 프로그램에서는 영상 위에 선이나 사각형을 그리는 경우가 많다. 예를 들어서 차선을 검출하는 프로그램에서는 검출된 차선을 영상 위에 직선으로 표시하게 된다.

출처: https://github.com/FrenkT/LaneTracking

OpenCV에서는 직선, 사각형, 원 등의 도형을 윈도우에 그리는 함수를 제공한다. 이들 함수는 아주 간단하게 사용할 수 있다.

- ▶ line(): 직선을 그리는 함수
- ▶ ellipse(): 타원을 그리는 함수
- ▶ rectangle(): 사각형을 그리는 함수
- ▶ circle(): 원을 그리는 함수
- ▶ fillPoly(): 채워진 다각형을 그리는 함수

간단한 예제로 화면에 영상을 표시하고 영상 위에 직선, 사각형 원을 그려보자. 먼저 우리가 자주 사용하는 클래스인 Point, Scalar, Size 클래스를 살펴보자.

Point 클래스

Point 클래스는 2차원 공간상의 한 점을 나타낸다. 다음과 같이 사용할 수 있다.

```
Point pt;
pt.x = 20;
pt.y = 8;
```

또는 다음과 같이 생성자 함수를 호출하여서 초기화하여도 된다.

```
Point pt = Point(20, 8);
```

Scalar 클래스

Scalar 클래스는 4개의 요소를 가지는 벡터로서 OpenCV에서 컬러 화소값을 함수에 전달하는 데 널리 사용된다. 컬러 화소값은 RGB 형태로 표현된다. 4개의 요소 중에서 처음 3개는 Blue, Green, Red 값이고 마지막 인수는 투명도이다. 투명도는 사용되지 않으면 정의할 필요가 없다. 간단한 예를 보도록 하자. Blue = a , Green = b, Red = c 인 색상은 다음과 같이 나타낼 수 있다.

```
Scalar( a, b, c )
```

Size 클래스

Size 클래스는 너비와 높이를 나타내는데 사용되는 클래스이다.

```
Size s = Size(100, 200);
```

예제 2.1

직선, 원, 사각형을 화면에 출력해보자.

Code 2.4

```
01  #include <opencv2/core.hpp>
02  #include <opencv2/imgproc.hpp>          이렇게 개별적으로 헤더
03  #include <opencv2/highgui.hpp>          파일을 읽어 와도 된다.
04  using namespace cv;
05  using namespace std;
06
07  int main()
08  {                                        3장에서 집중적으로
09      // 검정색으로 초기화된 600×400 크기의 영상 생성   살펴보자.
10      Mat image = Mat(400, 600, CV_8UC3, Scalar(0, 0, 0));
11
12      line(image, Point(100, 100), Point(300, 300), Scalar(0, 0, 255), 7);
13      rectangle(image, Point(250, 30), Point(450, 200), Scalar(0, 255, 0), 5);
14      circle(image, Point(100, 300), 60, Scalar(255, 0, 0), 3);
```

```
15      ellipse(image, Point(300, 350), Point(100, 60), 45, 130, 270,
                                            Scalar(255, 255, 255), 5);
16
17      imshow("Image", image);
18      waitKey(0);
19      return(0);
20   }
```

실행결과

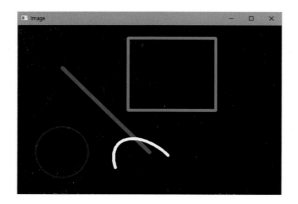

이 예제에서는 비어 있는 영상을 생성하고 있다. 아래의 문장은 600 × 400 크기의 영상을 생성한다. CV_8UC3은 8비트 크기의 3개 채널을 가지는 영상을 의미한다. 각 채널은 B, G, R을 나타낸다. 영상의 화소값은 (0, 0, 0)으로 초기화된다. 이 문장은 3장에서 자세히 설명된다.

```
Mat image = Mat(400, 600, CV_8UC3, Scalar(0, 0, 0));
```

직선을 그리는 함수의 원형은 다음과 같다.

```
void line(Mat& img, Point pt1, Point pt2, const Scalar& color,
          int thickness=1, int lineType=8, int shift=0)
```

매개 변수	설명
img	타원이 그려질 영상
pt1	직선의 시작 좌표
pt2	직선의 종료 좌표
color	선의 색상
thickness	선의 두께
lineType	선의 형태(LINE_4, LINE_8, LINE_AA)
shift	좌표에서 소수점 이하를 나타내는 비트의 수

원을 그리는 함수의 원형은 다음과 같다.

```
void circle(Mat& img, Point center, int radius, const Scalar& color,
        int thickness=1, int lineType=8, int shift=0)
```

사각형을 그리는 함수의 원형은 다음과 같다.

```
void rectangle(Mat& img, Point pt1, Point pt2, const Scalar& color,
        int thickness=1, int lineType=8, int shift=0)
```

타원을 그리는 함수의 원형은 다음과 같다.

```
void ellipse(Mat& img, Point center, Size axes, double angle,
        double startAngle, double endAngle, const Scalar& color,
        int thickness=1, int lineType=8, int shift=0)
```

매개 변수	설명
img	타원이 그려질 영상
center	타원의 중심
axes	타원의 장축과 단축
angle	타원의 회전 각도
startAngle	타원의 시작 각도
endAngle	타원의 종료 각도
color	타원 색상
thickness	타원 선의 두께
lineType	타원 선의 타입

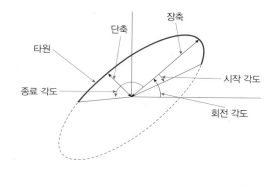

Point(100, 100)는 타원의 중심을 표시하는 객체이다. Size(80.0, 80.0)은 타원의 장축과 단축의 길이이다. 장축과 단축의 길이가 같으면 원이 된다.

키보드 및 마우스 이벤트 처리하기

마우스 이벤트 처리

OpenCV에서는 마우스나 키보드가 눌리면 발생하는 이벤트를 처리할 수 있다. 이번 예제에서는 영상을 화면에 표시하고 사용자가 마우스의 왼쪽 버튼을 누르면 그 자리에 원을 그려보자.

Code 2.5

```
01   #include <opencv2/opencv.hpp>
02   #include <iostream>
03   using namespace cv;
04   using namespace std;
05
06   // 마우스 이벤트가 발생하면 호출되는 콜백 함수이다.
07   void onMouse(int event, int x, int y, int flags, void* param)
08   {
09       if (event == EVENT_LBUTTONDOWN) {          마우스의 왼쪽 버튼이
10           Mat& img = *(Mat*)(param);                    눌리면
11           circle(img, Point(x, y), 200, Scalar(0, 255, 0), 10);
12           putText(img, "I found a dog!", Point(x, y + 200), FONT_HERSHEY_PLAIN,
                                                              2.0, 255, 2);
```

```
13        imshow("src", img);   // 영상이 변경되면 다시 표시한다.
14    }
15    else if (event == EVENT_RBUTTONDOWN) {}
16    else if (event == EVENT_MBUTTONDOWN) {}
17    else if (event == EVENT_MOUSEMOVE) {
18    }
19  }
20  int main()
21  {
22    Mat src = imread("d:/dog.jpg", IMREAD_COLOR);
23    if (src.empty()) { cout << "영상을 읽을 수 없음" << endl; }
24    imshow("src", src);
25
26    setMouseCallback("src", onMouse, &src);
27    waitKey(0);
28    return 0;
29  }
```

위의 코드에서 onMouse() 함수는 마우스 이벤트가 발생하면 호출되는 콜백 함수이다. 다음과 같은 매개 변수를 가진다.

```
void onMouse(int event, int x, int y, int flags, void* param)
{
   ...
}
```

매개 변수 x와 y 마우스 이벤트가 발생한 좌표이다. 매개 변수 event를 통하여 어떤 마우스 이벤트 인지를 알 수 있다. param은 우리가 자유롭게 사용할 수 있는 매개 변수이다. 일반적으로 Mat 객체의 주소를 전달하는 용도로 사용된다. event가 EVENT_LBUTTONDOWN이면 마우스의 왼쪽 버튼이 클릭된 것이다. 이때는 영상 위에 원을 그리고 영상을 다시 표시한다.

콜백 함수를 등록시키는 함수는 다음과 같다. 이 함수는 지정된 윈도우에서 마우스 이벤트가 발생할 때마다 호출되는 콜백 함수를 설정한다.

```
setMouseCallback("ImageDisplay", onMouse, &img);
```

영상 위에 텍스트를 쓰는 함수는 다음과 같다.

```
void putText(Mat& img, const string& text, Point org, int fontFace,
             double fontScale, Scalar color, int thickness=1)
```

매개 변수	설명
img	입력 영상
text	텍스트
org	텍스트 위치
fontFace	폰트 FONT_HERSHEY_SIMPLEX, FONT_HERSHEY_PLAIN, FONT_HERSHEY_DUPLEX, FONT_HERSHEY_COMPLEX, FONT_HERSHEY_TRIPLEX, FONT_HERSHEY_COMPLEX_SMALL, FONT_HERSHEY_SCRIPT_SIMPLEX, FONT_HERSHEY_SCRIPT_COMPLEX 중의 하나
fontScale	폰트 배율
color	텍스트 색상
thickness	두께

키보드 이벤트 처리

OpenCV에서 키보드 이벤트는 콜백 함수를 사용하지 않는다. 키보드 이벤트는 waitKey() 함수를 사용하여 처리한다. 사용자가 'a', 'w', 's', 'd' 키를 누르면 영상 위에서 상하좌우로 원을 이동시키고 'q'를 누르면 종료되는 프로그램을 작성해보자.

Code 2.6

```
01  #include <opencv2/opencv.hpp>
02  #include <iostream>
03
04  using namespace std;
05  using namespace cv;
06
07  int main()
08  {
09      Mat img;
10      img = imread("d:/dog.jpg", IMREAD_COLOR);
11      if (img.empty()) { cout << "영상을 읽을 수 없음" << endl; }
12
```

```
13      imshow("img", img);
14      int x = 300;
15      int y = 300;
16      while (1) {
17          int key = waitKey(100);          ┌─────────────────────┐
18          if (key == 'q') break;           │ 100밀리초 동안 사용자가 │
19          else if (key == 'a')             │   키를 누르기를 기다린다  │
20              x -= 10;                     └─────────────────────┘
21          else if (key == 'w')
22              y -= 10;                     ┌─────────────────────┐
23          else if (key == 'd')             │ 'w'키가 눌리면 현재 위치의 │
24              x += 10;                     │    y좌표를 감소시킨다    │
25          else if (key == 's')            └─────────────────────┘
26              y += 10;
27          circle(img, Point(x, y), 200, Scalar(0, 255, 0), 5);
28          imshow("img", img);             ┌─────────────────────────┐
29      }                                    │ 키가 눌리면 현재 위치에 반지름이 │
30      return 0;                            │    200인 녹색 원을 그린다    │
31  }                                        └─────────────────────────┘
```

키보드 이벤트를 처리하는 콜백 함수는 없다. 단순히 waitKey() 함수를 호출한다. waitKey() 함수는 다음과 같은 원형을 가진다.

```
int waitKey(int delay=0)
```

매개 변수	설명
delay	지연시간, 단위는 밀리초이다. 0이면 영원히 기다리는 것을 의미한다.

waitKey()의 반환값은 눌려진 키의 아스키 코드이다.

LAB 2.1 키보드로 영상 제어하기

키보드의 화살표 키를 이용하여 영상의 밝기를 제어하는 프로그램을 작성해보자. 만약 화살표와 같은 특수 키 코드를 받고 싶으면 waiyKeyEx() 함수를 사용하여야 한다.

왼쪽 화살표 키를 누르면 waitKeyEx() 함수는 2424832를 반환한다. 오른쪽 화살표 키를 누르면 2555904를 반환한다. 이 값들은 운영체제나 컴퓨터에 따라서 달라질 수 있다. 자신의 컴퓨터에서 어떤 값이 나오는지 출력해보자.

Code 2.7

```
01  #include <opencv2/opencv.hpp>
02  #include <iostream>
03  using namespace cv;
04  using namespace std;
05
06  int main()
07  {
08      Mat src = imread("d:/photo1.jpg", IMREAD_COLOR);
09      if (src.empty()) { cout << "영상을 읽을 수 없음" << endl; }
10
11      imshow("src", src);
12
13      while (1) {
14          int key = waitKeyEx();   // 사용자로부터 키를 기다린다.
15          cout << key << " ";
16          if (key == 'q') break;   // 사용자가 'q'를 누르면 종료한다.
17          else if (key == 2424832) {
18              src -= 50;   // 영상이 어두워진다.
19          }
20          else if (key == 2555904) {
21              src += 50;   // 영상이 밝아진다.
22          }
23          imshow("src", src);   // 영상이 변경되었으므로 다시 표시한다.
24      }
25      return 0;
26  }
```

영상을 밝게 하려면 어떻게 하면 될까? C++에는 연산자 중복 정의 기능이 있다. 영상을 저장하는 Mat 클래스에 대해서도 각종 수학 연산자들이 정의되어 있다. Mat 객체에 어떤 값을 더하면 영상은 그 값만큼 밝아진다. 반대로 어떤 값을 빼면 그 값만큼 어두워진다.

위의 코드에는 왼쪽 화살표 키를 누르면 Mat 객체에서 50을 뺀다. 오른쪽 화살표 키를 누르면 Mat 객체에 50을 더한다. 사용자가 'q' 키를 누르면 프로그램을 종료한다. 영상이 변경되면 반드시 imshow() 함수를 통하여 다시 표시하여야 한다.

LAB 2.2 페인트 브러쉬 프로그램 작성

마우스로 기존의 영상을 변경하는 간단한 페인트 브러쉬 프로그램을 작성해보자.

우리가 마우스의 왼쪽 버튼을 누른 채로 마우스를 움직이면 빨간색으로 칠해진다. 우리는 영상을 변경해서 imwrite()로 저장할 수 있다. 전체 소스는 다음과 같다.

Code 2.8

```
01  #include <opencv2/opencv.hpp>
02  #include<iostream>
03  using namespace std;
04  using namespace cv;
05
06  Mat img;
07  int drawing = false;
08
09  void drawCircle(int event, int x, int y, int, void* param) {
10      if (event == CV_EVENT_LBUTTONDOWN)
11          drawing = true;
12      else if (event == CV_EVENT_MOUSEMOVE) {
13          if (drawing == true)
14              circle(img, Point(x, y), 3, Scalar(0, 0, 255), 10);
15      }
```

> 버튼이 눌리면 drawing 변수를 참으로 만든다.

> 버튼이 눌린 상태로 마우스가 이동하면 빨간색 원을 그린다.

```
16      else if (event == CV_EVENT_LBUTTONUP)
17          drawing = false; ─────────────────────────    버튼이 눌리면 drawing 변수를
18      imshow("Image", img);                              참으로 만든다.
19  }
20  int main()
21  {
22      img = imread("d:/bug.jpg");
23      if (img.empty()) { cout << "영상을 읽을 수 없음" << endl;  return -1; }
24
25      imshow("Image", img);
26      setMouseCallback("Image", drawCircle); ──────    마우스 콜백 함수를 설정한다
27      waitKey(0);
28      imwrite("d:/bug1.jpg", img);
29      return 0;
30  }
```

우리가 마우스 버튼을 누르면 drawing 변수가 true가 된다. drawing 변수가 true인 상태에서 마우스를 움직이면 circle() 함수를 이용하여 영상에 작은 원을 그린다. 원의 색상은 빨간색으로 고정되어 있다. 여기서 Scalar 클래스는 3장에서 학습하겠지만 R, G, B 값을 저장하는 객체를 생성한다. 즉 하나의 컬러를 나타낼 수 있다.

트랙바의 사용

앞의 페인트 브러쉬 프로그램에서는 칠해지는 색상을 변경할 수 없었다. OpenCV에서 사용할 수 있는 사용자 인터페이스로 트랙바^{trackbar}가 있다. 우리는 트랙바를 이용하여 연속적인 값이나 이산적인 값을 입력할 수 있다. R, G, B 값을 입력할 수 있는 트랙바를 간단히 작성하고 이것을 이용하여 페인트 브러쉬 프로그램에서 칠해지는 색상을 변경해보자.

Code 2.9

```
01  #include <opencv2/opencv.hpp>
02  #include<iostream>
03  using namespace std;
04  using namespace cv;
05
06  Mat img;
07  int red, green, blue;
```

```
08  int drawing = false;
09
10  void on_trackbar(int, void*) { }          ┌──────────────────────┐
11                                            │ 트랙바 콜백 함수이다. 현재는 │
12  void drawCircle(int event, int x, int y, int,│ 아무 일도 하지 않는다.      │
13      if (event == CV_EVENT_LBUTTONDOWN)    └──────────────────────┘
14          drawing = true;
15      else if (event == CV_EVENT_MOUSEMOVE) {
16          if (drawing == true)
17              circle(img, Point(x, y), 3, Scalar(blue, green, red), 10);
18      }
19      else if (event == CV_EVENT_LBUTTONUP)
20          drawing = false;
21      imshow("img", img);
22  }
23  int main()
24  {
25      img = imread("d:/bug.jpg");
26      if (img.empty()) { cout << "영상을 읽을 수 없음" << endl;  return -1; }
27      namedWindow("img", 1);
28      imshow("img", img);
29      setMouseCallback("img", drawCircle);
30      createTrackbar("R", "img", &red, 255, on_trackbar);    ┌──────────────┐
31      createTrackbar("G", "img", &green, 255, on_trackbar);  │ 트랙바 3개를 생성한다. │
32      createTrackbar("B", "img", &blue, 255, on_trackbar);   │ 각 트랙바에는 트랙바에 │
33      waitKey(0);                                            │ 연동되어서 변경되는   │
34      return 0;                                              │ 변수가 지정된다.    │
35  }                                                          └──────────────┘
```

트랙바는 다음과 같은 함수로 만들 수 있다.

```
int createTrackbar(const string& trackbarname, const string& winname,
    int* value, int count, TrackbarCallback onChange=0, void* userdata=0)
```

매개 변수	설명
trackbarname	트랙바의 이름
winname	윈도우의 이름
value	슬라이더의 위치를 반영하는 정수 변수. 변수의 주소를 넘겨야 한다.
count	슬라이더의 최대 위치
onChange	슬라이더가 변경될 때마다 호출되는 콜백 함수
userdata	콜백 함수로 전달하는 사용자 데이터. 주로 Mat 객체를 보낸다.

콜백 함수에서 우리는 어떤 작업을 할 수 있지만 여기서는 아무런 작업도 하지 않는다. 사용자가 슬라이더를 움직이면 연결된 변수의 값이 변경되므로 여기서는 그것으로 충분하다.

비디오 처리

OpenCV는 비디오도 처리할 수 있다. 컴퓨터에 연결된 카메라를 통해서 실시간으로 비디오를 받아서 처리할 수도 있고 아니면 비디오 파일을 열어서 처리할 수도 있다. 기본적으로 비디오는 정지영상들이 모인 것이다.

Code 2.10

```
01  #include "opencv2/opencv.hpp"
02  using namespace cv;
03
04  int main()
05  {
06      // VideoCapture cap(0); // 웹캠인 경우
07      VideoCapture cap("d:/trailer.mp4");      // 동영상 파일인 경우
08      if (!cap.isOpened()) { cout << "동영상을 읽을 수 없음" << endl; }
09
10      namedWindow("frame", 1);     // 윈도우 생성
11      for (;;)
12      {
13          Mat frame;
14          cap >> frame;             // 동영상에서 하나의 프레임을 추출한다.
15          imshow("frame", frame);
16          if (waitKey(30) >= 0) break;
17      }
18      return 0;
19  }
```

실행결과

비디오 파일을 열거나 웹캠으로부터 비디오를 받으려면 다음과 같은 문장을 사용한다.

```
VideoCapture cap("d:/trailer.mp4");
```

매개 변수로 문자열이 전달되면 파일을 연다. 만약 매개 변수로 정수가 전달되면 해당되는 장치를 오픈한다. 장치의 번호가 0이면 디폴트 장치이다.

LAB 2.3 간단한 비디오 처리

비디오의 각 프레임의 모든 화소에 파란색을 더해보자. 아직 우리는 영상의 화소 처리를 학습하지 않았지만 C++의 연산자 중복 기능을 이용하면 다음과 같이 간단한 문장으로 모든 화소에 파란색을 더할 수 있다.

```
frame += Scalar(100, 0, 0);
```

Code 2.11

```
01  #include "opencv2/opencv.hpp"
02  using namespace cv;
03
04  int main()
05  {
06      // VideoCapture cap(0);
07      VideoCapture cap("d:/trailer.mp4");
08      if (!cap.isOpened())
09          return -1;
10
11      namedWindow("frame", 1);
12      for (;;)
13      {
14          Mat frame;
15          cap >> frame;
16          frame += Scalar 100, 0, 0 ;          현재 프레임의 모든 화소에
17          imshow("frame", frame);              파란색을 더한다.
18          if (waitKey(30) >= 0) break;
19      }
20      return 0;
21  }
```

Summary

▶ OpenCV를 비주얼 스튜디오에서 사용하려면 OpenCV 헤더 파일의 위치를 컴파일러에게 알려주어야 한다. 또 OpenCV 라이브러리가 설치된 위치를 링커에게 알려주어야 한다.

▶ OpenCV의 속성 시트를 사용하면 새로운 프로젝트의 속성을 쉽게 설정할 수 있다.

▶ OpenCV에서 영상을 나타내는 클래스는 Mat이다.

▶ imread() 함수는 영상 파일을 읽고 imwrite() 함수는 영상 파일을 저장한다.

▶ 마우스로부터 입력을 받으려면 setMouseCallback()를 이용하여 콜백 함수를 등록한다. 마우스 이벤트가 발생하면 콜백 함수가 호출된다.

▶ 키보드로부터 입력을 받으려면 waitKey() 함수를 호출한다. 화살표 키를 받으려면 waitKeyEx() 함수를 호출한다.

▶ 트랙바(슬라이더)를 사용하려면 createTrackbar() 함수를 호출한다. 함수를 호출할 때 슬라이더와 연결된 변수를 지정한다. 사용자가 슬라이더를 움직이면 이 변수의 값이 변경된다.

▶ 비디오를 처리하려면 VideoCapture 객체를 생성한다. 비디오에서 한 개의 프레임(영상)을 추출하려면 cap >> frame;와 같이 >> 연산자를 사용한다.

01 비주얼 스튜디오에서 속성 시트를 사용하면 어떤 장점이 있는가?

02 OpenCV에서 영상을 저장하는 클래스 이름은 무엇인가?

03 .lib 파일과 .dll 파일은 어떤 차이가 있는지 인터넷에서 조사해보자.

04 C++ 프로그램에서 이름 공간(name space)은 어떤 역할을 하는가?

05 800 × 600 크기의 윈도우를 만들고 (100, 100) 위치에 반지름이 50인 파란색 원을 그리는 프로그램을 작성하시오.

06 800 × 600 크기의 윈도우를 만들고 마우스의 오른쪽 버튼을 누르면 100×100 크기의 사각형을 그리고 왼쪽 버튼을 누르면 반지름 100인 원을 그리는 프로그램을 작성하시오.

07 우리는 본문에서 간단한 페인트 브러쉬 프로그램을 작성한 바 있다. 트랙바를 이용하여서 브러쉬의 두께를 변경할 수 있도록 코드를 추가해보자.

08 비디오 파일을 읽어서 비디오의 모든 프레임을 흑백으로 만들어서 윈도우에 표시하는 프로그램을 작성해보자.

DIGITAL IMAGE PROCESSING Using OpenCV

OpenCV의 기초

단원 목표

- 핵심적인 클래스 Mat를 이해하고 사용할 수 있다.
- 화소 데이터가 저장되는 방법을 이해할 수 있다.
- Mat 객체를 생성하는 여러 가지 방법을 자신 있게 사용할 수 있다.
- Mat 객체를 복사할 때, 얕은 복사와 깊은 복사를 이해하고 자신 있게 사용할 수 있다.
- OpenCV로 영상의 일부분을 관심영역으로 지정할 수 있다.
- 크기와 같은 영상의 속성을 변경할 수 있다.

이번 장에서는 OpenCV에서 많이 사용되는 데이터 구조에 대하여 살펴본다.

(1) 영상 크기를 변경하여서 저장해보자.

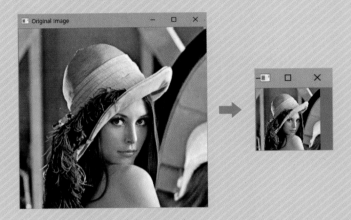

(2) 영상 안에 다른 영상을 삽입해보자.

Mat 클래스

디지털 영상^{digital image} 은 숫자들의 2차원 행렬로 생각할 수 있다. OpenCV는 어떤 자료 구조를 사용하여서 숫자들의 2차원 행렬을 저장할까? 가장 먼저 생각할 수 있는 것은 C++의 전통적인 2차원 배열이다. 하지만 전통적인 2차원 배열은 크기를 자유롭게 변경할 수 없다.

```
170, 170, 171, 172, 172, 172, 175, 176, 178, 179, 179, 178, 177, 177, 176, 176, 176, 175, 173, 170;
170, 171, 172, 173, 174, 174, 176, 177, 178, 178, 178, 176, 175, 174, 174, 175, 174, 174, 172, 170;
171, 172, 173, 174, 175, 176, 176, 177, 177, 177, 176, 175, 173, 172, 173, 173, 173, 173, 171, 169;
171, 172, 173, 175, 176, 176, 176, 177, 177, 177, 175, 174, 172, 170, 172, 173, 173, 172, 171, 169;
171, 173, 176, 180, 180, 179, 181, 180, 177, 174, 171, 170, 169, 169, 168, 167, 166, 166, 167, 169;
171, 173, 177, 180, 180, 179, 177, 175, 173, 170, 168, 167, 167, 167, 166, 166, 165, 165, 167, 169
171, 174, 178, 181, 180, 179, 171, 169, 167, 165, 164, 163, 164, 164, 164, 164, 164, 165, 167, 169;
```

Mat 클래스는 OpenCV에서 영상을 담을 때 사용하는 데이터 구조로서 OpenCV 라이브러리의 핵심 요소이다. 앞으로 영상이나 행렬을 다룰 때 Mat 클래스를 아주 많이 사용할 예정이기 때문에 우리는 Mat 클래스에 익숙해져야 한다.

Mat는 2부분으로 구성된 클래스이다. 첫 번째 부분은 헤더로써 행렬의 크기(rows, cols), 화소의 자료형(type), 영상이 저장된 주소(data) 등의 정보를 저장한다. 두 번째 부분은 영상을 이루고 있는 화소 데이터가 저장된 동적 메모리로서 헤더의 data 포인터가 가리킨다. Mat 객체 헤더의 크기는 일정하지만 영상을 저장하는 동적 메모리의 크기는 영상마다 달라진다.

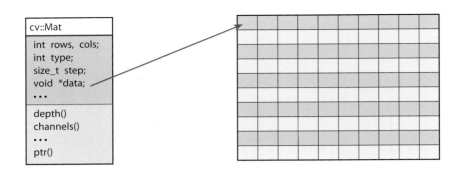

초창기의 OpenCV는 C언어로 구축되었고 메모리에 영상을 저장하기 위해 IplImage라는 구조체를 사용하였다. 이 방법의 가장 큰 문제는 수동 메모리 관리였다. 즉 개발자가 메모리 할당 및 해제를 담당해야 했다. 소규모 프로그램에서는 문제가 되지 않지만 코드의 규모가 커지면 메모리 관리가 상당히 어려워진다. OpenCV 2.0부터는 C++ 인터페이스를 도입하였다. C++에서는 생성자와 소멸자 기능을 사용하여 메모리 관리를 자동으로 할 수 있다. 따라서 개발자가 훨씬 편해졌으며 코드가 간결해졌다. 대부분의 OpenCV 함수들은 영상 데이터를 위한 메모리를 자동으로 할당하고 해제한다. 따라서 개발자가 특별히 동적 메모리 관리에 대하여 신경 쓰지 않아도 된다. 만약 OpenCV 함수를 호출할 때 이미 메모리 공간을 할당한 Mat 객체가 전달되면 자동적으로 메모리 공간이 재사용된다.

간단한 예제를 가지고 이것을 설명해보자.

```
void sub() {
    Mat A;                                  // ① 여기서는 헤더만 생성된다.
    A = imread("lenna.jpg", IMREAD_COLOR);  // ② 여기서 동적 메모리가 할당된다.
    ...
    // ③ 함수가 종료되면 자동적으로 동적 메모리가 해제된다.
}
```

문장 ①에 의하여 Mat 객체가 생성되는데 여기서는 헤더 부분만 생성된다. 아직 동적 메모리는 할당되지 않는다. 문장 ②의 imread() 함수가 영상 파일을 읽으면서 새로운 Mat 객체를 생성하고 필요한 동적 메모리를 할당한다. 생성된 Mat 객체가 반환되고 대입 연산자에 의해 객체 A로 복사된다. 이 과정에서 "깊은 복사$^{\text{deep copy}}$"가 아닌 "얕은 복사$^{\text{shallow copy}}$"가 일어난다. 따라서 Mat 객체의 헤더만 복사된다. 즉 동적 메모리는 별도로 생성되지 않고 기존의 동적 메모리를 그대로 유지한다. 개발자는 동적 메모리에 대하여 신경 쓰지 않으면서 객체를 복사하고 전달할 수 있다.

참고

C++에서 얕은 복사란 객체를 복사할 때 객체의 내용만 복사하는 것이다(일반적인 복사). 깊은 복사는 객체를 복사할 때 객체가 가진 동적 메모리까지 별도로 생성하는 복사이다.

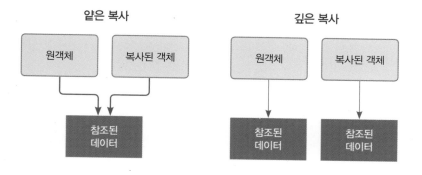

Mat 객체의 속성 출력

이 실습에서 우리는 영상 파일을 읽어서 Mat 객체를 생성한 후에 Mat 객체가 가진 여러 가지 멤버 변수들의 값을 출력해보자. 즉 영상의 행과 열, 영상의 채널, 전체 화소 개수, 한 화소의 크기 등을 출력해보자.

Code 3.1

```cpp
#include "opencv2/opencv.hpp"
#include <iostream>
using namespace cv;
using namespace std;

int main()
{
    Mat img = imread("d:/lenna.jpg");
    if (img.empty()) { cout << "영상을 읽을 수 없음" << endl;    return -1; }
    imshow("img", img);

    cout << "행의 수 = " << img.rows << endl;
    cout << "열의 수 = " << img.cols << endl;
    cout << "행렬의 크기 = " << img.size() << endl;
    cout << "전체 화소 개수 = " << img.total() << endl;
    cout << "한 화소 크기 = " << img.elemSize() << endl;
    cout << "타입 = " << img.type() << endl;
    cout << "채널 = " << img.channels() << endl;
    waitKey(0);
    return 0;
}
```

실행결과

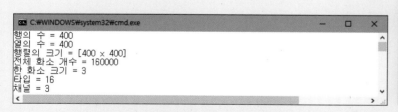

영상의 채널이란 한 화소에 대하여 몇 개의 값이 저장되는가이다. 보통 그레이스케일 영상은 1개 채널만을 가지며, 컬러 영상인 경우에는 한 화소에 대하여 R, G, B 값이 저장되므로 채널수는 3이 된다. 또 우리가 필요하다면 얼마든지 많은 채널을 선언하여 사용할 수 있다.

영상의 크기를 반환하는 멤버 함수 size()는 "열의 수(가로) × 행의 수(세로)" 형식으로 출력한다. "행의 수(세로) × 열의 수(가로)"가 아니다.

멤버 함수 type()은 영상의 타입을 나타내는 값을 반환한다. 이것은 영상의 종류와 관련이 있다. 16은 3개의 채널을 가진 영상이고 각 채널은 부호없는 char형이라는 의미이다. 이 부분은 차후에 자세히 다루도록 하자.

화소 데이터가 저장되는 방법

화소값은 어떻게 행렬에 저장될까? 그레이스케일 영상 ^{grayscale image} 에서는 화소의 밝기를 8비트 크기의 정수로 나타낸다. 따라서 크기가 n행 × m열인 그레이스케일 영상 데이터는 다음과 같은 형태로 저장된다. 첫 부분에 화소 (0, 0)의 값이 저장된다. 이어서 화소 (0, 1)의 값이 저장되고, 이런 식으로 화소의 값이 순차적으로 저장되다가 맨 끝에 화소 $(n-1, m-1)$의 값이 저장된다.

	0열	1열	...	m−1열
0행	(0, 0)	(0, 1)	...	(0, m−1)
1행	(1, 0)	(1, 1)	...	(1, m−1)
...	...	...	...	...
n-1행	(n−1, 0)	(n−1, 1)	...	(n−1, m−1)

컬러 영상은 어떻게 저장될까? 컬러 영상을 저장할 때 우리가 선택할 수 있는 방법이 몇 가지 있다. 가장 기본적인 방법은 컬러를 세 가지의 기본색으로 나누고 이를 조합하여 다른 컬러를 만드는 방법이다. 많이 사용되는 기본 색상이 RGB이다. RGB는 우리의 눈이 컬러를 인식하는 방법과 일치한다. RGB는 빛의 삼원색인 빨간색 ^{red}, 녹색 ^{green}, 파란색 ^{blue} 을 의미한다. 이 삼원색을 섞으면 약 1600만 가지의 다른 색상을 만들 수 있다. OpenCV에서는 BGR 컬러 시스템을 사용한다. BGR 컬러 시스템은 RGB에서 R과 B의 위치만 바꾼 것이다.

OpenCV에서는 하나의 컬러를 채널 ^{channel} 이라고 한다. 3개의 채널이 있다고 하면 각 화소당 3개의 숫자가 저장되는 것이다. BGR 컬러 시스템을 사용하는 컬러 영상은 다음과 같이 저장된다.

	(0, 0) 화소의 값 →											
0행	(0, 0) Blue	(0, 0) Green	(0, 0) Red	(0, 1) Blue	(0, 1) Green	(0, 1) Red	...	...	...	(0, m−1)	(0, m−1)	(0, m−1)
1행	(1, 0) Blue	(1, 0) Green	(1, 0) Red	(1, 1) Blue	(1, 1) Green	(1, 1) Red	...			(1, m−1)	(1, m−1)	(1, m−1)
...	...	...	...	...	...	...				...	...	...
n−1행	(n−1, 0) Blue	(n−1, 0) Green	(n−1, 0) Red	(n−1, 1) Blue	(n−1, 1) Green	(n−1, 1) Red	...			(n−1, m−1)	(n−1, m−1)	(n−1, m−1)

첫 부분에 화소 (0, 0)의 Blue값, 화소 (0, 0)의 Green값, 화소 (0, 0)의 Red값이 순차적으로 저장된다. 이어서 화소 (0, 1)의 Blue값, 화소 (0, 1)의 Green값, 화소 (0, 1)의 Red값이 저장된다. 즉 하나의 화소에 대하여 3개의 값이 저장된다. 메모리가 충분히 크다면 각각의 행들이 하나씩 이어져 하나의 긴 행이 만들어진다. 따라서 이것을 이용하면 화소들을 하나씩 처리할 때, 포인터를 증가하는 방법으로 처리 속도를 높일 수 있다.

Mat 클래스 안에서 각각의 화소는 어떤 자료형으로 저장될까? 화소의 자료형은 우리가 선택할 수 있다. 가능한 가장 작은 자료형은 1바이트(8비트)를 의미하는 char이다. char형의 경우, 부호가 없으면 0에서 255까지의 값을 저장할 수 있고 부호가 있다면 −127에서 +127 사이의 값을 저장할 수 있다. BGR 컬러 영상의 경우, 3개의 char형을 사용하여서 Blue, Green, Red 색상을 표현하는 것이 일반적이다. 하지만 정밀도를 위하여 Blue, Green, Red 색상을 각각 float(4바이트 = 32비트) 또는 double(8바이트 = 64비트) 자료형을 사용하여 더 세밀하게 표현할 수도 있다. 이 경우, 영상을 저장하는 메모리의 크기도 커진다.

화소값 출력하기

OpenCV에서는 화소의 값을 화면에 출력할 수 있다. 이 실습에서 우리는 영상 파일을 읽어서 Mat 객체를 생성한 후에 Mat 객체가 가지고 있는 화소의 값을 화면에 정수로 출력해보자.

Code 3.2

```cpp
01  #include "opencv2/opencv.hpp"
02  #include <iostream>
03  using namespace cv;
04  using namespace std;
05
06  int main()
07  {
08      Mat img = imread("d:/opencv.png");
09      if (img.empty()) { cout << "영상을 읽을 수 없음" << endl;    return -1; }
10      imshow("img", img);
11
12      cout << img << endl;
13      waitKey(0);
14      return 0;
15  }
```

실행결과

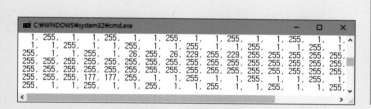

Mat 객체가 저장하고 있는 화소의 값을 출력하려면 단순히 Mat 객체에 중복정의된 << 연산자를 적용시키면 된다. 영상의 크기에 따라 상당한 시간이 소요될 수도 있으니 주의하여야 한다. 전체 화소의 값을 출력하는 것보다 특정한 위치의 화소의 값을 출력하는 경우가 훨씬 많다. 이때는 at() 함수를 사용하면 된다. 차후에 자세히 살펴본다.

3

명시적으로 Mat 객체 만들기

Mat는 주로 영상을 저장하는데 사용되지만 근본적으로 숫자들의 2차원 행렬을 저장하는 클래스라고 보아야 한다. 우리는 명시적으로 Mat 객체를 생성할 수 있다. 우리는 앞으로 아주 많은 Mat 객체를 생성하게 될 것이다. 따라서 많은 유형의 Mat 객체를 생성해보는 연습이 필요하다. Mat 객체는 출력 연산자 <<을 사용하여 화면에 숫자로 출력할 수 있다.

Mat 클래스의 생성자를 사용하면 영상의 크기, 화소의 자료형, 화소당 채널수를 지정할 수 있다. Mat 클래스의 생성자는 아주 많다. 그중에서 가장 많이 사용되는 생성자는 다음과 같다.

```
Mat (int rows, int cols, int type, const Scalar &s);
```

생성자	설명
rows	영상의 행 개수
cols	영상의 열 개수
type	화소의 값을 저장하는 데 사용되는 자료형
s	화소의 초기값

행의 크기(세로)가 열의 크기(가로)보다 먼저 전달되는 것에 유의해야 한다. 예를 들어서 가로 400 × 세로 600 크기의 영상을 생성하려면 다음과 같이 해야 한다.

```
Mat (600, 400, CV_8C1, Scalar(0));
```

화소의 자료형은 어떻게 지정할까? 다음과 같은 형식을 사용한다.

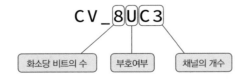

예를 들어, CV_8UC3은 화소를 나타내기 위해 부호 없는 8비트를 사용하고 각 화소는 세 개의 채널을 가진다는 것을 의미한다. 여기서 채널이란 컬러를 나타낼 때 사용하는 것이다(물론 다른 용도로 사용하는 것도 가능하다). 화소의 자료형에 대한 설명은 다음 표를 참조한다.

자료형	비트수	설명
CV_8U	8	8-bit unsigned integer: uchar (0..255)
CV_8S	8	8-bit signed integer: schar (-128..127)
CV_16U	16	16-bit unsigned integer: ushort (0..65535)
CV_16S	16	16-bit signed integer: short (-32768..32767)
CV_32S	32	3-bit signed integer: int (-2147483648..2147483647)
CV_32F	32	32-bit floating-point number: float (-FLT_MAX..FLT_MAX, INF, NAN)
CV_64F	64	64-bit floating-point number: double (-DBL_MAX..DBL_MAX, INF, NAN)

화소를 초기화하기 위해 사용하는 클래스가 cv::Scalar이다. Scalar는 최대 4개의 요소를 가지는 벡터이다. 이것을 이용하면 영상의 모든 화소를 사용자 정의값으로 초기화할 수 있다. 예를 들어 cv::Scalar(0, 0, 255)는 BGR 값이 (0, 0, 255)인 값으로 모든 화소를 초기화한다는 의미이다.

몇 개의 Mat 객체를 생성해보면 다음과 같다.

```
Mat A(3, 3, CV_32F);                 // 1채널의 3x3 실수(32비트) 행렬
Mat B(10, 1, CV_64FC2);              // 2채널의 10x1 실수(64비트) 행렬
Mat C(Size(1920, 1080), CV_8UC3);    // 1080행과 1920열을 가지는 3채널 영상
```

여기서 주의할 점은 Size()는 Size(cols, rows) 형태로 사용된다. 따라서 1080행과 1920열을 가지는 영상을 생성하려면 Mat C(Size(1920, 1080), CV_8UC3); 라고 하여야 한다.

예제 3.1

생성자를 사용하여 3 × 4 크기의 행렬을 만들고 모든 요소의 값을 화면에 출력해보자.

Code 3.3

```
01  #include "opencv2/opencv.hpp"
02  #include <iostream>
03  using namespace cv;
04  using namespace std;
05
06  int main()
07  {
08      Mat M(3, 4, CV_8UC3, Scalar(0, 0, 255));
09      cout << "M = " << endl << " " << M << endl << endl;
10      return 0;
11  }
```

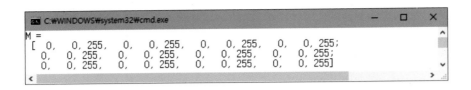

```
C:\WINDOWS\system32\cmd.exe                                    —   □   ×
M =
[   0,   0, 255,   0,   0, 255,   0,   0, 255,   0,   0, 255;
    0,   0, 255,   0,   0, 255,   0,   0, 255,   0,   0, 255;
    0,   0, 255,   0,   0, 255,   0,   0, 255,   0,   0, 255]
```

행렬의 초기값으로 Scalar(0, 0, 255)가 지정되었다. 위의 실행 결과에서 행렬의 모든 요소의
값이 (0, 0, 255)인 것을 알 수 있다.

LAB 3.3 명시적으로 만든 Mat 객체를 표시

OpenCV 내부에서는 Mat 객체를 명시적으로 생성하든, 영상 파일을 읽어서 생성하든 모두 동일한 것으로 취급한다. 이 실습에서는 명시적으로 800 × 600 크기의 Mat 객체를 만들고 녹색으로 초기화한 후에 화면에 imshow() 함수를 이용하여 윈도우에 영상으로 표시해보자.

Code 3.4

```
01  #include "opencv2/opencv.hpp"
02  #include <iostream>
03  using namespace cv;
04  using namespace std;
05
06  int main()
07  {
08      Mat M(600, 800, CV_8UC3, Scalar(0, 255, 0));
09      if (M.empty()) { cout << "영상을 읽을 수 없음" << endl;      return -1; }
10      imshow("img", M);
11
12      waitKey(0);
13      return 0;
14  }
```

실행결과

역시 OpenCV는 차별하지 않고 우리가 명시적으로 생성한 800 × 600 크기의 Mat 객체를 영상처럼 윈도우에 디플레이하고 있다. 화소의 초기값은 Scalar(0, 255, 0)이므로, Green 성분만 255이고 나머지는 모두 0이 된다.

create 함수를 사용하여 행렬을 생성하기

행렬 객체를 만든 후 적절한 시기에 create() 함수를 호출해도 행렬이 만들어진다.

Code 3.5

```
01  ...
02  int main()
03  {
04      Mat M;
05      M.create(3, 4, CV_8UC3);
06      cout << "M = " << endl << M << endl << endl;
07      return 0;
08  }
```

실행결과

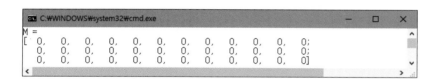

이 create() 함수로는 행렬값을 초기화할 수 없다(현재는 쓰레기값이 저장되어 있다). 새로운 크기가 이전 크기와 맞지 않으면 행렬 데이터 메모리를 다시 할당한다.

zeros(), ones(), eye()를 사용하여 행렬 생성하기

eye()는 주대각선의 모든 성분은 1이고 나머지 성분은 0인 단위 행렬identity matrix 을 생성한다. ones()는 전체가 1인 행렬을 생성한다. zeros()는 전체가 0인 행렬을 생성한다.

Code 3.6

```
01  ...
02  int main()
03  {
04      Mat E = Mat::eye(4, 4, CV_64F);
05      cout << "E = " << endl << " " << E << endl << endl;
06      Mat O = Mat::ones(2, 2, CV_32F);
07      cout << "O = " << endl << " " << O << endl << endl;
08      Mat Z = Mat::zeros(3, 3, CV_8UC1);
09      cout << "Z = ." << endl << " " << Z << endl << endl;
10      return 0;
11  }
```

```
C:\WINDOWS\system32\cmd.exe                              —   □   ×
E =
[1, 0, 0, 0;
 0, 1, 0, 0;
 0, 0, 1, 0;
 0, 0, 0, 1]
O =
[1, 1;
 1, 1]
Z =
[  0,   0,   0;
   0,   0,   0;
   0,   0,   0]
```

Mat 객체를 난수로 초기화하고 싶을 때

우리는 randu() 함수를 사용하여 난수값으로 행렬을 채울 수 있다. 난수의 상한값과 하한값을
지정해야 한다. Scalar 클래스의 all()은 모든 채널의 값을 주어진 값으로 초기화하는 함수이다.

Code 3.7

```
01   int main()
02   {
03       Mat R = Mat(3, 6, CV_8UC1);
04       randu(R, Scalar::all(0), Scalar::all(255));
05       cout << "R = " << endl << R << endl << endl;
06       return 0;
07   }
```

실행결과

```
C:\WINDOWS\system32\cmd.exe                              —   □   ×
R =
[ 91,   2,  79, 179,  52, 205;
 236,   8, 181, 239,  26, 248;
 207, 218,  45, 183, 158, 101]
```

randu() 함수는 다음과 같은 원형을 가지고 있다.

```
void randu(InputOutputArray dst, InputArray low, InputArray high);
```

매개 변수	설명
dst	난수를 저장한 행렬. 미리 할당되어야 한다.
low	난수의 하한값
high	난수의 상한값

쉼표로 구분된 초기화 목록을 사용하여 생성하기

Mat 객체를 만들 때, 우리가 준비한 값들로 초기화하고 싶은 경우가 있다. 이 경우도 많은 방법이 있지만 가장 간단한 방법은 << 연산자를 사용하는 것이다. 단 C++의 버전이 11 이상이어야 한다.

Code 3.8

```
01  ...
02  int main()
03  {
04      Mat C = (Mat_<double>(3, 3) << 0, -1, 0, -1, 5, -1, 0, -1, 0);
05      cout << "C = " << endl << C << endl << endl;
06      return 0;
07  }
```

실행결과

```
C:\WINDOWS\system32\cmd.exe                              —   □   ×
C =
[0, -1, 0;
 -1, 5, -1;
 0, -1, 0]
```

Mat_클래스는 Mat를 상속받아서 정의된 클래스이다. 템플릿을 사용하며, 탬플릿 매개 변수로 우리가 원하는 자료형을 전달하면 된다. 아래 그림을 참조한다.

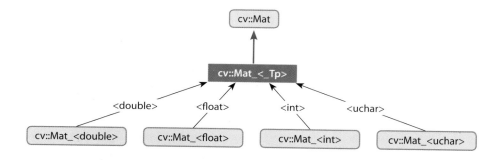

출력 형식 지정

우리는 많은 경우에 디버깅을 위하여 영상 데이터를 화면에 숫자로 출력한다. << 연산자를 사용하면 2차원 행렬 형태의 출력이 가능하다.

기본

```
cout << "R (default) = " << endl << R << endl << endl;
```

```
R (default) =
[91, 2, 79, 179, 52, 205;
  236, 8, 181, 239, 26, 248;
  207, 218, 45, 183, 158, 101]
```

파이썬 형태

```
cout << "R (python) = " << endl << format(R, Formatter::FMT_PYTHON)
     << endl << endl;
```

```
R (python) =
[[[91, 2, 79], [179, 52, 205]],
 [[236, 8, 181], [239, 26, 248]],
 [[207, 218, 45], [183, 158, 101]]]
```

쉼표로 구분된 값(CSV)

```
cout << "R (csv) = " << endl << format(R, Formatter::FMT_CSV )
     << endl << endl;
```

```
R (csv)    =
91, 2, 79, 179, 52, 205
  236, 8, 181, 239, 26, 248
  207, 218, 45, 183, 158, 101
```

Numpy 형태

```
cout << "R (numpy) = " << endl << format(R, Formatter::FMT_NUMPY )
     << endl << endl;
```

```
R (numpy)    =
array([[[91, 2, 79], [179, 52, 205]],
  [[236, 8, 181], [239, 26, 248]],
  [[207, 218, 45], [183, 158, 101]]], type='uint8')
```

C 형태

```
cout << "R (c) = " << endl << format(R, Formatter::FMT_C )
     << endl << endl;
```

```
R (c)    =
{91, 2, 79, 179, 52, 205,
  236, 8, 181, 239, 26, 248,
  207, 218, 45, 183, 158, 101}
```

LAB 3.4 난수로 채운 Mat 객체 생성

Mat 객체를 만들고 randu() 함수를 이용하여 난수로 각 화소의 값을 채워보자. 생성된 Mat 객체를 윈도우에 영상으로 표시해본다.

Code 3.9

```
01  #include "opencv2/opencv.hpp"
02  #include <iostream>
03  using namespace cv;
04  using namespace std;
05
06  int main()
07  {
08      Mat R = Mat(400, 600, CV_8UC3);
09      randu(R, Scalar::all(0), Scalar::all(255));
10      imshow("img", R);
11      waitKey(0);
12
13      return 0;
14  }
```

실행결과

아래의 실행 결과를 보면 TV가 채널을 찾지 못했을 때, 나오는 것과 유사한 영상을 볼 수 있다.

4

Mat 객체가 복사될 때

OpenCV의 함수들은 영상을 전달받아서 처리한 후에 다시 반환한다. 이 과정에서 영상을 불필요하게 함수로 복사하여 프로그램의 속도를 낮추는 것은 피해야 한다. OpenCV는 어떻게 하고 있을까?

이 문제를 해결하기 위해 OpenCV는 얕은 복사 ^{shallow copy} 시스템을 사용한다. 하나의 Mat 객체를 다른 Mat 객체로 대입(할당)하면 헤더만 복사가 되고 영상 데이터는 공유된다. 즉 2개의 서로 다른 Mat 객체가 서로 다른 헤더를 통하여 동일한 영상 데이터를 공유하는 것이다. 예를 들어서 다음과 같은 코드를 보자.

```
Mat A;                                    // 여기서는 헤더만 생성된다.
A = imread("d:/dog.jpg", IMREAD_COLOR);   // 여기서 메모리가 할당된다.

Mat B = A;                                // 대입 연산자, 얕은 복사가 수행된다.
```

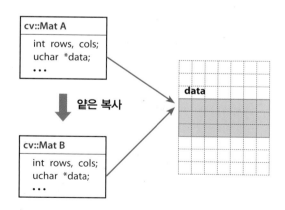

이것은 모든 OpenCV 코드를 이해하는 데 핵심적인 사항이다. 완벽하게 이해하여야 한다. 위의 코드에 있는 모든 Mat 객체는 동일한 영상 데이터를 가리킨다. 복사 생성자를 사용해서 객체를 생성하는 경우에도 헤더만 복사된다.

```
    Mat C(A);      // 복사 생성 연산자, 얕은 복사가 수행된다.
```

라이브러리 함수로 전달될 때도 역시 얕은 복사 shallow copy 로 전달된다.

깊은 복사를 하려면

만약 Mat 객체를 생성할 때 영상 데이터도 복사하려면 어떻게 해야 할까? 즉 C++ 용어로 하자면 깊은 복사 deep copy 가 된다. 이때는 clone() 및 copyTo() 함수를 사용한다.

```
    Mat F = A.clone();
```

F를 수정해도 A가 가리키는 영상 데이터에는 영향을 주지 않는다. 왜냐하면 깊은 복사가 이루어졌기 때문에 A와 F는 모두 독자적인 영상 데이터를 가지고 있다.

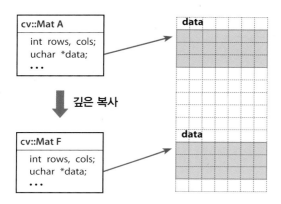

깊은 복사는 copyTo() 함수를 사용하여도 된다. 아래의 코드에서 A는 G로 깊은 복사가 된다.

```
    Mat G;
    A.copyTo(G);
```

참조 카운팅 시스템

영상 데이터가 더 이상 필요하지 않을 때는 어떻게 하면 될까? 즉 어떤 Mat 객체가 마지막 정리 작업을 해야 할까? 정답은 영상을 사용한 마지막 객체이다. 이것은 참조 카운팅 reference counting 메커니즘을 사용하여 처리할 수 있다. Mat 객체의 헤더가 복사될 때마다 영상 데이터에 대한 카운터는 증가한다. 반대로 헤더가 없어질 때마다 카운터는 감소한다. 카운터가 0에 도달하면 영상 데이터도 해제된다(카운터가 0이면 참조하는 객체가 없다는 의미가 된다). 간단한 예제를 작성해보자.

```
Mat A;
...
void sub() {
    Mat B, C;                                       // 여기서는 헤더만 생성된다.
    A = imread("d:/lenna.jpg", IMREAD_COLOR);       // 여기서 메모리가 할당된다.
    B = A;                                          // 헤더가 복사된다.
    C = A;                                          // 헤더가 복사된다.
}
```

위의 코드에서 3개의 Mat 객체 A, B, C는 동일한 영상 데이터를 공유한다. 따라서 영상 데이터의
카운터는 3일 것이다. 함수 sub()가 종료되면 객체 B와 C는 삭제된다. 이때 영상 데이터의 카운터
는 1이 된다. 그리고 만약 객체 A까지 소멸되면 객체 A가 영상 데이터를 해제한다.

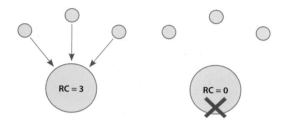

얕은 복사와 깊은 복사

함수에 Mat 객체를 전달하고 함수 안에서는 모든 화소의 값을 0으로 만든다. 함수 호출 후에 Mat 객체를 표시해보면 화소 데이터가 모두 0으로 바뀌어 있는 것을 알 수 있다.

Code 3.10

```cpp
01  #include "opencv2/opencv.hpp"
02  #include <iostream>
03  using namespace cv;
04  using namespace std;
05
06  void sub(Mat img)
07  {
08      img = Scalar(0, 0, 0);       // 영상의 모든 화소를 0으로 만든다.
09  }
10  int main()
11  {
12      Mat A;
13      A = imread("d:/drawing.jpg", IMREAD_COLOR);
14
15      imshow("before", A);        // 함수 호출 전에 영상을 표시한다.
16      sub(A);                      // 함수에 영상을 전달한다.
17      imshow("after", A);          // 함수 호출 후에 영상을 표시한다.
18
19      waitKey();
20      return 0;
21  }
```

실행결과

참고

Mat 객체의 헤더도 함수 안에서 변경하려면 참조자 형태로 Mat 객체를 전달하여야 한다.

```cpp
void sub(Mat& img) { ... }
```

LAB 3.6 얕은 복사와 깊은 복사 테스트해보기

이 실습에서는 Mat 객체 2개를 생성하여서 깊은 복사와 얕은 복사를 비교해보자.

Code 3.11

```
01  #include "opencv2/opencv.hpp"
02  #include <iostream>
03  using namespace cv;
04  using namespace std;
05
06  int main() {
07      Mat A = imread("d:/image2.jpg");
08      Mat B = A;
09      imshow("window 1", A);
10
11      flip(B, B, 0);
12      cout << "B만 반사시킴" << endl;
13      imshow("window 2", A);
14
15      waitKey(0);
16      return 0;
17  }
```

실행결과

flip()은 영상을 수평이나 수직으로 뒤집는 함수이다. 다음과 같은 매개 변수를 가진다.

```
void flip(InputArray src, OutputArray dst, int flipCode)
```

매개 변수	설명
src	입력 행렬
dst	출력 행렬
flipCode	0은 x축으로 반전시킨다. 1은 y축으로 영상을 반전시킨다. -1은 x, y축으로 반전시킨다.

위의 코드에서는 영상 A를 B로 복사한 후에 영상 B를 반전시킨다. 영상 A를 출력해보면 A도 반전되어 있음을 알 수 있다. 즉 영상 A와 B는 영상 데이터를 공유함을 알 수 있다(얕은 복사).

도전문제 _____

1. 영상 B를 생성할 때 clone() 함수를 사용해 보자. 영상 B를 반전시키면 영상 A가 반전되는가?

   ```
   Mat B = A.clone();
   ```

2. 영상 B를 생성할 때 copyTo() 함수를 사용해 보자. 영상 B를 반전시키면 영상 A가 반전되는가?

   ```
   Mat B;
   A.copyTo(B);
   ```

관심 영역 지정하기

우리는 가끔 영상의 일부에만 어떤 처리를 적용하고 싶은 경우가 있다. 우리가 관심을 가지는 영상의 일부를 관심 영역^{region of interest} 이라고 한다. OpenCV에서는 관심 영역을 아주 쉽게 정의해서 다룰 수 있다.

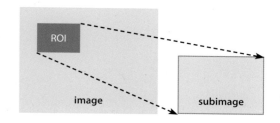

사각형 형태의 관심 영역 지정하기

우리는 전체 데이터의 일부만을 참조하는 헤더도 만들 수 있다. 예를 들어 전체 영상에서 사각형 형태의 관심 영역을 만들려면 다음과 같이 새로운 헤더를 만들면 된다.

```
A = imread("d:/lenna.jpg", IMREAD_COLOR); // 여기서 메모리가 할당된다.
Rect r(10, 10, 100, 100);
Mat D = A(r); // 사각형을 사용하여 관심 영역을 지정한다.
```

Mat 객체 D는 행렬 A의 (10, 10)에서 100 × 100 크기의 부분영상을 가리킨다.

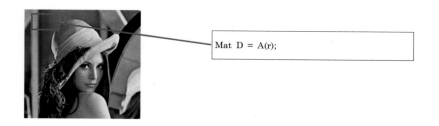

A와 D는 동일한 화소 데이터를 공유하고 있다. 따라서 D를 통하여 화소를 변경하면 A도 변경된다. 예를 들어서 관심 영역을 설정하고 모든 화소의 값을 0으로 만들어보자.

Code 3.12

```
01   ...
02   int main()
03   {
04       Mat A;
05       A = imread("d:/lenna.jpg", IMREAD_COLOR);
06
07       Rect r(10, 10, 100, 100);
08       Mat D = A(r); // 사각형을 사용하여 관심 영역을 지정한다.
09       D = Scalar(0, 0, 0); // 관심 영역의 모든 화소가 (0, 0, 0)이 된다.
10       imshow("src", A);
11       waitKey();
12       return 0;
13   }
```

실행결과

이 경우, 주의할 점이 있다. 우리가 D 객체를 변경하면 A 객체도 영향을 받는다. 현재는 동일한 화소 데이터를 공유하고 있기 때문이다. 화소 데이터를 독립시키려면 다음과 같이 clone()이라는 함수를 사용해야 한다.

```
Mat D = A(r).clone();
```

특정한 행이나 열만 떼어내기

Mat 객체의 row()나 col() 함수를 사용하면 특정한 행이나 특정한 열을 관심 영역으로 지정할 수 있다. 명시적으로 작은 Mat 객체를 생성하고 첫 번째 행을 떼어내서 별도의 Mat 객체로 만들어보자.

```
01   ...
02   int main()
03   {
04       Mat M = Mat::eye(5, 10, CV_64F);
05       Mat Row = M.row(1);
06       cout << "Row = " << endl << Row << endl << endl;
07       return;
08   }
```

실행결과

위의 코드에서는 eye()를 사용하여 5 × 10 크기의 단위행렬을 생성한다. 이어서 row(1)을 호출하여 1번째 행만을 추출한다. 행은 0부터 시작된다는 점을 유의해야 한다. 이어서 << 연산자를 이용하여 Row 객체의 모든 요소값을 출력하고 있다. col() 함수를 이용하면 각각의 열들을 별도의 행렬로 만들 수 있다.

특정한 열에서 특정한 열까지를 관심영역으로 만들고 싶으면 다음과 같이 Range() 함수를 사용한다. Range() 함수는 이름에서 알 수 있듯이 구간을 나타낸다. 예를 들어서 1열에서 2열까지를 관심영역으로 지정하려면 다음과 같이 한다.

```
Mat E = A(Range::all(), Range(1,3)); // 행과 열을 이용하여 관심 영역을 지정한다.
```

E는 A의 1열부터 2열까지만 가지는 행렬이 된다. Range 클래스는 구간을 나타내는 클래스로서 Range(start, end)와 같은 생성자를 가진다. 여기서 end는 구간에 포함되지 않는다.

LAB 3.7 로고 삽입하기

영상의 우측 하단을 관심 영역으로 지정한 후에 여기에 로고를 삽입해보자.

Code 3.14

```
01  #include "opencv2/opencv.hpp"
02  #include <iostream>
03  using namespace cv;
04  using namespace std;
05
06  int main() {
07      Mat A = imread("d:/image2.jpg");
08      Mat B = imread("d:/logo.png");
09      Mat roi(A, Rect(A.cols - B.cols, A.rows - B.rows, B.cols, B.rows));
10      B.copyTo(roi);
11
12      imshow("result", A);
13      waitKey(0);
14      return 0;
15  }
```

ROI를 정의하려면 Rect 객체를 사용하면 쉽다. Rcet 객체는 왼쪽 상단 좌표와 사각형의 크기를 생성자로 보내면 생성할 수 있다. 우리는 다음과 같은 문장을 이용하여 입력 영상의 오른쪽 하단을 관심 영역으로 지정한다.

```
    Mat roi(A, Rect(A.cols - B.cols, A.rows - B.rows, B.cols, B.rows));
```

이때는 영상 A와 영상 roi는 동일한 영상 데이터를 공유한다. 우리는 앞에서 "얕은 복사" 이야기를 했었다. 여기서 ROI를 정의할 때도 "얕은 복사"가 적용되어서 영상 데이터는 공유한다. ROI에 영상 B를 복사하면 영상 A의 오른쪽 하단에 회사의 로고가 나타나게 된다. 이때는 copyTo()를 사용하여서 "깊은 복사"를 실행한다. 실제로 영상 데이터를 변경해야 하기 때문이다.

```
    B.copyTo(roi);
```

LAB 3.8 영상의 일부를 숫자로 출력해보기

영상의 일부를 숫자로 출력하는 프로그램을 작성해보자. 영상의 일부를 관심영역으로 지정한 후에 관심영역을 가리키는 Mat 객체에 << 연산자를 적용하면 된다.

Code 3.15

```
01  #include "opencv2/opencv.hpp"
02  #include <iostream>
03  using namespace cv;
04  using namespace std;
05
06  int main() {
07      Mat img = imread("d:/image1.jpg");
08      imshow("img", img);
09      Mat roi(img, Rect(10, 10, 2, 2));    // 크기가 2×2인 사각형을 사용하여
10                                           // 관심 영역을 지정한다.
11
12      cout << "행의 수 = " << roi.rows << endl;
13      cout << "열의 수 = " << roi.cols << endl;
14      cout << "roi = " << endl << roi << endl << endl;
15      waitKey(0);
16      return 0;
17  }
```

실행결과

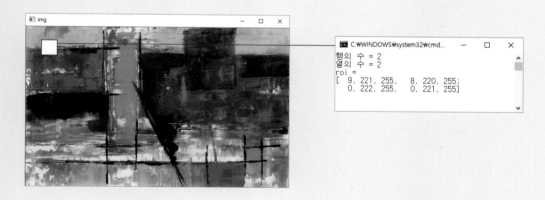

사각형의 크기는 2 × 2지만 입력 영상이 컬러 영상이므로 12개의 숫자가 출력되었다. 하나의 화소당 3개의 값(BGR)이 출력되었다.

6

기타 자료 구조

많이 사용되는 자료구조

Point 클래스

Point는 2차원 공간에서의 점을 나타낸다. 다음과 같은 생성자를 가지고 있다.

```
public Point(double x, double y)
```

Scalar 클래스

Scalar 클래스는 화소의 값을 나타낸다. 다음과 같은 생성자를 가지고 있다.

```
Scalar(double v0, double v1, double v2, double v3)
```

여기서 v0, v1, v2, v3는 각각 B, G, R, 알파값(투명도)을 나타낸다.

Size 클래스

크기를 나타내는 클래스로서 가로길이×세로길이를 나타낸다. 다음과 같은 생성자를 가지고 있다.

```
Size(double width, double height)
```

Rect 클래스

Rect 클래스는 사각형을 나타낸다.

```
Rect (double x, double y, double width, double height)
```

Range 클래스

Range는 구간을 표시하는 클래스이다. 여기서 end는 구간에 포함되지 않음을 기억하자.

```
Range (int start, int end)
```

vector 자료구조

벡터^{vector} 클래스는 C++에서 제공하는 표준 템플릿 라이브러리이다. 일종의 동적 배열이라고 할 수 있다. 전통적인 배열처럼 인덱스를 사용하여 접근할 수도 있으며, 새로운 요소의 추가나 삭제가 용이하다. 전통적인 배열에서는 가장 문제가 되는 것이 배열의 크기이다. 벡터 클래스에서는 크기가 자동으로 조절된다. 영상 처리에서도 벡터 클래스는 상당히 자주 사용된다. 점들을 저장하거나 선분, 영상들을 저장할 수도 있다. 따라서 기본적인 사용법은 반드시 알아두자. 벡터에 저장된 값들을 가지고 Mat 객체를 생성할 수도 있다.

벡터 클래스에 값을 추가하려면 push_back()을 사용한다. 아래의 예제에서는 벡터를 생성하고 여기에 (0, 0), (1, 10), (2, 20) 값을 저장한다.

Code 3.16

```
01   #include <opencv2/opencv.hpp>
02   using namespace cv;
03   using namespace std;
04
05   int main()
06   {
07      vector<Point> points;
08
09      for (int i = 0; i < 3; ++i)
10         points.push_back(Point((float)i, (float)(i * 10)));
11      cout << points << endl;
12
13      return 0;
14   }
```

실행결과

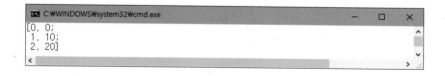

```
[0, 0;
 1, 10;
 2, 20]
```

7

영상의 속성 변경하기

영상 처리를 하다보면 영상의 크기를 변경해야 하는 경우도 꽤 있다. OpenCV에서는 resize()와 reshape() 함수를 준비하고 있다.

resize()

resize()는 행렬의 크기를 변경한다.

```
void cv::Mat::resize( size_t sz )
```

매개 변수 sz는 새로운 크기이다. 행을 우선시하여 크기를 변경한다. 새로운 행의 개수가 기존의 행 개수보다 작으면 남는 행은 삭제된다. 간단한 예제는 다음과 같다.

Code 3.17

```
01  #include "opencv2/opencv.hpp"
02  using namespace cv;
03  using namespace std;
04
05  int main()
06  {
07      Mat LoadedImage = imread("d:/Lenna.jpg", IMREAD_COLOR);
08      imshow("Original Image", LoadedImage);
09
10      resize(LoadedImage, LoadedImage, Size(100, 100));    영상의 크기를 100×100
11      imshow("New Image", LoadedImage);                    으로 만든다.
12      waitKey(0);
13      return 0;
14  }
```

실행결과

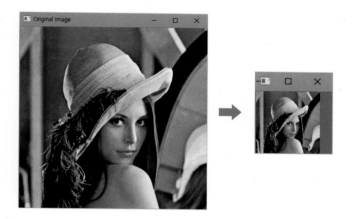

reshape()

reshape()은 어떤 경우에는 아주 편리한 함수이다. reshape()은 화소의 전체 개수는 변경하지 않으면서 영상의 모양을 변경하는 함수이다. 예를 들어서 10 × 10 영상을 1 × 100 영상으로 변경이 가능하다. 우리는 기계학습을 구현할 때, 이 함수를 유용하게 사용할 예정이다. 기계학습에서 학습벡터들은 모두 1 × 100 형태의 행렬이어야 하기 때문이다. 간단한 예제는 다음과 같다.

```
Mat Mat::reshape(int cn, int rows=0) const
```

매개 변수	설명
cn	새로운 채널 개수. 만약 0이면 채널수는 변경되지 않음
rows	새로운 행의 개수. 만약 0이면 행의 개수는 변경되지 않음

Code 3.18

```
01  #include "opencv2/opencv.hpp"
02  using namespace cv;
03  using namespace std;
04
05  int main()
06  {
07      Mat m = Mat::ones(4, 4, CV_32FC1);
08      cout << m << endl;
09
10      m = m.reshape(0, 2);
11      cout << m << endl;
12
13      return 0;
14  }
```

> 4×4 크기의 1로 이루어진 행렬을 생성한다.
> 각 화소는 32비트 실수이며 채널은 1개이다.

> 전체 화소의 개수는 변경되지 않고
> 행의 개수만 2가 된다.

```
C:\WINDOWS\system32\cmd.exe                    —    □    ×
[1, 1, 1, 1;
 1, 1, 1, 1;
 1, 1, 1, 1;
 1, 1, 1, 1]
[1, 1, 1, 1, 1, 1, 1, 1;
 1, 1, 1, 1, 1, 1, 1, 1]
```

위의 코드에서 reshape(0, 2)를 호출하였으므로 전체 화소의 개수는 변경되지 않고, 행의 개수만 2로 변경되었음을 알 수 있다.

push_back()

우리는 벡터 클래스에서 push_back()을 사용하여서 새로운 요소를 추가할 수 있었다. Mat 클래스에서도 push_back()을 사용하여서 새로운 행을 다른 행의 뒤에 밀어 넣을 수도 있다. 이것도 경우에 따라서 매우 편리하다. 예를 들어서 img1에 img2를 붙이려면 다음 코드를 수행하면 된다.

```
img1.push_back(img2);
```

이때 2개의 영상은 화소의 자료형과 열의 개수가 일치하여야 한다.

Code 3.19

```
01  #include "opencv2/opencv.hpp"
02  using namespace cv;
03  using namespace std;
04
05  int main()
06  {
07      Mat img1 = imread("d:/Lenna.jpg", IMREAD_COLOR);
08      Mat img2 = imread("d:/card.jpg", IMREAD_COLOR);
09      imshow("Original Image", img1);
10
11      img1.push_back (img2);      ———  img1에 img2를 붙인다.
12
13      imshow("New Image", img1);
14      waitKey(0);
15
16      return 0;
17  }
```

이 기능을 이용하면 여러 개의 영상들을 붙일 수 있다.

InputArray 클래스

많은 OpenCV 함수가 InputArray와 OutputArray 타입의 매개 변수를 입력으로 받는다. InputArray과 Outpu-tArray 타입은 OpenCV에서 일반적인 배열을 나타내는 프록시 클래스이다. 기본적으로 Mat 객체나 Mat_<T>, Matx<T, m, n>, std::vector<T> 들을 받을 수 있다. 많은 함수 중복을 방지하기 위한 기법이다.

LAB 3.9 미니 포토샵 만들어보기

포토샵은 가장 유명한 영상처리 프로그램이다. 여기에서는 포토샵 기능 중에서 영상을 잘라내는 기능만을 구현해보자. 우리가 학습한 "관심영역" 기능과 앞 장에서 학습한 마우스 이벤트 처리 기능을 합치면 우리가 원하는 대로 영상을 잘라서 파일로 저장하는 프로그램을 만들 수 있다.

Code 3.20

```cpp
01  #include "opencv2/opencv.hpp"
02  #include <iostream>
03  using namespace cv;
04  using namespace std;
05
06  Mat img, roi;
07  int mx1, my1, mx2, my2;          // 마우스로 지정한 사각형의 좌표
08  bool cropping = false;           // 사각형 선택 중임을 나타내는 플래그 변수
09
10  // 마우스 이벤트가 발생하면 호출되는 콜백 함수이다.
11  void onMouse(int event, int x, int y, int flags, void* param)
12  {
13      if (event == EVENT_LBUTTONDOWN) {        // 마우스의 왼쪽 버튼을 누르면
14          mx1 = x;                             // 사각형의 좌측 상단 좌표 저장
15          my1 = y;
16          cropping = true;
17      }
18      else if (event == EVENT_LBUTTONUP) {     // 마우스의 왼쪽 버튼에서 손을 떼면
19          mx2 = x;                             // 사각형의 우측 하단 좌표 저장
20          my2 = y;
21          cropping = false;
22          rectangle(img, Rect(mx 1, my1, mx2 - mx1, my2 - my1),
                                                Scalar(0, 255, 0), 2);
23          imshow("image", img);
24      }
25  }
26  int main() {
27      img = imread("d:/lenna.jpg");
28      imshow("image", img);
29      Mat clone = img.clone();          // 복사본을 만들어둔다.
30
31      setMouseCallback("image", onMouse);
32
33      while (1) {
34          int key = waitKey(100);
35          if (key == 'q') break;   // 사용자가 'q'를 누르면 종료
36          else if (key == 'c') {   // 사용자가 'c'를 누르면 관심영역을 파일로 저장
37              roi = clone(Rect(mx1, my1, mx2 - mx1, my2 - my1));
38              imwrite("d:/result.jpg", roi);
39          }
40      }
41      return 0;
42  }
```

실행결과

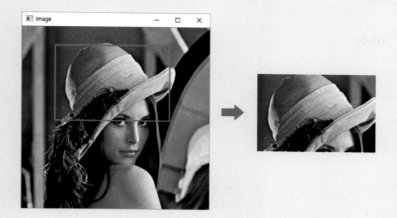

도전문제

1. 위의 프로그램에서는 마우스 버튼을 떼는 순간, 사각형이 그려진다. 마우스 버튼을 누른 채로 움직일 때도 사각형이 표시되도록 위의 프로그램을 수정해보자.

2. 현재는 사용자가 선택하는 모든 사각형이 영상 위에 그려진다. 사용자가 사각형을 다시 선택하면 이전의 사각형을 영상에서 지워보자.

Summary

▶ OpenCV에서 영상을 저장할 때 사용하는 클래스는 Mat 클래스이다. 영상은 숫자들의 행렬이므로 수학적인 행렬을 저장할 때도 Mat 클래스를 사용할 수 있다.

▶ 다음과 같은 문장으로 Mat 객체를 명시적으로 생성할 수 있다.

```
Mat (600, 400, CV_8C1, Scalar(0));
```

▶ Mat 객체를 다른 Mat 객체로 복사하면 헤더만 복사된다. 즉 얕은 복사가 이루어진다. 영상 데이터는 공유된다.

```
Mat B = A;
```

▶ 얕은 복사를 하였을 때, 원래 영상을 변경하면 복사된 영상도 함께 변경된다. 영상 데이터를 공유하고 있기 때문이다.

▶ Mat 객체를 다른 Mat 객체로 복사할 때, 영상 데이터도 복사되게 하려면 clone() 함수를 사용한다.

```
Mat B = A.clone();
```

▶ 관심영역(ROI: Region Of Interest)은 전체 영상의 일부로서 Rect 클래스를 이용하여 쉽게 지정할 수 있다.

```
Mat roi(img, Rect(10, 10, 2, 2));
```

▶ resize()는 영상의 크기를 변경한다. 이때 행의 크기를 우선시한다.

▶ reshape()은 화소의 개수는 그대로 두고 행과 열의 개수만 변경한다

▶ Mat 객체에 push_back()하면 영상을 붙일 수 있다.

01 하나의 화소값을 나타낼 때 사용하는 클래스 이름은 무엇인가?

02 OpenCV에서 크기를 나타낼 때 사용하는 클래스 이름은 무엇인가?

03 Mat 객체를 생성하는 방법 중에서 3가지 이상의 방법을 설명하시오.

04 다음과 같은 2차원 데이터를 저장하는 Mat 객체를 생성하고 콘솔에 다시 출력해보라.

```
{   10, 20, 30, 40, 50,
    10, 20, 30, 40, 50,
    10, 20, 30, 40, 50,
    10, 20, 30, 40, 50,
    10, 20, 30, 40, 50    }
```

05 난수 10개를 벡터vector 객체에 저장하는 코드를 작성하시오.

06 Mat 클래스를 이용하여 c: 드라이브에 저장된 "dog.jpg" 파일을 읽어서 윈도우에 표시하는 프로그램을 작성하라.

07 Mat 클래스를 이용하여 c: 드라이브에 저장된 "dog.jpg" 파일을 읽어서 파란색을 증가시킨 후에 "dog1.jpg"로 저장하는 프로그램을 작성하라.

DIGITAL IMAGE PROCESSING Using OpenCV

화소 처리

단원 목표

• 가장 기본적인 처리인 화소 처리의 개념을 이해한다.

• OpenCV에서 화소를 하나씩 꺼내서 처리하는 방법을 이해한다.

• 영상을 처리하는 코드를 함수로 작성하고 Mat 객체를 전달하여 호출할 수 있다.

• 영상의 밝기 및 콘트라스트를 조정하는 연산을 구현할 수 있다.

• LUT를 사용하여 영상을 처리할 수 있다.

• 2개의 영상을 결합하여 새로운 영상을 생성할 수 있다.

화소 처리는 영상 처리 중에서 가장 간단한 처리이다. 이번 장에서 다양한 화소 처리 프로그램을 작성해본다.

(1) 영상의 밝기와 콘트라스트를 향상시켜보자.

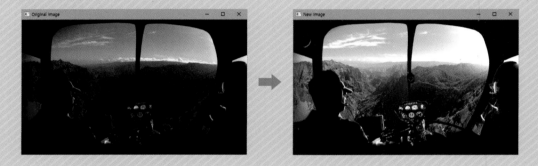

(2) 2개의 영상을 합성해보자.

(3) 2개의 영상을 논리적으로 합성해보자.

화소 처리란?

전통적인 영상 처리는 입력 영상을 가져 와서 특수한 처리를 한 후에 출력 영상을 생성하는 것이다. 전통적인 영상 처리는 크게 2가지로 나누어진다.

- ▶ 화소 처리
- ▶ 공간 필터링

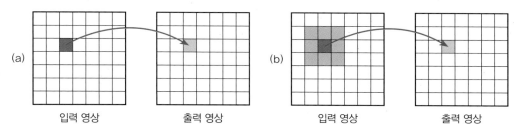

[그림 4.1] **화소 처리와 공간 필터링의 비교 (a) 화소 처리 (b) 공간 필터링**

화소 처리^{pixel point processing}는 가장 기초적이면서 중요한 연산이다. 화소 처리에서는 입력 영상의 화소값이 수학적인 함수를 거쳐서 새로운 값으로 변경된 후에 출력 영상의 동일한 위치에 저장된다. 화소 처리에서 각 출력 화소값은 해당 입력 화소값에만 의존한다. 이것은 출력 화소의 값을 결정할 때, 이웃한 화소들의 값을 사용하는 공간 필터링과 비교된다. [그림 4.1]에서 화소 처리와 공간 필터링을 비교하고 있다.

화소 처리의 대표적인 예로는 밝기 및 콘트라스트 조정, 색상 교정, 색상 변환 등이 있다. 이중에서도 가장 대표적인 것이 콘트라스트^{contrast} 향상이다. 이것은 기본적으로 화소의 값을 변경하여 영상의 콘트라스트를 늘린다. 예를 들어서 X-ray 사진의 경우, 화소 처리를 하지 않으면 콘트라스트가 나빠 관측자의 판단에 중대한 영향을 끼칠 수 있다. 따라서 이런 경우에는 화소 처리를 이용하여 영상을 보다 판별하기 쉽게 만든다.

화소 처리는 각종 영상 처리 중에서 가장 이해하기 쉬운 처리이다. 이번 장에서 OpenCV의 기초적인 내용도 함께 학습하게 된다. 이 책에서는 OpenCV의 모든 함수나 클래스를 소개할 수는 없다. OpenCV 라이브러리의 모든 것을 알고 싶다면 OpenCV 사이트에 있는 레퍼런스 매뉴얼을 보아야 한다. 하지만 많이 사용되고 중요한 함수들은 이 책에서 충분히 소개할 것이다.

화소를 하나씩 처리하는 방법

화소 처리는 입력 영상의 화소들을 하나씩 처리한다. 우리는 이 절에서 OpenCV를 사용하여 어떻게 화소의 값을 하나씩 처리할 수 있는지를 살펴보자. 대부분의 경우, OpenCV의 각종 함수들을 사용하면 각각의 화소를 처리하지 않아도 원하는 결과를 얻을 수 있다. 하지만 자신이 원하는 함수가 OpenCV에 없는 경우에는 개발자가 화소를 하나씩 처리하여서 원하는 결과를 생성하여야 한다. 따라서 화소값에 접근하는 방법은 기본적으로 알아두어야 한다. 여기서는 하나의 예제로 어두운 영상을 화소 처리를 통하여 밝게 해보자.

일단 우리는 어떻게 Mat 객체에서 각 화소의 값을 어떻게 꺼내고 변경하여 저장할 수 있는지를 알아야 한다.

방법 #1 : at() 함수 사용

Mat 클래스가 가지고 있는 at() 함수를 사용하면 영상에서 임의의 위치에서 화소값을 가져오거나 수정할 수 있다. at()의 인수로 화소의 행 번호와 열 번호를 전달하면 된다. 행 번호가 먼저 전달된다는 점에 유의한다. 만약 변수 이름을 x와 y로 하였다면 y를 먼저 전달하여야 한다. [Code 4.1]에서 그레이스케일 영상에서 at() 함수를 사용하는 방법을 볼 수 있다.

at() 함수는 템플릿을 사용하여 작성된 함수로서 화소의 자료형과 좌표를 전달받아서 지정된 화소의 참조값을 반환한다. [Code 4.1]에서는 영상을 밝게 하기 위하여 모든 화소에 30을 더하고 있다. 이 방법은 영상의 모든 화소의 값을 변경하는 용도로는 그다지 효율적이지 않지만 간단하다는 것이 최대의 장점이다. 따라서 우리는 이 방법을 사용할 것이다.

```
01  #include "opencv2/opencv.hpp"
02  using namespace cv;
03  using namespace std;
04
05  int main()
06  {
07      Mat img = imread("d:/lenna.jpg", IMREAD_GRAYSCALE);
08      imshow("Original Image", img);
09
10      for (int r = 0; r < img.rows; r++)
11          for (int c = 0; c < img.cols; ++c)
12              img.at<uchar>(r, c) = img.at<uchar>(r, c) + 30;
13
14      imshow("New Image", img);
15      waitKey(0);
16      return 0;
17  }
```

실행 결과

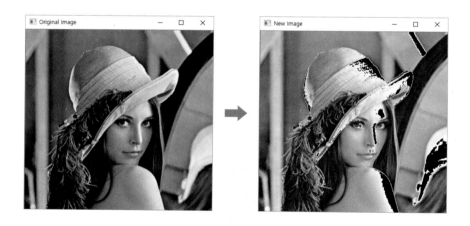

그런데 실행 결과는 약간 이상하다. 약간 밝게 되었으나 중간에 검은색이 보인다. 왜 그럴까?

이것은 화소의 값에 30이 더해지면 255를 넘게 되어서 오버플로우가 일어난 것이다. 따라서 255가 넘은 값은 0부터 다시 시작한다. 영상 처리의 경우, 이렇게 되면 안 된다. OpenCV에서는 saturate_cast()라는 템플릿 함수를 제공한다. 이 함수는 255가 넘는 값은 그냥 255로 고정시킨다. 따라서 위의 코드에서 at() 함수가 있는 문장을 다음과 같이 수정하면 올바른 결과가 나온다.

```
img.at<uchar>(r, c) = saturate_cast<uchar>(img.at<uchar>(r, c) + 30);
```

실행결과

참고

saturate_cast <uchar>

saturate_cast <uchar>은 OpenCV에서 정의한 형을 변환하는 템플릿 함수이다. 이 함수는 C++의 `static_cast<T>()`와 유사하다. 즉 하나의 자료형에서 다른 자료형으로 빠르고 정확하게 형변환을 한다. 만약 입력값이 어떤 범위를 넘어가면 적절한 하위 비트만을 취하게 된다. 예를 들면 다음과 같다.

```
uchar u1 = 257; // 오버플로우가 일어나서 u1 = 1이 된다.
uchar u2 = saturate_cast<uchar>(257); // u2 = 255가 된다.
```

방법 #2: 포인터 사용

at() 함수는 편리하지만 성능 면에서 기존의 C 스타일 연산자 []를 이길 수는 없다. 따라서 가장 효율적인 방법은 다음과 같다.

Code 4.2

```
01  #include "opencv2/opencv.hpp"
02  using namespace cv;
03  using namespace std;
04
05  int main()
06  {
07      Mat img = imread("d:/lenna.jpg", IMREAD_GRAYSCALE);
08      imshow("Original Image", img);
09
10      for (int r = 0; r < img.rows; r++) {
11          uchar *p = img.ptr<uchar>(r);
12          for (int c = 0; c < img.cols; ++c) {
13              p[c] = saturate_cast<uchar>(p[c] + 30);
14          }
```

```
15        }
16        imshow("New Image", img);
17        waitKey(0);
18
19        return 0;
20    }
```

위의 코드에서는 영상의 각 행이 시작되는 부분의 포인터를 가져온다. r번째 행이 시작되는 주소는 다음과 같은 문장으로 얻을 수 있다.

```
    p = img.ptr<uchar>(r);
```

이 포인터를 증가하면서 각 행에 대한 작업을 끝마친다. 현재 코드에서는 그레이스케일 영상 grayscale image 만을 지원한다.

만약 영상 데이터가 연속적인 방식으로 저장되는 경우에는 포인터를 한 번만 요구하고 처음부터 마지막까지 이동하면 된다. Mat 객체의 멤버 변수인 data는 (0, 0) 요소에 대한 포인터를 반환한다. 따라서 이 포인터 값을 가져와서 증가시키면 모든 화소를 방문할 수 있다.

```
if (img.isContinuous()) {      // 영상 데이터가 연속적으로 저장되어 있는 지를 검사한다.
    uchar* p = img.data;
    for (int c = 0; c < img.cols*img.rows; c++)
        *p++ = saturate_cast<uchar>(*p + 30);
}
```

방법 #3: OpenCV 함수 사용하기

영상의 밝기를 증가시키는 것은 OpenCV에서 이미 함수로 지원하고 있다. 바로 convertTo() 함수이다. convertTo()를 사용하면 입력 화소의 값에 상수를 곱하고 어떤 값을 더해서 출력 화소로 만들 수 있다. 우리는 3번째 매개 변수와 4번째 매개 변수를 이용하여 밝기 및 콘트라스트를 변경할 수 있다.

```
void convertTo(OutputArray m, int rtype, double alpha = 1, double beta = 0)
```

매개 변수	설명
m	출력 행렬. 작업 전에 적절한 크기나 유형이 없으면 다시 할당된다.
rtype	원하는 출력 행렬 유형을 지정한다. rtype이 음수면 출력 행렬은 입력과 동일한 유형을 갖는다.
alpha	화소값에 곱해지는 수
beta	화소값에 더해지는 수

전체 소스는 다음과 같다.

```
01   #include "opencv2/opencv.hpp"
02   using namespace cv;
03   using namespace std;
04
05   int main()
06   {
07       Mat img = imread("d:/lenna.jpg", IMREAD_GRAYSCALE);
08       imshow("Original Image", img);
09
10       Mat oimage;
11       img.convertTo(oimage, -1, 1, 30);  ─── 1을 곱하고 30을 더한다.
12
13       imshow("New Image", oimage);
14       waitKey(0);
15       return 0;
16   }
```

실행결과

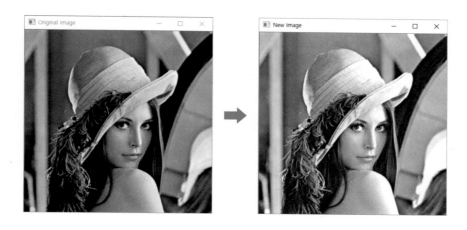

성능 차이

위에서 설명한 모든 방법 중에서 가장 효율적인 방법은 무엇일까? 의심의 여지없이 OpenCV의 함수 convertTo()를 사용하는 방법이다. 가능하다면 OpenCV가 제공하는 함수들을 사용하는 것이 시간 면에서 가장 효율적이다. 거의 3배 정도의 차이를 보인다. 왜냐하면 OpenCV 라이브러리는 CPU의 멀티 코어와 멀티 스레드를 사용하여 최대한 실행 시간을 단축하고 있기 때문이다.

하지만 앞에서도 설명한 바와 같이 여러분이 새로운 알고리즘을 고안하였다면 at() 함수를 사용하여 각각의 화소에 접근해야 할 것이다. 이 책에서는 OpenCV가 제공하는 함수들을 사용하겠지만 가끔 at() 함수도 사용할 예정이다.

3

함수로 만들어보기

앞에서 우리는 영상의 밝기를 증가시키는 코드를 작성하였다. 만약 이것을 함수로 만들려면 어떻게 해야 하는가? 함수의 매개 변수는 어떻게 선언해야 하는가? 매개 변수를 반드시 참조자로 해야하는가?

영상의 밝기를 증가시키는 함수는 다음과 같이 작성할 수 있다.

Code 4.4

```
01  #include "opencv2/opencv.hpp"
02  using namespace cv;
03  using namespace std;
04
05  void brighten(Mat& img, int value)
06  {
07     for (int r = 0; r < img.rows; r++)
08        for (int c = 0; c < img.cols; ++c)
09           img.at<uchar>(r, c) = saturate_cast<uchar>(img.at<uchar>(r, c)
                                                         + value);
10  }
11
12  int main()
13  {
14     Mat img = imread("d:/lenna.jpg", IMREAD_GRAYSCALE);
15     imshow("Original Image", img);
16
17     brighten(img, 30);
18     imshow("New Image", img);
19     waitKey(0);
20
21     return 0;
22  }
```

[Code 4.4]에서는 `brighten()` 함수의 첫 번째 매개 변수를 참조자로 정의하였다. 어떤 경우에 반드시 참조자로 해야 하는 것일까? 우리가 C++에서 학습하였다시피 참조자를 변경하면 원본이 변경된다. 따라서 매개 변수를 통하여 영상을 보내고 그 결과를 다시 받을 때는 반드시 참조자로 하여야 한다.

참조자로 하지 않고 다음과 같이 선언하면 어떻게 될까?

```
void brighten(Mat img, int value) { … }
```

우리가 함수 안에서 `img` 영상을 변경하더라도 원본 Mat 객체는 변경되지 않는다. 물론 얕은 복사 때문에 영상 데이터는 변경된다. 따라서 위의 코드에서는 반드시 참조자로 정의할 필요는 없다. 하지만 함수 안에서 Mat 객체의 헤더 부분을 변경하는 경우도 많기 때문에 매개 변수를 통하여 결과 영상을 받는 경우에는 반드시 참조자를 사용하는 편이 안전하다.

4

밝기 및 콘트라스트 조정

앞에서 영상의 밝기를 증가시키는 연산을 살펴보았다. 이번 절에서는 좀 더 일반적으로 영상의 밝기와 콘트라스트를 조정하는 방법을 살펴본다. 화소 처리는 영상의 화소를 순서대로 꺼내서 변환함수를 통과시킨 후에 출력 영상에 저장하는 연산으로 볼 수 있다.

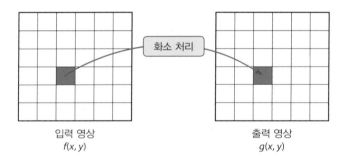

화소 처리를 수식으로 표현하면 다음과 같다.

$$g(x, y) = T[f(x, y)]$$

여기서 T는 변환 함수이고, 우리는 $f(x, y)$를 입력 영상 화소로, $g(x, y)$를 출력 영상 화소로 생각할 수 있다. 함수 T에 따라서 많은 화소 연산이 가능하다. 가장 많이 사용되는 화소 처리는 화소의 값에 상수를 곱하거나 더하는 연산이다.

$$g(x, y) = \alpha \cdot f(x, y) + \beta$$

$\alpha > 0$와 β는 종종 이득 및 바이어스라고 불린다. 여기서 α가 1.0보다 커지면 영상의 콘트라스트가 증가할 것이다. α가 1.0보다 작으면 영상의 콘트라스트는 감소할 것이다. β가 양수이면 영상은 밝아질 것이고 반대로 음수이면 영상은 어두워질 것이다. 따라서 이들 매개 변수는 각각 영상의

콘트라스트 및 밝기(명도)를 제어한다. 화소 처리 연산 시에 출력 화소의 값은 항상 [0: 255] 범위에 있어야 하기 때문에 255보다 큰 화소값은 255로 제한된다.

화소 처리를 히스토그램을 이용하여 살펴보자. 히스토그램은 각 밝기값에 해당하는 화소의 수를 나타낸다. 어두운 영상에는 명도값이 낮은 화소가 많으므로 히스토그램은 왼쪽 부분에 피크를 나타낼 것이다. 모든 화소에 일정한 바이어스 β를 추가하면 히스토그램은 오른쪽으로 이동할 것이다.

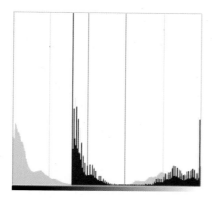

[그림 4.2] 밝은 회색은 원본 영상의 히스토그램, 어두운 회색은 보정된 영상의 히스토그램이다.
(출처: OpenCV 튜토리얼)

α파라미터는 밝기값이 어떻게 퍼지는지를 결정한다. $\alpha < 1$ 이면, 밝기 수준이 압축되고 결과적으로 콘트라스트가 줄어든 영상이 된다.

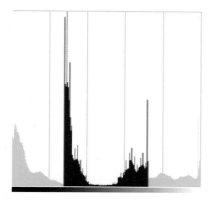

[그림 4.3] 밝은 회색은 원본 영상의 히스토그램, 어두운 회색은 콘트라스트가 줄어든 영상이다.
(출처: OpenCV 튜토리얼)

[그림 4.4]에서 왼쪽은 콘트라스트 보정 전의 영상이고 오른쪽 영상은 $\alpha = 1.3$ 및 $\beta = 40$ 값을 이용하여 보정된 영상이다.

[그림 4.4]　**화소 처리의 효과(By Visem 제작 [CC BY-SA 3.0])**

OpenCV는 화소 처리를 위한 강력한 함수들을 제공한다. 하지만 우리는 이들 함수를 사용하기에 앞서서 우리 힘으로 일반적인 화소 처리를 구현해보자. OpenCV가 제공하지 못하는 기능을 우리가 스스로 구현해야 하는 경우도 많기 때문이다. 화소 처리는 가장 간단한 영상 처리여서 큰 어려움은 없을 것이다.

방법 #1: 화소 접근 방식으로 코드 작성

우리는 앞 절에서 영상의 각 화소에 접근하는 방법을 학습하였다. 많은 방법이 있지만 가장 간단한 방법은 at() 함수를 사용하는 것이다. 다음 코드는 밝기 및 콘트라스트 조정 연산을 수행한다. 이번 절에서는 컬러 영상을 어떻게 처리하는지를 살펴보자.

Code 4.5

```
01  #include "opencv2/opencv.hpp"
02  #include <iostream>
03  using namespace std;
04  using namespace cv;
05
06  int main()
07  {
08      double alpha = 1.0;
09      int beta = 0;
10      Mat image = imread("d:/contrast.jpg");
11      Mat oimage = Mat::zeros(image.size(), image.type());
12      cout << "알파값을 입력하시오: [1.0-3.0]: "; cin >> alpha;
13      cout << "베타값을 입력하시오: [0-100]: "; cin >> beta;
14      for (int y = 0; y < image.rows; y++) {
15          for (int x = 0; x < image.cols; x++) {
16              for (int c = 0; c < 3; c++) {
17                  oimage.at<Vec3b>(y, x)[c] =
18                      saturate_cast<uchar>(alpha*(image.at<Vec3b>(y, x)[c])
                                                                    + beta);
```

```
19        }
20      }
21    }
22    imshow("Original Image", image);
23    imshow("New Image", oimage);
24    waitKey();
25    return 0;
26 }
```

실행결과

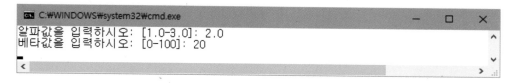

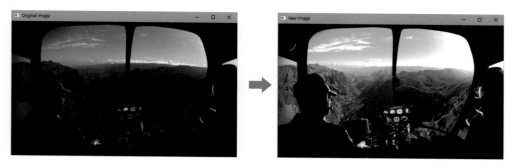

코드설명

```
08 double alpha = 1.0; /* 콘트라스트 제어 변수 */
09 int beta = 0; /* 밝기 제어 변수 */
```

α를 저장하기 위한 변수를 만드는 것으로 시작한다. α, β값은 사용자로부터 입력받는다.

```
10 Mat image = imread("d:/contrast.jpg");
```

imread()를 사용해 영상을 로드하여 Mat 객체에 저장한다.

```
11 Mat oimage = Mat::zeros( image.size(), image.type() );
```

결과 영상을 저장하기 위해 새로운 Mat 객체가 필요하다. 또한 초기 화소값은 0이고 원본 영상과 크기 및 유형이 같아야 한다.

Mat::zeros()는 image.size() 및 image.type()을 기반으로 MatLab 스타일의 0으로 초기화된 Mat 객체를 반환한다.

```
14  for ( int y = 0; y <image.rows; y++) {
15    for (int x = 0; x <image.cols; x ++) {
16      for ( int c = 0; c <3; c ++) {
17        oimage.at < Vec3b > (y, x) [c] =
18      saturate_cast <uchar> (alpha * (image.at < Vec3b > (y, x) [c])
                                                        + beta);
19      }
20    }
21  }
```

영상의 각 화소에 액세스하여서 $g(x, y) = \alpha \cdot f(x, y) + \beta$ 계산을 하여야 한다. 컬러 영상의 경우, BGR 순서대로 값들이 저장되어 있다. 따라서 화소당 세 개의 값 (B, G, R)이 있으므로 별도로 액세스하여야 한다.

Vec3b는 3개의 바이트값을 가진 클래스이다. 컬러 영상의 각 화소에 접근하려면 image.at에 <Vec3b> (y, x)[c]를 붙이면 된다. 반드시 (y, x)로 적어주어야 한다. 여기서 y는 영상의 행 번호이고 x는 열 번호이다. c는 B, G, R 채널을 나타내는 정수로 각각 0, 1, 2이다. $\alpha*f(y, x) + \beta$ 연산을 하면 uchar가 저장할 수 있는 범위를 벗어난 값이 나올 수 있다. 이 값을 cv::saturate_cast를 사용하여 최대값을 255로 제한한다.

```
22  imshow("Original Image", image);
23  imshow("New Image", oimage);
24  waitKey();
```

마지막으로 윈도우를 만들고 영상을 화면에 표시한다.

방법 #2: OpenCV의 convertTo() 함수 사용하기

OpenCV에서 영상의 밝기와 콘트라스트를 조정하려면 convertTo() 함수를 사용한다. convertTo() 함수는 하나의 영상을 다른 영상으로 변환하는 강력한 함수이다. 앞 절에서 함수 원형을 소개한 바 있다. 우리는 3번째 매개 변수와 4번째 매개 변수를 이용하여 밝기 및 콘트라스트를 변경할 수 있다.

```
void convertTo(OutputArray m, int rtype, double alpha = 1, double beta = 0)
```

매개 변수	설명
m	출력 행렬. 작업 전에 적절한 크기나 유형이 없으면 다시 할당된다.
rtype	원하는 출력 행렬 유형을 지정한다. rtype이 음수면 출력 행렬은 입력과 동일한 유형을 갖는다.
alpha	화소값에 곱해지는 수
beta	화소값에 더해지는 수

convertTo()를 사용할 때 rtype을 사용하여 원하는 영상 유형으로 변경할 수도 있다. 여기서는 단지 화소의 밝기와 콘트라스트를 변경하는 용도로만 사용한다.

Code 4.6

```
01  #include "opencv2/opencv.hpp"
02  #include <iostream>
03  using namespace std;
04  using namespace cv;
05
06  int main()
07  {
08      double alpha = 1.0;
09      int beta = 0;
10      Mat image = imread("d:/contrast.jpg");
11      Mat oimage;
12      cout << "알파값을 입력하시오: [1.0-3.0]: "; cin >> alpha;
13      cout << "베타값을 입력하시오: [0-100]: "; cin >> beta;
14
15      image.convertTo(oimage, -1, alpha, beta);
16      imshow("Original Image", image);
17      imshow("New Image", oimage);
18      waitKey();
19      return 0;
20  }
```

실행 결과는 앞과 같지만 OpenCV 함수를 사용하면 훨씬 빠르게 실행된다.

방법 #3: 행렬의 중복 정의된 덧셈과 곱셈 이용하기

C++에서는 객체에 연산자들을 중복 정의할 수 있다. OpenCV에서도 이 기능을 구현하고 있다. 즉 영상을 표현하는 Mat 객체에는 +, −, *, /와 같은 연산자들이 중복 정의되어 있다. 이들 중복 정의된 연산자들을 이용하면 개별 화소들을 일일이 처리할 필요가 없다. 앞의 연산과 동일한 처리를 중복 정의된 연산자로 구현해보자.

Code 4.7

```
01  #include "opencv2/opencv.hpp"
02  #include <iostream>
03  using namespace std;
04  using namespace cv;
05
06  int main()
07  {
08      double alpha = 1.0;
09      int beta = 0;
10      Mat image = imread("d:/contrast.jpg");
```

```
11    Mat oimage;
12    cout << "알파값을 입력하시오: [1.0-3.0]: "; cin >> alpha;
13    cout << "베타값을 입력하시오: [0-100]: "; cin >> beta;
14
15    oimage = image * alpha + beta;        c++의 연산자 중복 기능을
16    imshow("Original Image", image);      이용하고 있다.
17    imshow("New Image", oimage);
18    waitKey();
19    return 0;
20 }
```

위의 코드에서 핵심적인 문장은 다음과 같다.

```
    oimage = image * alpha + beta;
```

행렬을 나타내는 Mat 객체에 * 연산자와 + 연산자가 중복 정의되어 있으므로 이것을 이용하면 된다. 실행 결과는 앞의 방법과 동일하다.

영상의 타입 변경하기

convertTo() 함수는 영상의 밝기와 콘트라스트도 변경할 수 있지만 영상의 형식도 변경할 수 있다. 이번 예제에서는 convertTo()를 이용하여 영상의 형식을 8UC1에서 32FC1으로 변경해보자.

Code 4.8

```
01  #include "opencv2/opencv.hpp"
02  #include <iostream>
03
04  using namespace cv;
05  using namespace std;
06
07  int main()
08  {
09     Mat src;
10     src = imread("d:/lenna.jpg", IMREAD_GRAYSCALE);
11     imshow("원영상", src);
12     Mat dst;
13
14     // 8UC1에서 32FC1으로 변환해본다.
15     src.convertTo(dst, CV_32F);
16
17     // 32FC1에서 8UC1로 변환해본다.
18     dst.convertTo(src, CV_8UC1);
19     imshow("변경된 영상", src);
20
21     waitKey(0);
22     return 0;
23  }
```

5

기타 화소 처리

앞에서 우리는 가장 대표적인 화소 처리를 살펴보았다. 이번 절에서는 좀 더 다양한 화소 처리를 알아보자.

선형 콘트라스트 확대

선형 콘트라스트 확대는 가장 일반적인 화소 처리를 나타낸다고 볼 수 있다. 다음과 같은 입력-출력 함수를 가진다.

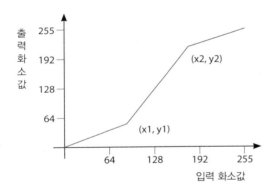

Algorithm 4.1
```
01   for 0 <= input <= x1
02      output = y1 / x1 * input
03   for x1 < input <= x2
04      output = ((y2 - y1)/(x2 - x1))*(input - x1) + y1
05   for x2 < input <= 255
06      output = ((255 - y2)/(255 - x2))*(input - x2) + y2
```

위의 알고리즘을 코드로 구현하면 다음과 같다. 이 코드는 상당한 시간이 걸릴 수 있다. 따라서 다음 절에서 설명하는 LUT 방법을 사용하는 것이 좋을 것이다.

```cpp
01   #include "opencv2/opencv.hpp"
02   #include <iostream>
03   using namespace std;
04   using namespace cv;
05
06   int contrastEnh(int input, int x1, int y1, int x2, int y2)
07   {
08       double output;
09       if (0 <= input && input <= x1) {
10           output = y1 / x1 * input;
11       }
12       else if (x1 < input && input <= x2) {
13           output = ((y2 - y1) / (x2 - x1)) * (input - x1) + y1;
14       }
15       else if (x2 < input && input <= 255) {
16           output = ((255 - y2) / (255 - x2)) * (input - x2) + y2;
17       }
18       return (int)output;
19   }
20
21   int main()
22   {
23       Mat image = imread("d:/lenna.jpg");
24       Mat oimage = image.clone();
25
26       int x1, y1, x2, y2;
27       cout << "x1 값을 입력하시오: "; cin >> x1;
28       cout << "y1 값을 입력하시오: "; cin >> y1;
29       cout << "x2 값을 입력하시오: "; cin >> x2;
30       cout << "y2 값을 입력하시오: "; cin >> y2;
31
32       for (int r = 0; r < image.rows; r++) {
33           for (int c = 0; c < image.cols; c++) {
34               for (int ch = 0; ch < 3; ch++) {
35                   int output = contrastEnh(image.at<Vec3b>(r, c)[ch], x1, y1, x2, y2);
36                   oimage.at<Vec3b>(r, c)[ch] = saturate_cast<uchar>(output);
37               }
38           }
39       }
40
41       imshow("원영상", image);
42       imshow("결과영상", oimage);
43       waitKey();
44       return 0;
45   }
```

반전

반전은 영상의 어두운 부분과 밝은 부분을 반대로 하는 것이다. 변환 함수로는 [그림 4.5]와 같은 함수를 사용한다.

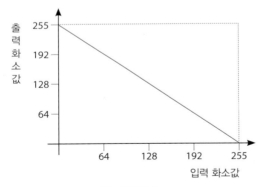

[그림 4.5] **반전에서의 변환 함수**

OpenCV로 반전을 구현한다고 할 때 어떤 방법이 최선일까? 아마도 Mat 객체에 중복 정의된 **뺄셈을 사용하는 것이 가장 간결할 것이다.**

```
01  ...
02  int main()
03  {
04      Mat src;
05      src = imread("d:/lenna.jpg", IMREAD_GRAYSCALE);
06      imshow("원영상", src);
07
08      Mat dst;
09      dst = 255 - src;
10      imshow("변경된 영상", dst);
11
12      waitKey(0);
13      return 0;
14  }
```

실행결과

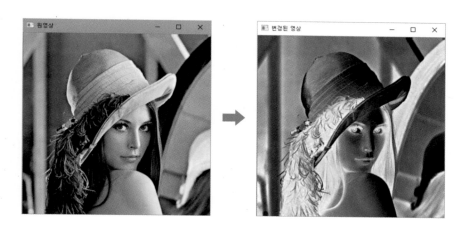

이진화

이진화^{Thresholding}는 가장 간단한 영상 분할$^{image\ segmentation}$ 방법이다. 이진화는 분석하려는 영상에서 물체와 배경을 분리한다. 이진화는 기본적으로 물체와 배경 사이의 밝기 차이를 이용하여 영역을 구분한다. 미리 설정된 임계값과 각 화소값을 비교하여 임계값보다 낮은 화소는 검은색(0)으로, 임계값과 같거나 높은 화소는 흰색(255)으로 바꾼다. 이진화는 11장 영상분할에서 따로 자세히 설명된다. 이진화에서의 변환 함수는 [그림 4.6]과 같다.

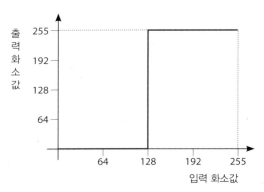

[그림 4.6] **이진화에서의 변환 함수(임계값이 128인 경우)**

OpenCV는 이진화를 위하여 threshold() 함수를 제공한다. 우리는 이 함수를 이용하여 5가지 유형의 이진화를 수행할 수 있다. 이진화 과정을 설명하기 위하여 입력 영상의 화소값을 $src(x, y)$로 나타내자. 이진화는 다음과 같은 수식으로 나타낼 수 있다. 여기서 임계값은 thresh로 표시된다.

$$dst(x, y) = \begin{cases} \text{maxVal} & \text{if } src(x, y) > \text{thresh} \\ 0 & \text{otherwise} \end{cases}$$

$src(x, y)$가 thresh보다 높으면 새로운 화소값은 maxVal이 된다. 그렇지 않으면 0으로 설정된다.

OpenCV에서 이진화를 수행하는 함수는 threshold()이다.

```
double threshold(InputArray src, OutputArray dst, double thresh,
        double maxval, int type)
```

매개 변수	설명
src	입력 영상. 1채널이어야 한다(8비트 또는 32-bit floating point).
dst	출력 영상
thresh	임계값
maxval	가능한 최대 출력값
type	이진화 종류. 우리는 THRESH_BINARY만 사용한다.

전체 소스는 다음과 같다.

Code 4.11

```
01  #include "opencv2/opencv.hpp"
02  #include <iostream>
03  using namespace std;
04  using namespace cv;
```

```
05
06   int main()
07   {
08       Mat image = imread("d:/lenna.jpg", IMREAD_GRAYSCALE);
09       Mat dst;
10       int threshold_value = 127;
11       threshold(image, dst, threshold_value, 255, THRESH_BINARY);
12       imshow("Original Image", image);
13       imshow("New Image", dst);
14       waitKey(0);
15       return 0;
16   }
```

이진화를 수행한다.

실행결과

트랙바의 사용

OpenCV에서는 값을 입력하는 방법으로 트랙바를 사용할 수 있다. 트랙바로 임계값을 입력하는 방법을 살펴보자.

Code 4.12

```
01   #include "opencv2/opencv.hpp"
02   #include <stdlib.h>
03   #include <stdio.h>
04
05   using namespace cv;
06
07   Mat src, src_gray, dst;
08   int threshold_value = 0;
09   int threshold_type = 0;
10
```

트랙바를 사용하기 위하여 변수들을 전역 변수로 정의한다.

```
11   void Threshold_Demo(int, void*)
12   {
13       threshold(src_gray, dst, threshold_value, 255, threshold_type);
14       imshow("결과 영상", dst);
15   }
16
17   int main()
18   {
19       src = imread("d:/lenna.png");
20       cvtColor(src, src_gray, CV_BGR2GRAY);
21       namedWindow("결과 영상", CV_WINDOW_AUTOSIZE);
22
23       createTrackbar("임계값", "결과 영상",
24           &threshold_value,
25           255, Threshold_Demo);
26
27       Threshold_Demo(0, 0);
28
29       while (true)
30       {
31           int c;
32           c = waitKey(20);
33           if ((char)c == 27) { // ESC 키가 입력되면 무한 루프 종료
34               break;
35           }
36       }
37       return 0;
38   }
```

> 트랙바가 변경되면 이 함수가 호출된다.

> BGR 컬러 영상을 그레이스케일 영상으로 변환한다.

> 트랙바를 생성하고 콜백 함수와 연결한다.

실행결과

코드설명

트랙바는 createTrackbar() 함수로 생성할 수 있다. createTrackbar() 함수는 다음과 같은 매개변수를 가진다.

```
int createTrackbar(const string& trackbarname, const string& winname,
        int* value, int count, TrackbarCallback onChange=0, void* userdata=0)
```

매개 변수	설명
trackbarname	트랙바의 이름
winname	트랙바가 붙는 윈도우의 이름
value	트랙바와 함께 변경되는 변수의 포인터
count	슬라이더의 최대값
onChange	트랙바의 값이 변경되면 호출되는 콜백 함수
userdata	콜백 함수로 전달되는 데이터(선택사항).

```
23  createTrackbar("임계값", "결과 영상",
24      &threshold_value,
25      255, Threshold_Demo);
```

사용자가 트랙바를 움직이면 미리 등록된 함수 Threshold_Demo()가 호출된다.

```
27  Threshold_Demo(0, 0);
```

Threshold_Demo()에서는 threshold_value 값으로 이진화를 한 후에, 결과를 윈도우에 표시한다.

6

LUT를 사용하는 방법

룩업 테이블$^{LUT: Look-Up Table}$도 화소 처리에서 상당히 많이 사용되는 방법이다. 입력 영상의 각 화소들을 룩업 테이블을 통과시켜서 출력 영상으로 바꾸게 된다. LUT 변환에서는 동일한 값을 갖는 두 개의 화소는 출력에서도 동일한 값을 가지게 된다. 룩업 테이블에서 색인은 입력 화소값을 나타내고 색인에 의해 제공된 셀의 내용은 해당 출력값을 나타낸다. 가능한 모든 화소값에 대해 미리 계산을 수행하여 테이블에 저장해놓기 때문에 필요한 시간이 단축된다.

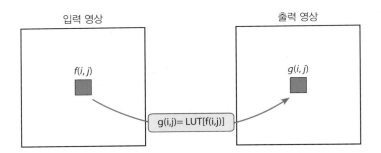

예를 들어 앞 절에서 설명한 반전을 위한 LUT는 다음과 같이 만들 수 있다.

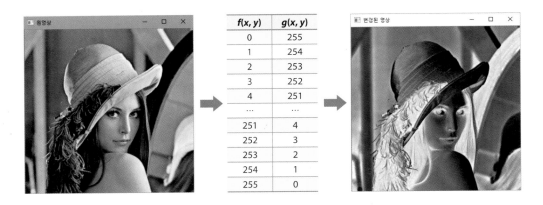

f(x, y)	g(x, y)
0	255
1	254
2	253
3	252
4	251
…	…
251	4
252	3
253	2
254	1
255	0

많은 작업을 룩업 테이블로 할 수 있지만 우리는 여기서 색상의 수를 감소시키는 작업을 룩업 테이블로 구현해보자. 화소를 저장하는데 unsigned char를 사용한다면 하나의 화소는 최대 256개의 다른 값을 가질 수 있다. 만약 3개의 채널을 가지는 영상의 경우에는 약 1600만 개의 색상을 가질 수 있다. 색상의 개수가 많아지면 영상 처리 프로그램에서는 처리 시간이 많이 걸리게 된다. 이 경우 색상의 개수를 줄이는 것이 일반적 방법이다.

색상의 개수를 1/100로 감소시키려면, 0과 99 사이의 모든 값을 0으로 만들고 100에서 199 사이의 값은 10으로 만들면 된다. 이렇게 만들려면 다음과 같은 수식을 이용하면 된다. 수식에서 소수점 이하는 버리면 된다.

$$I_{out} = \left(\frac{I_{in}}{100} \right) * 100$$

이제 영상의 모든 화소에 위의 수식을 적용하면 된다. 위의 수식에서 곱셈과 나눗셈 연산을 하는 것에 주목해보자. 곱셈이나 나눗셈은 훨씬 시간이 많이 걸리는 연산이다. 가능하다면 이것을 피해야 한다. 또 영상 화소의 값은 256개로 제한되어 있다. 따라서 룩업 테이블^{LUT: LookUp Table} 방법을 사용해보자. 먼저 가능한 모든 값을 수식으로 계산하여 룩업 테이블에 저장해둔다. 입력 영상의 화소값을 처리할 때는, 계산 없이 단순히 화소값을 룩업 테이블에 넣어서 나오는 값을 사용한다.

여기에서는 위의 수식을 사용하여 룩업 테이블을 계산한다. 여기서는 100으로 나누고 그 결과에 다시 100을 곱한다.

```
uchar table[256];
for (int i = 0; i < 256; i++)
    table[i] = (uchar)((i/100)*100);
```

위의 코드가 실행되면 다음과 같은 룩업 테이블이 만들어질 것이다.

인덱스	0	1	2	3	4	...	100	101	102	...			
LUT의 값	0	0	0	0	0	...	100	100	100	...			

우리는 2가지 방법으로 룩업 테이블을 구현해보자. 첫 번째 방법은 at() 함수를 사용하고 우리가 직접 룩업 테이블을 작성하는 방법이다. 두 번째 방법은 OpenCV에서 제공하는 LUT()라는 함수를 사용하는 것이다.

방법 #1: at() 함수 사용

at() 함수를 사용하면 영상에서 임의의 화소값을 가져오거나 수정할 수 있다. at()의 인수로 접근하려는 화소의 행번호와 열 번호를 지정하면 된다. 다음 소스 코드에서 그레이스케일 영상의 경우에 at() 메소드를 사용하는 방법을 볼 수 있다.

Code 4.13

```
01  #include "opencv2/opencv.hpp"
02  using namespace cv;
03  using namespace std;
04
05  void reduceColorAt(Mat& input, uchar table[])
06  {
07      for (int i = 0; i < input.rows; ++i)
08          for (int j = 0; j < input.cols; ++j)
09              input.at<uchar>(i, j) = table[input.at<uchar>(i, j)];
10  }
11  int main()
12  {
13      Mat img1 = imread("d:/Lenna.jpg", IMREAD_GRAYSCALE);
14      imshow("Original Image", img1);
15
16      uchar table[256];
17      for (int i = 0; i < 256; ++i)
18          table[i] = (uchar)((i / 100) * 100);
19
20      reduceColorAt(img1, table);
21      imshow("New Image", img1);
22      waitKey(0);
23
24      return 0;
25  }
```

첫 번째 매개변수는 Mat 객체의 참조자이다. 원본을 받아야 변경이 가능하기 때문이다. 두 번째 매개 변수는 참조 테이블이다.

at(row, col)를 이용하여 각 화소값을 얻는다.

탐조 테이블을 계산한다.

실행결과

방법 #2: OpenCV 함수 사용하기

영상의 색상 수를 줄이는 것은 OpenCV에서 이미 함수로 지원하고 있다. 바로 LUT() 함수이다. LUT() 함수를 사용하면 주어진 영상의 화소값을 다른 값으로 수정할 수 있다. 그런데 OpenCV에서는 룩업 테이블을 어떻게 만드는 것이 좋을까? OpenCV는 가능하다면 모든 것을 Mat 객체로 처리한다. 룩업 테이블도 어차피 숫자들이 저장된 행렬로 생각할 수 있어서 Mat 객체로 생성한다.

```
Mat table(1, 256, CV_8U);          // ①
uchar* p = table.ptr();            // ②
for( int i = 0; i < 256; ++i)      // ③
    p[i] = (i/100)*100;
```

① 1 × 256 크기의 행렬을 생성한다. 즉 1행이고 256개의 열을 가지는 행렬이 된다. 상상해보면 룩업 테이블 형태인 것을 알 수 있다.
② 행렬의 첫 번째 요소의 주소를 ptr()을 호출하여 얻는다.
③ 각 화소에 수식을 계산하여 저장한다.

LUT() 함수는 다음과 같이 호출하면 된다.

```
LUT (input, table, output);
```

매개 변수	설명
input	입력 영상
table	룩업 테이블
output	출력 영상

전체 소스는 다음과 같다.

Code 4.14

```
01  #include "opencv2/opencv.hpp"
02  using namespace cv;
03  using namespace std;
04
05  int main()
06  {
07      Mat img1 = imread("d:/Lenna.jpg", IMREAD_GRAYSCALE);
08      imshow("Original Image", img1);
09
10      Mat table(1, 256, CV_8U);  // ①
11
12      uchar* p = table.ptr();
13      for (int i = 0; i < 256; ++i)          LUT를 초기화한다.
14          p[i] = (i / 100) * 100;
15
16      Mat img2;
17      LUT(img1, table, img2);                LUT를 적용한다.
18
19      imshow("New Image", img2);
20      waitKey(0);
21
22      return 0;
23  }
```

실행결과

감마 보정

감마 보정은 입력 화소값을 비선형 변환을 통하여 출력 화소값으로 바꾸는 처리로서 영상의 밝기를 보정하는 데 사용할 수 있다.

$$g(x, y) = \left(\frac{f(x, y)}{255} \right)^{\gamma} \times 255$$

이 관계는 비선형이므로 효과는 모든 화소에서 동일하지 않으며 화소의 값에 따라 달라진다.

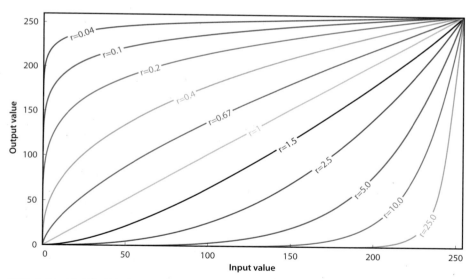

[그림 4.7] **감마의 다른 값으로 변환 함수를 그린 것(출처: OpenCV 튜토리얼)**

$\gamma < 1$이면 원래의 어두운 영역은 더 밝아지고 히스토그램은 오른쪽으로 이동된다. $\gamma > 1$이면 반대가 된다.

감마 보정은 어디에 주로 사용될까? 인간의 눈은 디지털 카메라의 센서와 차이가 있어서 색상이나 휘도가 다르게 인식된다. 디지털 카메라에서는 센서가 2배 더 많은 광자를 받는다면 센서의 출력도 2배가 된다(즉 선형적인 관계가 있다). 하지만 인간의 눈에서는 광자의 수가 2배가 되었다고 해서 출력이 2배가 되지 않는다. 즉 비선형적인 관계가 된다. 또 인간의 눈은 밝은 톤보다 어두운 톤의 변화에 훨씬 더 민감하다. 이것을 보정하기 위하여 우리는 감마 보정을 사용할 수 있다. OpenCV에서는 룩업 테이블을 이용하여서 간단히 감마 보정 프로그램을 작성할 수 있다.

Code 4.15

```
01  #include "opencv2/opencv.hpp"
02  #include <iostream>
03  using namespace cv;
04  using namespace std;
05
06  int main()
07  {
08      Mat src1, src2, dst;
09      double gamma = 0.5;
10
11      src1 = imread("d:/gamma1.jpg");
12      if (src1.empty()) { cout << "영상을 읽을 수 없습니다." << endl; return -1; }
13
14      Mat table(1, 256, CV_8U);
15      uchar * p = table.ptr();
16      for (int i = 0; i < 256; ++i)
17          p[i] = saturate_cast <uchar> (pow(i / 255.0, gamma) * 255.0);
18
19      LUT(src1, table, dst);
20      imshow("src1", src1);
21      imshow("dst", dst);
22      waitKey(0);
23      return 0;
24  }
```

> 감마 변환을 수행하는 룩업 테이블을 생성한다.

실행결과

룩업 테이블은 256개의 값만 계산하면 되므로 계산 성능을 향상시키는 데 사용된다. 감마를 0.5로 적용한 결과는 다음과 같다.

[그림 4.8] **감마 보정의 효과**
(출처: https://www.codepool.biz/image-processing-opencv-gamma-correction.html)

영상 합성

지금까지는 단일 영상에 대한 화소 처리를 살펴보았다. 지금부터는 여러 개의 입력 영상에 대하여 이 기법을 적용하여 보자. 우리는 2개 영상의 화소값을 결합하여 출력 영상에 저장할 수 있다.

$$g(x, y) = f_1(x, y) + f_2(x, y)$$

여기서 f_1과 f_2는 2개의 입력 영상을 나타낸다. 위의 식에서는 + 연산을 하였지만 결합 함수는 수학적이거나 논리적인 연산자, 즉 +, −, ×, ÷, AND, OR, XOR 중의 하나가 될 수 있다.

2개의 영상을 결합한다면 어떤 기법을 사용하는 것이 좋을까? 앞 절에서도 사용하였지만 아마도 Mat 객체에 중복 정의된 덧셈을 사용하는 것이 가장 간결할 것이다. 2개의 영상을 합하여 화면에 표시하는 코드는 다음과 같다.

Code 4.16

```
01  #include "opencv2/opencv.hpp"
02  #include <iostream>
03  using namespace std;
04  using namespace cv;
05
06  int main()
07  {
08      Mat src1 = imread("d:/test1.jpg");
09      Mat src2 = imread("d:/test2.jpg");
10      Mat dst;
11      dst = src1 + src2;
12      imshow("Original Image1", src1);
13      imshow("Original Image2", src2);
14      imshow("New Image", dst);
15      waitKey(0);
16      return 0;
17  }
```

실행 결과를 보면 약간의 문제가 있는 것을 알 수 있다. 화소의 값을 무작정 합하다 보니 화소의 값이 255를 넘어선 경우가 많이 발생한다. 따라서 대부분의 화소들이 흰색(255)로 표시되고 있다. 좋은 방법이 없을까?

선형 영상 합성

앞의 문제를 해결한 방법이 다음 수식으로 표현되는 선형 합성 연산자이다.

$$g(x, y) = (1 - \alpha) * f_1(x, y) + \alpha * f_2(x, y)$$

α를 0 → 1까지 변화시킴으로써 이 연산자는 슬라이드 쇼나 영화 제작에서 볼 수 있는 디졸브를 수행할 수 있다. 이때 사용되는 함수가 addWeighted()이다.

```
void addWeighted(InputArray src1, double alpha, InputArray src2,
        double beta, double gamma, OutputArray dst, int dtype=-1)
```

매개 변수	설명
src1	첫 번째 입력 영상
alpha	첫 번째 영상의 가중치
src2	두 번째 입력 영상
beta	두 번째 영상의 가중치
gamma	화소의 합계에 더해지는 값
dst	출력 영상

Code 4.17

```
01  #include "opencv2/opencv.hpp"
02  #include <iostream>
03  using namespace cv;
04  using namespace std;
05
06  int main()
```

```
07  {
08      double alpha = 0.5; double beta; double input;
09      Mat src1, src2, dst;
10
11      cout << "알파값을 입력하시오[0.0-1.0]: ";
12      cin >> input;
13
14      src1 = imread("d:/test1.jpg");
15      src2 = imread("d:/test2.jpg");
16      if (src1.empty()) { cout << "영상1을 로드할 수 없습니다." << endl; return -1; }
17      if (src2.empty()) { cout << "영상2을 로드할 수 없습니다." << endl; return -1; }
18
19      beta = (1.0 - alpha);
20      addWeighted(src1, alpha, src2, beta, 0.0, dst);
21
22      imshow("Original Image1", src1);
23      imshow("Original Image2", src2);
24      imshow("선형 합성", dst);
25      waitKey(0);
26      return 0;
27  }
```

실행결과

코드설명

```
14  src1 = imread("d:/test1.jpg");
15  src2 = imread("d:/test2.jpg");
```

우리는 2개의 소스 영상을 로드한다. 2개의 영상을 합쳐야하므로 2개의 영상은 동일한 가로와 세로 길이를 가져야 한다.

```
19  beta = ( 1.0 - alpha );
20  addWeighted( src1, alpha, src2, beta, 0.0, dst);
```

이제 $g(x, y)$ 영상을 생성해야 한다. 이를 위해 addWeighted() 함수를 사용한다.

이후 addWeighted()는 다음과 같은 수식을 사용하여서 출력 영상을 생성한다.

$$dst = \alpha \cdot src1 + \beta \cdot src2 + \gamma$$

위의 코드에서 gamma는 0.0이다.

```
22  imshow("Original Image1", src1);
23  imshow("Original Image2", src2);
24  imshow("선형 합성", dst);
25  waitKey(0);
```

윈도우를 만들어서 영상을 표시하고 사용자의 키 입력을 기다린다.

논리적인 영상 합성

OpenCV에서는 2개의 영상을 가지고 비트별로 AND, OR, XOR과 같은 논리적인 연산을 적용할 수 있다. 이들 연산은 영상의 어떤 부분을 관심 영역으로 정의하고 이 부분을 추출할 때 유용하다. 특히 정사각형 모양이 아닌 다른 모양으로 관심영역을 정의할 때 필요하다.

논리적으로 2개의 영상을 합성하는 것을 이해하기 위하여 다음과 같은 2개의 영상을 생성한다.

이 2개의 영상을 비트별로 AND한 영상과 비트별로 OR한 영상을 만들어보면 다음과 같을 것이다.

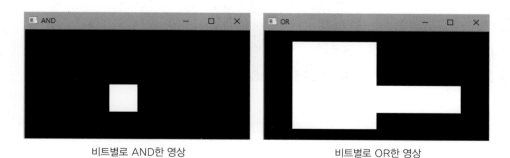

비트별로 AND한 영상   비트별로 OR한 영상

위의 예제를 프로그램으로 작성하여 테스트하면 다음과 같다.

```
01   #include "opencv2/opencv.hpp"
02   #include <iostream>
03   using namespace cv;
04   using namespace std;
05
06   int main()
07   {
08       Mat img1 = Mat::zeros(Size(400, 200), CV_8UC1);
09       Mat img2 = Mat::zeros(Size(400, 200), CV_8UC1);
10
11       Mat t1 = img1(Range(20, 180), Range(50, 200));
12       t1= 255;
13       imshow("img1", img1);
14       Mat t2 = img2(Range(100, 150), Range(150, 350));
15       t2 = 255;
16       imshow("img2", img2);
17
18       Mat result;
19       bitwise_and(img1, img2, result);
20       imshow("AND", result);
21       bitwise_or(img1, img2, result);
22       imshow("OR", result);
23
24       waitKey(0);
25       return(0);
26   }
```

20행~180행, 50열~200열까지의 관심영역을 별도의 Mat 객체로 만듦

관심영역의 모든 화소를 255로 만듦

관심영역의 모든 화소를 255로 만듦

100행~150행, 150열~350열까지의 관심영역을 별도의 Mat 객체로 만듦

논리적인 AND 연산

아래 코드에서 논리적인 연산을 이용하여 입력 영상에서 오각형 형태의 영상만 남기고 다른 부분은 전부 까맣게 만드는 방법을 살펴보자.

```
01   #include "opencv2/opencv.hpp"
02   #include <iostream>
03   using namespace cv;
04   using namespace std;
```

```
05
06   int main()
07   {
08      Mat img1, mask;
09
10      img1 = imread("d:/scene.jpg", IMREAD_COLOR);
11      if (img1.empty()) { cout << "영상1을 로드할 수 없습니다." << endl; return -1; }
12      mask = imread("d:/mask.png", IMREAD_COLOR);
13      if (mask.empty()) { cout << "영상2을 로드할 수 없습니다." << endl; return -1; }
14
15      Mat dst = img1.clone();
16      imshow("img1", img1);
17      imshow("mask", mask);
18
19      bitwise_and(img1, mask, dst);          ───── 비트별로 AND 연산을
20      imshow("dst", dst);                                수행한다.
21      waitKey(0);
22      return 0;
23   }
```

위에서 사용한 `bitwise_and()`를 살펴보자.

```
void bitwise_and(InputArray src1, InputArray src2, OutputArray dst,
        InputArray mask=noArray())
```

매개 변수	설명
src1	첫 번째 입력 영상
src2	두 번째 입력 영상
dst	출력 영상
mask	영향을 받는 화소들을 지정하는 마스크 영상(선택 사양)

여기서 주의해야 할 사항은 입력 영상과 마스크 영상은 크기와 유형이 같아야 한다는 점이다. 비트별로 AND 연산을 하기 때문에 두 번째 영상 화소의 값이 0이면 결과 영상의 화소값도 무조건 0이 된다. 또 두 번째 영상 화소의 값이 255이면 결과 영상의 화소값은 첫 번째 영상과 같게 된다.

Summary

▶ 화소 처리에서는 입력 영상의 화소값이 수학적인 함수를 거쳐서 새로운 값으로 변경된 후에 출력 영상의 동일한 위치에 저장된다.

▶ Mat 객체에서 특정한 위치의 화소에 접근하려면 at() 함수를 사용한다. at() 함수는 템플릿을 사용하여 작성되었으며 uchar, int, float 등의 모든 자료형이 가능하다. 화소를 조회할 때는 <...> 안에 해당 자료형을 적어야 한다.

▶ 사용자 정의 함수에서 매개 변수를 통하여 Mat 객체를 전달받을 때는 참조자로 선언하는 것이 안전하다.

▶ Mat 객체에는 수학적인 연산자들이 중복 정의되어 있다. 따라서 Mat 객체에 어떤 숫자를 더하면 모든 화소에 더해지며 어떤 숫자를 빼면 모든 화소에서 빠진다.

▶ OpenCV에서 제공하는 convertTo() 함수를 사용하면 화소의 밝기와 콘트라스트를 변경할 수 있다.

▶ 이진화thresholding는 미리 설정된 임계값과 각 화소값을 비교하여 임계값보다 낮은 화소는 검은색(0)으로, 임계값과 같거나 높은 화소는 흰색(255)으로 바꾼다. 이진화는 threshold() 함수를 사용한다.

▶ 룩업 테이블LUT: Look-Up Table은 모든 가능한 화소값에 대하여 미리 계산을 수행하여 테이블에 저장해놓기 때문에 필요한 시간이 단축된다.

▶ 감마 보정은 입력 화소값을 비선형 변환을 통하여 출력 화소값으로 바꾸는 처리로서 영상의 밝기를 보정하는 데 사용할 수 있다.

▶ 영상 합성은 2개 영상의 화소값을 결합하여 출력 영상에 저장하는 처리이다.

▶ 논리적인 연산자를 사용하여 2개 영상의 화소값을 결합해 출력 영상에 저장할 수 있다. bitwise_and()나 bitwise_or() 함수를 사용한다.

01 Mat 객체 안에 저장된 화소 접근 방법에는 어떤 것들이 있는가?

02 컬러 영상과 그레이스케일 영상은 어떻게 다른가?

03 영상의 밝기와 콘트라스트를 변경하려면 OpenCV의 어떤 함수를 어떻게 사용해야 하는가?

04 convertTo( ) 함수를 사용하여 할 수 있는 작업에는 어떤 것들이 있는가?

05 다음과 같은 입출력 함수를 OpenCV로 구현하고 테스트해보자.

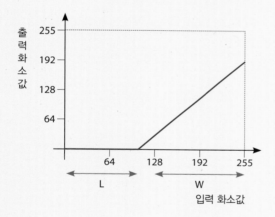

06 다음과 같은 입출력 함수를 OpenCV로 구현하고 테스트해보자.

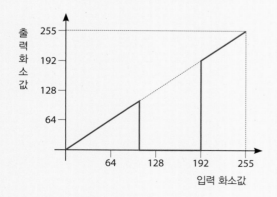

07 화소값을 변경할 때, saturate_cast() 함수를 사용하는 이유는 무엇인가?

08 200 × 100 크기의 uchar형 영상을 생성하고 at() 함수를 이용하여 10행부터 20행까지의 화소들의 값을 30씩 더하는 프로그램을 작성하라.

09 앞의 문제에서 at() 함수를 사용하지 않고 ptr() 함수를 이용하여 각 행의 시작주소를 얻어온 후, 포인터를 이용해 화소에 접근하여 30씩 더하는 프로그램을 작성하라.

10 영상 파일을 읽어서 화면에 표시하고, 마우스로 드래그한 부분을 밝게 표시하는 프로그램을 작성하라. 관심영역과 화소처리를 이용한다.

11 이 장의 5절에서 선형 콘트라스트 확대 프로그램을 작성한 바 있다. 이 프로그램을 룩업 테이블(LUT) 기법을 이용하여 다시 작성하라.

12 이 장의 7절에서 addWeighted() 함수를 이용하여 2개의 영상을 합성하는 프로그램이 있다. 여기에 트랙바를 추가하여서 알파값을 조절할 수 있도록 하라.

13 2개의 영상을 논리적인 XOR 연산을 이용하여 합성하는 프로그램을 작성하라.

히스토그램 처리

단원 목표

• 히스토그램의 개념을 이해한다.

• OpenCV로 히스토그램을 계산할 수 있다.

• 히스토그램 스트레칭을 이용하여 영상의 콘트라스트를 증가시킬 수 있다.

• 히스토그램 평활화를 이해하고 사용할 수 있다.

• 히스토그램 평활화를 이용하여 전경과 배경을 분리할 수 있다.

디지털 영상 처리에서 가장 간단하면서 유용한 툴 중의 하나가 히스토그램 histogram 이다. 히스토그램은 영상의 화소값의 분포를 요약한 것이라 할 수 있다. 히스토그램은 영상에 대한 상당한 정보를 가지고 있다. 또한 히스토그램은 계산하기가 간편하다는 게 장점이다. 이번 장에서는 다음과 같은 프로그램을 작성해본다.

(1) 영상의 히스토그램을 계산하여서 그래프로 그려본다.

(2) 히스토그램 평활화를 통하여 영상의 콘트라스트를 향상시켜본다.

히스토그램이란?

히스토그램^{histogram}이란 특정한 값을 가진 화소가 영상 안에 몇 개나 있는지를 막대그래프로 표시한 것이다. 예를 들어서 8비트 그레이스케일 영상에서는 화소들은 0에서 255까지의 값을 가진다. 다음과 같이 표를 이용해서 특정한 값을 가지는 화소의 개수를 나타낼 수 있다.

화소값	0	1	2	3	4	5	6	7	8	9	10
빈도수	0	0	3	4	5	6	7	6	5	4	0

위와 같이 표로 나타내는 것도 좋은 방법이지만 한눈에 전체 분포를 알아보는 것이 힘들다. 따라서 위의 표를 막대그래프로 표시하는 것이 일반적이다. 이것이 바로 히스토그램이다.

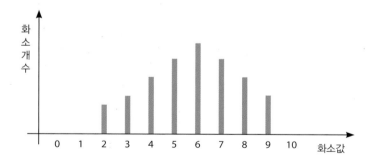

그레이스케일 영상과 컬러 영상의 히스토그램

흑백 영상에서는 0에서 255까지의 값을 가진 화소들의 개수를 세어서 막대그래프로 그리면 된다.

컬러 영상의 경우에는 R, G, B 성분에 대하여 히스토그램을 각각 계산해야 한다.

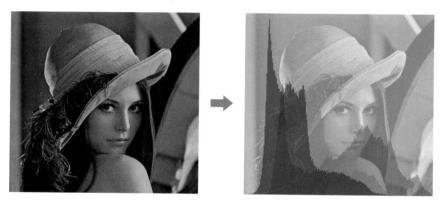

출처: Image Histogram 프로그램으로 그린 이미지

히스토그램으로부터 알 수 있는 것

히스토그램은 화소값들의 분포를 한눈에 볼 수 있어서 영상처리에서 중요하게 사용된다. 예를 들어서 화소값들이 최소값 근처에 몰려있다면 이것은 사진을 촬영할 때 노출이 적었다는 것을 의미한다. 반대로 화소값들이 최대값 근처에 몰려 있다면 노출이 너무 많았다는 것을 의미한다.

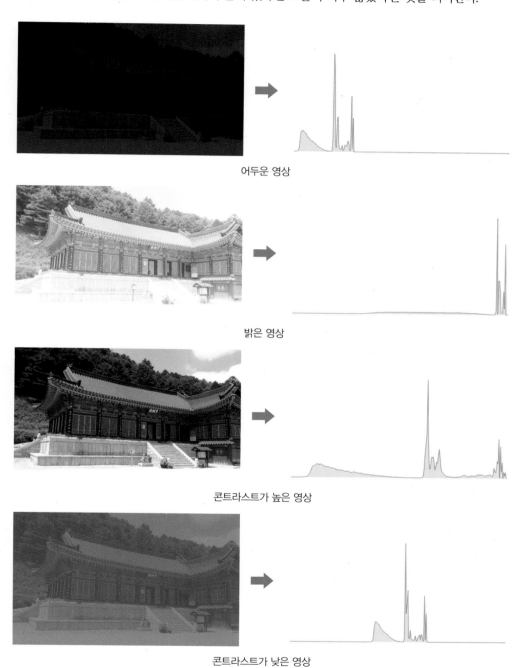

어두운 영상

밝은 영상

콘트라스트가 높은 영상

콘트라스트가 낮은 영상

[그림 5.1] 히스토그램에서 알 수 있는 사항들

[그림 5.1]에서는 어둡고, 밝고, 콘트라스트가 낮고, 콘트라스트가 높은 4개의 영상을 보여준다. 오른쪽에는 이 영상들의 히스토그램을 보여준다. 어두운 영상에서는 히스토그램 성분들이 낮은 왼쪽에 모여 있음을 알 수 있다. 반대로 밝은 영상에서는 히스토그램 성분들이 높은 오른쪽에 몰려 있다. 콘트라스트가 높은 영상은 히스토그램이 균일하게 분포되어 있음을 알 수 있다. 콘트라스트가 낮은 영상의 히스토그램은 중간에 몰려 있음을 알 수 있다.

히스토그램의 용도

히스토그램은 영상의 분석에 사용될 수 있다. 우리가 X-ray 사진을 통하여 몸의 상태를 알 수 있듯이 히스토그램도 영상의 내부 정보를 우리에게 알려 준다. 히스토그램의 정보를 이용하면 영상의 콘트라스트를 향상시킬 수 있다. 특히 히스토그램 평활화라는 기법을 사용하면 인간의 개입 없이도 자동적으로 영상의 콘트라스트를 최적으로 조정할 수 있다. 히스토그램은 이진화에 필요한 임계값을 자동으로 결정하는 데도 사용할 수 있다.

히스토그램 계산하기

주어진 영상에 대하여 히스토그램을 계산하는 프로그램을 작성해보자. 입력 영상은 그레이스케일 영상이라고 가정한다. 히스토그램을 계산하는 알고리즘은 다음과 같다.

Algorithm 5.1

```
01   for each pixel of the image
02       value = intensity(pixel)
03       histogram[value]++
04   end
```

OpenCV에도 히스토그램을 계산하는 함수가 있지만 히스토그램 계산법은 아주 간단해서 여기서는 1차원 배열을 사용하여 직접 구현해 보았다. 즉 히스토그램은 1차원 배열에 저장되고 영상의 모든 화소를 스캔하면서 화소의 값을 1차원 배열의 인덱스로 생각해서 해당되는 요소를 증가시키면 된다.

Code 5.1

```cpp
01   #include "opencv2/opencv.hpp"
02   #include<iostream>
03   using namespace std;
04   using namespace cv;
05
06   int main()
07   {
08       Mat src = imread("d:/lenna.jpg", IMREAD_GRAYSCALE);
09       imshow("Input Image", src);
10       int histogram[256] = { 0 };
11
12       for (int y = 0; y <src.rows; y++)
13           for (int x = 0; x < src.cols; x++)
14               histogram[(int)src.at<uchar>(y, x)]++;
```

```
15
16      for (int count: histogram)
17        cout << count << ",";
18      waitKey(0);
19      return 0;
20  }
```

실행결과

선택 C:\WINDOWS\system32\cmd.exe

173,58,71,73,101,136,129,190,177,218,240,305,307,359,409,490,552,620,700,754,819,847,934,986,925,100
9,944,1000,991,965,939,926,928,814,798,759,689,655,605,576,533,467,466,440,493,415,422,399,362,392,3
73,397,374,388,380,420,406,407,403,387,435,449,462,467,443,480,420,425,473,443,393,414,450,412,447,4
99,459,505,534,524,556,584,588,579,613,689,662,663,803,882,950,1046,1058,1026,1020,941,937,914,869,7
71,728,682,645,662,639,570,595,658,641,627,673,651,692,629,694,699,696,699,812,851,805,841,888,954,9
95,1066,1080,1261,1132,1272,1228,1191,1200,1062,975,933,967,827,896,913,961,992,1040,1076,1095,1145,
1303,1197,1179,1215,1202,1201,1061,1132,1139,985,1083,1193,1152,1258,1280,1452,1342,1483,1252,1183,1
131,1078,1029,804,855,752,789,762,670,720,641,573,601,561,488,602,627,594,713,567,656,579,649,640,56
5,542,475,465,384,364,344,322,314,304,309,278,339,315,350,402,399,405,407,425,415,458,424,417,385,38
5,402,384,403,431,436,389,433,437,451,526,522,535,516,485,482,481,478,430,390,387,299,269,255,206,17
7,151,127,117,119,107,82,91,88,39,44,24,26,23,23,52,

코드설명

```
10  int histogram[256] = { 0 };
```

히스토그램을 저장할 1차원 배열을 생성하고 0으로 초기화한다.

```
12  for (int y = 0; y <src.rows; y++)
13    for (int x = 0; x < src.cols; x++)
14      histogram[(int)src.at<uchar>(y, x)]++;
```

히스토그램을 계산한다.

영상의 모든 화소들을 스캔하면서 화소값에 해당되는 상자를 하나 증가한다. 예를 들어서 화소값이 6이라면 histogram[6]을 하나 증가한다.

히스토그램 그리기

OpenCV에는 히스토그램을 그리는 함수가 없다. 다음과 같이 OpenCV를 이용하여서 입력 영상의 히스토그램을 계산한 후에, 막대그래프로 그리는 프로그램을 작성해보자.

```cpp
01  #include "opencv2/opencv.hpp"
02  #include<iostream>
03
04  using namespace std;
05  using namespace cv;
06
07  // 히스토그램을 받아서 막대그래프로 그린다.
08  void drawHist(int histogram[])
09  {
10      int hist_w = 512; // 히스토그램 영상의 폭
11      int hist_h = 400; // 히스토그램 영상의 높이
12      int bin_w = cvRound((double)hist_w / 256);// 빈의 폭
13
14      // 히스토그램이 그려지는 영상(컬러로 정의)
15      Mat histImage(hist_h, hist_w, CV_8UC3, Scalar(255, 255, 255));
16
17      // 히스토그램에서 최대값을 찾는다.
18      int max = histogram[0];
19      for (int i = 1; i < 256; i++) {
20          if (max < histogram[i])
21                  max = histogram[i];
22      }
23
24      // 히스토그램 배열을 최대값으로 정규화 한다(최대값이 최대 높이가 되도록).
25      for (int i = 0; i < 255; i++) {
26          histogram[i] = floor(((double)histogram[i] / max)*histImage.rows);
27      }
28
29      // 히스토그램의 값을 빨간색 막대로 그린다.
30      for (int i = 0; i < 255; i++) {
31          line(histImage, Point(bin_w*(i), hist_h),
32              Point(bin_w*(i), hist_h - histogram[i]),
33              Scalar(0, 0, 255));
34      }
35      imshow("Histogram", histImage);
36  }
37
38  int main()
39  {
40      Mat src = imread("lenna.jpg", IMREAD_GRAYSCALE);
41      imshow("Input Image", src);
42      int histogram[256] = { 0 };
43
44      for (int y = 0; y <src.rows; y++)
45          for (int x = 0; x < src.cols; x++)
46              histogram[(int)src.at<uchar>(y, x)]++;
47
48      drawHist(histogram);
49      waitKey(0);
50      return 0;
51  }
```

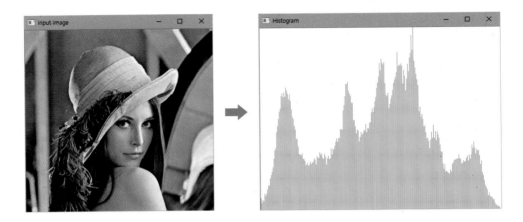

코드설명

drawHist()는 히스토그램이 저장된 1차원 배열을 받아서 막대그래프로 그려주는 함수이다. 다음의 그림과 코드의 주석을 참조한다.

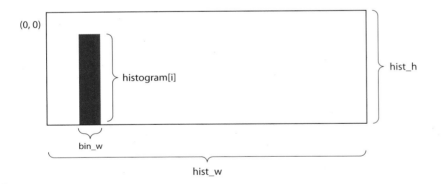

```
15  Mat histImage(hist_h, hist_w, CV_8UC3, Scalar(255, 255, 255));
```

히스토그램이 그려지는 영상을 생성한다.

```
17      // 히스토그램에서 최대값을 찾는다.
18      int max = histogram[0];
19      for (int i = 1; i < 256; i++) {
20          if (max < histogram[i])
21              max = histogram[i];
22      }
23
24      // 히스토그램 배열을 최대값으로 정규화 한다(최대값이 최대 높이가 되도록).
```

```
25    for (int i = 0; i < 255; i++) {
26        histogram[i] = floor(((double)histogram[i] / max)*histImage.rows);
27    }
```

막대그래프를 그릴 때, 막대가 영상을 벗어나지 않도록 막대의 최대 높이가 영상의 높이와 같도록 정규화 한다.

```
32        Point(bin_w*(i), hist_h - histogram[i]),
```

영상의 원점은 좌측 상단이기 때문에 막대를 그릴 때, (hist_h - histogram[i])으로 막대의 좌표를 계산하여야 한다.

3

OpenCV 함수로 히스토그램 계산하기

OpenCV에서 히스토그램을 계산할 때는 calcHist()를 사용한다. 구문은 다음과 같다.

```
void calcHist(const Mat* images, int nimages, const int* channels,
    InputArray mask, OutputArray hist, int dims, const int* histSize,
    const float** ranges, bool uniform=true, bool accumulate=false )
```

매개 변수	설명
images	소스 영상 행렬
nimages	소스 영상 행렬의 개수
channels	히스토그램을 계산하는데 사용되는 채널의 개수
mask	소스 배열에서 사용할 마스크 영상. 마스크 영상은 무시할 화소를 나타내며, 정의되지 않은 경우 사용되지 않는다.
hist	히스토그램이 저장될 Mat 객체
dims	히스토그램의 차원
histSize	사용된 차원당 상자^{bin} 수
ranges	측정할 값의 범위
uniform	히스토그램이 균일한지를 표시하는 플래그
accumulate	true가 되면 히스토그램을 계산하기 전에 0으로 만들지 않는다. 즉 누적된다.

calcHist()는 상당히 복잡한 매개변수들을 가진다. 매개 변수가 복잡해진 이유는 calcHist() 함수가 하나의 영상이 아닌 여러 개의 영상을 받아서 한 번에 처리할 수 있도록 되어 있기 때문이다. 필자의 생각에도 너무 복잡한 것 같다.

이번에는 컬러 영상의 히스토그램을 calcHist() 함수를 이용하여 계산해서 화면에 막대그래프로 그려보자.

Code 5.3

```cpp
#include "opencv2/opencv.hpp"
#include<iostream>
using namespace std;
using namespace cv;

int main(int argc, char** argv)
{
    Mat src = imread("d:/lenna.jpg", IMREAD_COLOR);
    if (src.empty()) {      return -1;  }

    vector<Mat> bgr_planes;        // 영상들의 벡터
    split(src, bgr_planes);        // 입력 영상을 색상별로 분리한다.
    int histSize = 256;            // 히스토그램에서 사용되는 상자의 개수
    float range[] = { 0, 256 };    // 화소값의 범위
    const float* histRange = { range };
    bool uniform = true, accumulate = false;
    Mat b_hist, g_hist, r_hist;

    calcHist(&bgr_planes[0], 1, 0, Mat(), b_hist, 1, &histSize, &histRange,
                                            uniform, accumulate);
    calcHist(&bgr_planes[1], 1, 0, Mat(), g_hist, 1, &histSize, &histRange,
                                            uniform, accumulate);
    calcHist(&bgr_planes[2], 1, 0, Mat(), r_hist, 1, &histSize, &histRange,
                                            uniform, accumulate);

    // 막대그래프가 그려지는 영상을 생성한다.
    int hist_w = 512, hist_h = 400;
    int bin_w = cvRound((double)hist_w / histSize); // 상자의 폭
    Mat histImage(hist_h, hist_w, CV_8UC3, Scalar(0, 0, 0));

    // 값들이 영상을 벗어나지 않도록 정규화 한다.
    normalize(b_hist, b_hist, 0, histImage.rows, NORM_MINMAX, -1, Mat());
    normalize(g_hist, g_hist, 0, histImage.rows, NORM_MINMAX, -1, Mat());
    normalize(r_hist, r_hist, 0, histImage.rows, NORM_MINMAX, -1, Mat());

    // 히스토그램의 값을 막대로 그린다.
    for (int i = 0; i < 255; i++) {
        line(histImage, Point(bin_w*(i), hist_h),
            Point(bin_w*(i), hist_h - b_hist.at<float>(i)),
            Scalar(255, 0, 0));
        line(histImage, Point(bin_w*(i), hist_h),
            Point(bin_w*(i), hist_h - g_hist.at<float>(i)),
            Scalar(0, 255, 0));
        line(histImage, Point(bin_w*(i), hist_h),
            Point(bin_w*(i), hist_h - r_hist.at<float>(i)),
            Scalar(0, 0, 255));
    }

    imshow("입력 영상", src);
    imshow("컬러 히스토그램", histImage);
```

Chapter 05 히스토그램 처리   165

```
48      waitKey();
49      return 0;
50  }
```

실행결과

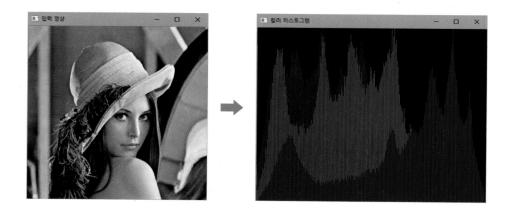

코드설명

```
08  Mat src = imread("d:/lenna.jpg", IMREAD_COLOR);
09  if (src.empty())  {       return -1;  }
```

영상을 적재한다.

```
11  vector<Mat> bgr_planes;
12  split(src, bgr_planes );
```

입력 영상을 컬러에 따라 3개의 플레인plane으로 분리한다. split() 함수를 사용하면 영상을 채널별로 분리할 수 있다.

입력 영상은 컬러 영상이므로 3개의 채널이 있고, split() 함수가 호출되면 이것들이 B, G, R 영상으로 나눠져서 별도의 Mat 객체에 저장된다. 즉 bgr_planes[0]에는 Blue 성분 영상이 저장되고, bgr_planes[1]에는 Green 성분 영상, bgr_planes[2]에는 Red 성분 영상이 저장된다.

```
13  int histSize = 256;
```

이제 각 플레인에 대하여 히스토그램을 계산해보자. 화소값은 [0, 255] 사이일 것이다. 따라서 상자의 개수를 256으로 설정한다.

```
14  float range[] = { 0, 256 }; // 256은 제외된다.
15  const float* histRange = { range };
```

화소값들의 범위(0에서 255)를 배열에 저장한다.

```
16  bool uniform = true, accumulate = false;
```

상자들은 동일한 크기로 하고 히스토그램은 0으로 초기화한다.

```
17  Mat b_hist, g_hist, r_hist;
18
19  calcHist( &bgr_planes[0], 1, 0, Mat(), b_hist, 1, &histSize, &histRange,
                                            uniform, accumulate );
20  calcHist( &bgr_planes[1], 1, 0, Mat(), g_hist, 1, &histSize, &histRange,
                                            uniform, accumulate );
21  calcHist( &bgr_planes[2], 1, 0, Mat(), r_hist, 1, &histSize, &histRange,
                                            uniform, accumulate );
```

calcHist() 함수를 사용하여 각 플레인에 대하여 히스토그램을 계산한다.

함수 호출 시에 인수들은 다음과 같은 의미를 가진다.

매개 변수	설명
&bgr_planes[0]	영상들이 저장된 배열
1	배열 안의 영상 개수. 현재는 1이다.
0	채널 번호. 배열 안에 들어있는 영상은 단일 채널이므로 0이 된다.
Mat()	영상에 대하여 사용되는 마스크. 현재는 사용되지 않는다.
b_hist	히스토그램이 저장되는 Mat 객체
1	히스토그램의 차원
histSize	상자의 개수
histRange	측정되는 값의 범위
uniform, accumulate	상자의 크기는 동일하고, 히스토그램은 초기화된다.

```
24  int hist_w = 512, hist_h = 400;
25  int bin_w = cvRound((double) hist_w/histSize);
26  Mat histImage(hist_h, hist_w, CV_8UC3, Scalar(0,0,0));
```

히스토그램이 그려지는 영상을 생성한다.

```
29  normalize(b_hist, b_hist, 0, histImage.rows, NORM_MINMAX, -1, Mat() );
30  normalize(g_hist, g_hist, 0, histImage.rows, NORM_MINMAX, -1, Mat() );
31  normalize(r_hist, r_hist, 0, histImage.rows, NORM_MINMAX, -1, Mat() );
```

히스토그램을 그리기 전에 normalize()을 호출하여서 정규화 한다. 이것이 필요한 이유는 히스토그램의 값이 영상의 세로길이보다 크면 영상의 외부에 막대가 그려지기 때문이다. 막대가 영상을 넘어가지 않도록 히스토그램을 정규화 한다.

normalize() 함수는 다음과 같은 인수로 호출되고 있다.

```
normalize(b_hist, b_hist, 0, histImage.rows, NORM_MINMAX, -1, Mat() );
```

매개 변수	설명
b_hist	입력 배열
b_hist	정규화 되는 출력 배열. 현재는 동일하다.
0, histImage.rows	이 예제에서 히스토그램의 값을 정규화 하는데 사용되는 최소값과 최대값. 최소값은 0이고, 최대값은 히스토그램이 그려지는 영상의 세로길이(행의 개수)이다.
NORM_MINMAX	정규화의 종류 지정. 여기에서는 앞의 최소값과 최대값을 사용하여 정규화 한다.
-1	출력 영상은 입력 영상과 동일한 타입이라는 것을 나타낸다.
Mat()	마스크로 사용되는 Mat() 객체. 현재는 사용하지 않는다.

히스토그램 스트레칭

우리는 히스토그램을 변경하여서 영상의 콘트라스트를 증가시킬 수 있다. 히스토그램의 전체적인 형태를 변경하지 않으면서 히스토그램의 범위를 늘리는 것이 목표이다.

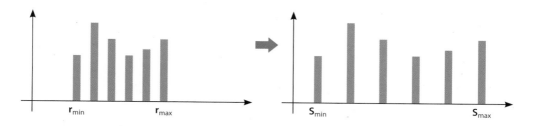

어떻게 하면 히스토그램의 범위를 늘릴 수 있을까? 우리는 4장에서 화소 처리 기법들을 학습하였다. 화소 처리를 할 때 다음과 같은 함수를 모든 화소값에 적용하면 화소값의 범위가 늘어날 것이다.

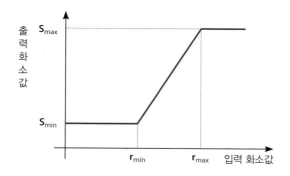

화소 처리 함수에서 기울기가 1보다 크면 출력 화소값의 범위가 늘어날 것이다. 반대로 기울기가 1보다 작으면 오히려 출력 화소값의 범위가 줄어들 것이다.

위와 같은 화소 처리를 하려면 다음과 같은 식을 이용하여 화소들의 값을 변경한다.

$$s = \frac{(s_{\max} - s_{\min})}{(r_{\max} - r_{\min})} \times (r - r_{\min}) + s_{\min}$$

여기서 r이 입력 화소값이고 s가 출력 화소값이다. 이것을 간단한 예제로 이해하여 보자. 아래와 같이 히스토그램이 계산되었다고 가정하자.

화소값	0	1	2	3	4	5	6
화소개수	0	0	30	60	20	0	0

여기서는 $r_{\min} = 2$, $r_{\max} = 4$, $s_{\min} = 0$, $s_{\min} = 6$이라고 하자.

$$\frac{(s_{\max} - s_{\min})}{(r_{\max} - r_{\min})} = ((6 - 0)/(4 - 2)) = 3$$

이 된다. 따라서 입력 화소값은 다음과 같은 식에 의하여 변경된다.

$$s = \frac{(s_{\max} - s_{\min})}{(r_{\max} - r_{\min})} \times (r - r_{\min}) + s_{\min} = 3 \times (r - 2) + 0 = 3 \times (r - 2)$$

r	$3 \times (r - 2)$
2	0
3	3
4	6

따라서 히스토그램이 다음과 같이 변경된다.

화소값	0	1	2	3	4	5	6
화소개수	30	0	0	60	0	0	20

변경 전과 변경 후의 히스토그램을 그려보면 다음과 같다. 히스토그램의 범위가 이전에 비하여 훨씬 넓어진 것을 알 수 있다. 막대의 높이는 변경되지 않았다.

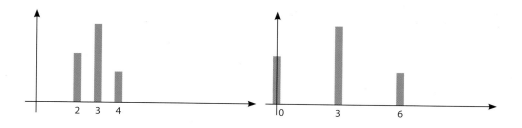

예제 5.1

콘트라스트가 나쁜 컬러 영상에 대하여 히스토그램 스트레칭을 적용하여 보자.

Code 5.4

```
01  #include <iostream>
02  #include <opencv2/core/core.hpp>
03  #include <opencv2/highgui/highgui.hpp>
04
05  using namespace cv;
06  using namespace std;
07
08  int stretch(int x, int r1, int s1, int r2, int s2)
09  {
10      float result;
11      if (0 <= x && x <= r1) {
12          result = s1 / r1 * x;
13      }
14      else if (r1 < x && x <= r2) {
15          result = ((s2 - s1) / (r2 - r1)) * (x - r1) + s1;
16      }
17      else if (r2 < x && x <= 255) {
18          result = ((255 - s2) / (255 - r2)) * (x - r2) + s2;
19      }
20      return (int)result;
21  }
22
23  int main()
24  {
25      Mat image = imread("d:/crayfish.jpg");
26      Mat new_image = image.clone();
27
28      int r1, s1, r2, s2;
29      cout << "r1를 입력하시오: " ; cin >> r1;
30      cout << "r2를 입력하시오: "; cin >> r2;
31      cout << "s1를 입력하시오: " ; cin >> s1;
32      cout << "s2를 입력하시오: " ; cin >> s2;
33
34      for (int y = 0; y < image.rows; y++) {
35          for (int x = 0; x < image.cols; x++) {
36              for (int c = 0; c < 3; c++) {
37                  int output = stretch(image.at<Vec3b>(y, x)[c], r1, s1, r2, s2);
38                  new_image.at<Vec3b>(y, x)[c] = saturate_cast<uchar>(output);
39              }
40          }
41      }
42
43      imshow("입력 영상", image);
44      imshow("결과 영상", new_image);
45      waitKey();
46      return 0;
47  }
```

실행결과

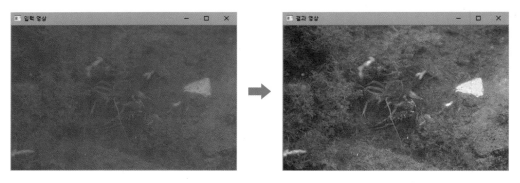

많은 방법으로 구현할 수 있겠지만 아무래도 가장 간단한 방법은 at() 함수를 이용하여 각 화소의 값을 꺼내서 변환 함수에 넣는 것이다. 변환 함수에서 출력된 값을 다시 화소에 저장하면 된다. 컬러 영상이기 때문에 각 채널에 대하여 히스토그램 스트레칭을 적용하였다.

위의 프로그램에서는 영상의 히스토그램을 보고 사용자가 r1, r2, s1, s2 값을 입력하여야 한다. 이것을 프로그램에서 자동적으로 결정하게 하면 좋을 것이다. 위의 프로그램에는 구현되어 있지 않다.

히스토그램 평활화

히스토그램 평활화$^{histogram\ equalization}$는 화소값의 분포를 나타내는 히스토그램이 균일하게 되도록 변환하는 처리이다. 즉, 출력 영상의 히스토그램에서 각 밝기값들이 거의 동일한 개수의 화소를 가지도록 입력 영상의 화소값을 매핑하는 것을 의미한다. 히스토그램 평활화는 기본적으로는 화소 처리 기법이다. 즉 입력 영상의 화소에 어떤 함수를 적용하여서 출력 영상을 얻는다. 히스토그램 평활화는 누적 히스토그램을 변환 함수로 사용한다.

히스토그램 평활화는 너무 밝거나 어두운 영상, 또는 어느 한편으로 치우쳐 있는 영상의 개선에는 유효한 방법으로 사용된다. 히스토그램 평활화에서는 우리가 입력하는 매개변수가 없다. 즉 인간의 개입이 필요 없이 자동적으로 처리할 수 있어서 상당히 권장되는 처리이다.

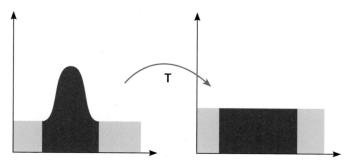

By Zefram - Own work, Public Domain

즉, 변환 후의 밝기값 분포가 균일하게 되도록 분포를 수정함으로써 영상의 전체적인 콘트라스트 밸런스가 개선된다. 히스토그램 평활화를 콘트라스트가 좋지 않은 영상에 적용한 예가 아래에 나와 있다.

히스토그램 평활화는 밝거나 어두운 배경을 가지고 있는 영상에 유용하다. 특히, 이 방법은 X선 영상의 뼈 구조를 보다 잘 볼 수 있게 해주며 과다 노출 또는 과소 노출된 사진을 정상 노출의 사진

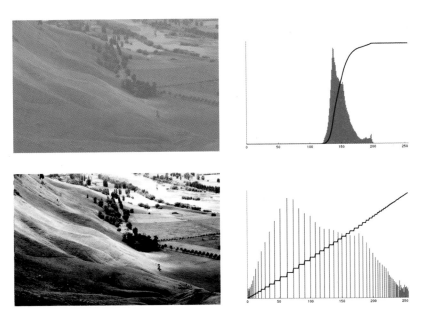

By original Phillip Capper, modified by User: Konstable-modified Hawkes Bay NZ.jpg, CC BY 2.0(출처: 위키백과)

으로 만들 수 있다. 가장 큰 장점은 상당히 간단한 기법이면서 언제든지 역변환이 가능하다는 점이다. 이론적으로 히스토그램 평활화 함수를 알고 있으면 원래의 히스토그램을 복구할 수 있다. 히스토그램 평활화 계산은 시간을 많이 소모하지 않는다. 이 방법의 유일한 단점은 영상에 있는 모든 물체의 콘트라스트를 증가시킨다는 점이다. 즉 배경에 있는 잡음의 콘트라스트도 증가된다.

히스토그램 스트레칭과 히스토그램 평활화의 차이점

히스토그램 평활화와 앞에서 설명한 히스토그램 스트레칭은 어떻게 다를까? 다음 그림을 참조하자. 히스토그램 평활화가 막대의 높이를 균일하게 하는 것이라면 히스토그램 스트레칭은 막대의 높이는 변경하지 않으면서 막대들을 펼쳐 놓는 것이다.

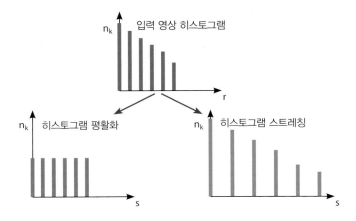

히스토그램 스트레칭은 한 곳으로 치우친 히스토그램을 펼쳐놓을 수는 있다. 하지만 히스토그램 분포가 좁지는 않지만 특정한 값에 몰리는 경우도 있는데 이런 경우에는 히스토그램 스트레칭보다는 히스토그램 평활화가 유리하다.

히스토그램 평활화의 원리

히스토그램 평활화를 이해하려면 먼저 영상의 콘트라스트 개념을 정확하게 이해해야 한다. 콘트라스트는 영상의 두 객체 사이의 밝기나 색상의 차이로 정의된다. 만약 콘트라스트가 너무 낮으면 두 객체를 구분할 수 없다. 예를 들어서 [그림 5.2] (a)에서는 콘트라스트가 높아서 회색과 검은색을 쉽게 구분할 수 있다. 하지만 [그림 5.2] (b)에서는 회색을 어두운 회색에서 분리하는 것이 훨씬 어렵다. [그림 5.2] (a)에서 오른쪽은 완전히 검은색이어서 화소값이 0이고 왼쪽 화소는 238이다. [그림 5.2] (b)에서 두 화소의 값은 각각 238과 228이다.

| (a) | (b) |

[그림 5.2] **콘트라스가 높은 경우와 콘트라스트가 낮은 경우**

영상의 콘트라스트를 시각화하려면 히스토그램을 사용할 수 있다.

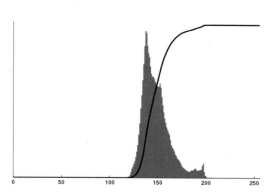

출처: 위키백과

위의 이 히스토그램에 해당하는 영상에는 중간 밝기값을 가지는 화소가 아주 많다. 거의 모든 화소가 120과 200 사이이다. 이 범위 밖의 밝기값은 거의 사용되지 않는다. 사용 가능한 화소값의 일부만 사용되기 때문에 이 영상의 콘트라스트는 낮다. 위의 그림과 같은 히스토그램을 갖는 영상은 인간의 눈이 식별하기 어려울 수 있다. 왜냐하면 인간의 눈은 비선형 방식으로 밝기에 민감하기 때문이다. 반면 카메라의 센서는 선형적인 방식으로 밝기에 대응한다.

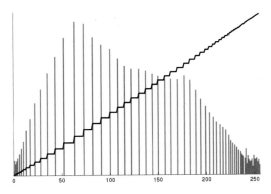

출처: 위키백과

위의 히스토그램은 "좋은" 히스토그램의 전형적인 예인데, 거의 모든 화소값을 사용하고 있기 때문이다. 전체 범위의 밝기값을 사용하고 있기 때문에 영상이 선명하다. 인간이 보기 편하게 하려면 영상에서 모든 밝기값이 사용되어야 한다. 모든 밝기값을 사용하도록 만드는 작업이 바로 히스토그램 평활화이다.

히스토그램 평활화는 영상 화소를 새로운 화소값으로 변환하는 화소 처리의 일종으로 영상의 전반적인 콘트라스트를 증가시킨다. 아래에 간단히 설명했으나, 이것은 수학적으로 엄밀한 설명은 아니다.

화소의 밝기는 i로 표시되고 가능한 값은 $0 \leq i \leq L - 1$이라고 하자. 8비트 영상이라면 L은 256이고, 가능한 값은 0에서 255이다. $L - 1$의 값은 백색으로 간주되고 0의 값은 검은색으로 간주된다. 어떤 변환 함수를 사용해야 영상의 콘트라스트가 증가될 것인가? 변환 함수를 다음과 같이 $T(i)$로 나타내자.

$$s = T(i), \qquad 0 \leq i \leq L - 1$$

i는 이전 화소값이고 s는 변환된 새로운 화소값이다. $T(i)$는 $0 \leq i \leq L - 1$의 구간에서 단조 증가해야 한다. 단조 증가하지 않는다면 화소 밝기가 역전될 수 있기 때문이다. 예를 들어, $T(10) = 5$와 $T(20) = 3$이 된다면 상당히 이상하게 영상이 변환될 것이다. 또 원래 화소값의 범위와 동일해야 하므로 $0 \leq T(i) \leq L - 1$이어야 한다.

영상의 화소값은 0과 $L - 1$ 사이의 값을 가질 수 있는 확률 랜덤 변수로 간주할 수 있다. 랜덤 변수에는 CDF Cumulative Distribution Function (누적 분포 함수)를 생각할 수 있다. 이 함수는 랜덤 변수에 t보다 작거나 같은 값이 할당될 확률을 나타낸다.

CDF는 다음과 같이 정의된다.

$$CDF(i \leq t) = \sum_{k=0}^{t} p_k$$

위의 식은 화소의 값이 t보다 작거나 같을 확률에 대한 CDF를 정의한다. 임의의 화소가 값 k를 가질 확률 p_k는 k 값을 갖는 화소의 수를 총 화소수로 나눈 값이 된다.

$$p_k = \frac{\text{밝기값 } k \text{를 가진 화소수}}{\text{전체 화소수}}$$

위의 식을 보면 p_k는 정규화 된 히스토그램이라 할 수 있다. 즉 값이 0.0에서 1.0 사이로 정규화 되어 있다. CDF를 정규화 된 누적 히스토그램으로 생각해도 된다.

우리는 왜 콘트라스트를 증가시키는 변환 함수를 설명하다가 갑자기 CDF를 정의하고 있을까? 바로 CDF를 변환 함수로 사용하기 위해서이다.

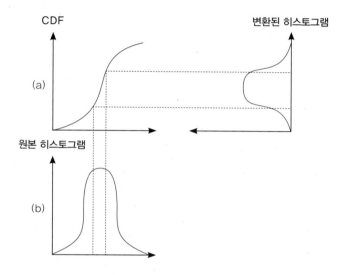

위의 그림 (b) 부분이 원본 영상의 히스토그램이다. 히스토그램이 중앙에 치우쳐 있기 때문에 콘트라스트가 좋지 않다. 이 영상의 CDF를 그려보면 (a) 부분 좌측 상단의 그래프와 같이 될 것이다. 히스토그램이 더 많이 뭉쳐 있으면 CDF의 기울기가 더욱 급격해질 것이다. 기울기가 급한 CDF를 변환함수로 삼아서 입력 영상의 화소값들을 변환하면 출력 화소값은 더 넓게 퍼질 것이다 (기울기가 1.0보다 크기 때문이다). 따라서 CDF를 변환 함수로 사용하면 자동적으로 히스토그램을 어느 정도 균일하게 만들 수 있다.

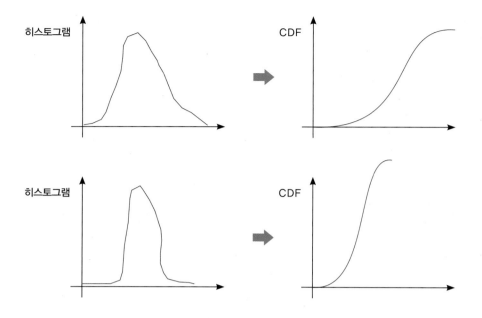

히스토그램 평활화는 CDF를 변환함수로 사용하여 균일한 히스토그램을 만드는 처리이다.

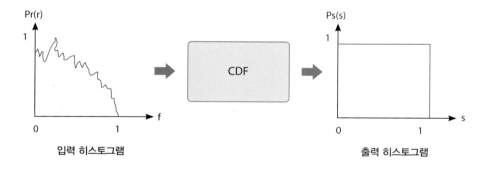

히스토그램 평활화의 구현

히스토그램 평활화는 정규화 된 누적 히스토그램을 변환 함수로 이용하여 화소 처리로 구현된다. 히스토그램 평활화의 3가지 단계는 다음과 같다.

❶ 평활화되어야 할 영상의 누적 히스토그램을 구한다.

영상의 누적 히스토그램을 계산한다. 누적 히스토그램이란 히스토그램의 각 요소를 누적시켜서 계산한 것이다. 히스토그램 함수가 $H(i)$라고 하면 누적 히스토그램은 다음과 같이 정의된다.

$$H'(i) = \sum_{k=0}^{t} H(k)$$

예를 들어서 누적 히스토그램을 그려보면 다음과 같다.

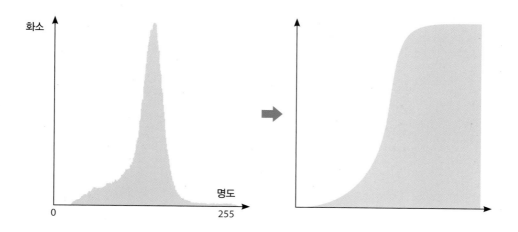

❷ 누적 히스토그램의 값을 0.0과 1.0 사이로 정규화 한다.

누적 히스토그램의 값을 0.0과 1.0 사이의 값으로 정규화 한다. 누적 히스토그램을 총 화소수로 나누어주면 된다.

$$\text{정규화된 누적 히스토그램} = \frac{H'(i)}{n_t}$$

여기서 n_t은 화소의 총 개수이다.

❸ 정규화 된 누적 히스토그램을 변환 함수로 이용하여 화소값을 변환한다.

정규화 된 누적 히스토그램을 변환 함수로 생각하고 화소값을 변환한다. 입력 영상의 모든 화소값에 누적 히스토그램 함수를 적용한다. 이를 수식으로 표시하면 명도 i를 명도 s로 다음 식에 의하여 변화시키는 것이다.

$$s = (L - 1) \times \frac{H'(i)}{n_t}$$

여기서 n_t는 화소의 총 개수이고 $L - 1$는 명도의 최대값(즉 255), $H'(i)$는 축적 히스토그램이다.

히스토그램 평활화의 구체적인 예

왜 누적 히스토그램으로 입력 화소들을 매핑시키면 히스토그램 분포가 균일화되는 것일까? 구체적인 예를 통해서 살펴보자. 여기에서는 아주 작은 4 × 4 영상을 가정한다. 영상의 콘트라스트는 아주 좋지 않다.

30	36	42	30
25	30	33	37
34	46	25	50
40	37	32	28

영상의 히스토그램을 계산해보자.

명도값	25	28	30	32	33	34	36	37	40	42	46	50
개수	2	1	3	1	1	1	1	2	1	1	1	1

이제 축척 히스토그램을 계산해보자.

명도값(i)	25	28	30	32	33	34	36	37	40	42	46	50
축척 히스토그램($H(i)$)	2	3	6	7	8	9	10	12	13	14	15	16
새로운 명도값												

새로운 명도값은 다음 식에 의하여 계산된다.

$$s = (L - 1) \times \frac{H'(i)}{n_t}$$

여기서 n_t는 화소의 총 개수이므로 16이다. $(L - 1)$는 명도의 최대값이므로 255이고 $H'(i)$는 누적 히스토그램이다. 따라서 명도값 25의 누적 히스토그램은 2/16이므로 새로운 명도값은 다음과 같이 계산된다.

$$s = 255 \times \frac{2}{16} = 31.8 = 32$$

다른 명도값에 대해서도 동일한 계산을 하여 위 표의 빈칸을 채워보면 다음과 같다.

명도값(v)	25	28	30	32	33	34	36	37	40	42	46	50
축척 히스토그램($H(v)$)	2	3	6	7	8	9	10	12	13	14	15	16
새로운 명도값	32	48	96	112	127	143	159	191	207	223	239	255

위의 표에 따라서 결과 영상은 다음과 같을 것이다. 콘트라스트가 상당히 향상된 것을 알 수 있다.

96	159	223	96
32	96	127	191
143	239	32	255
207	191	112	48

OpenCV에서의 히스토그램 평활화

OpenCV는 히스토그램 평활화를 수행하는 함수 equalizeHist()를 제공한다. 이 함수를 사용해서 히스토그램 평활화를 수행하는 프로그램을 작성하면 다음과 같다.

Code 5.5

```
01  #include "opencv2/opencv.hpp"
02  #include <iostream>
03
04  using namespace cv;
05  using namespace std;
06
07  int main()
08  {
09      Mat src = imread("d:/crayfish.jpg", IMREAD_GRAYSCALE);
10      if (src.empty()) { return -1; }
11
12      Mat dst;
13      equalizeHist(src, dst);          ─── 히스토그램 평활화를 수행한다.
14
15      imshow("Image", src);
16      imshow("Equalized", dst);
17      waitKey(0);
18      return 0;
19  }
```

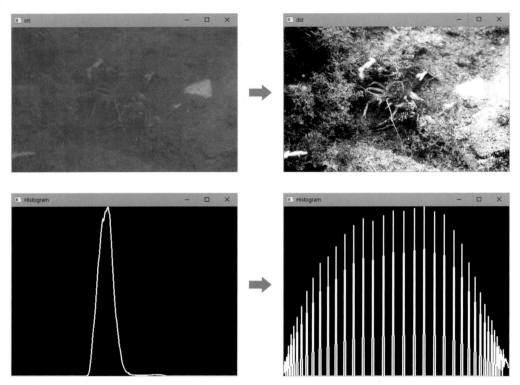

영상 출처: By Biem [Public domain], from Wikimedia Commons

히스토그램을 이용한 전경과 배경 분리

우리는 이제 히스토그램을 살펴보면 전경과 배경에 대응되는 부분을 어렴풋이 알 수 있다.

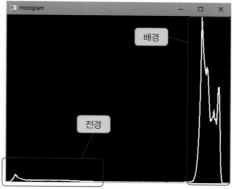

위 그림의 히스토그램(오른쪽)에서 왼쪽 부분이 전경이고 오른쪽이 배경임을 쉽게 알 수 있다. 실제로 히스토그램을 보면 봉우리들이 많이 등장하고 각 봉우리들은 전경이나 배경에 해당한다. 따라서 봉우리 사이값을 계산해서 영상을 이진화하면 전경과 배경을 분리할 수 있다. OpenCV에서 threshold() 함수를 이용하면 편리하게 이진화가 가능하다. 따라서 입력 영상을 읽어서 히스토그램에서 알아낸 화소값을 가지고 이진화하는 프로그램은 다음과 같다.

Code 5.6

```
01  #include "opencv2/opencv.hpp"
02  #include <iostream>
03  #include <stdio.h>
04
05  using namespace std;
06  using namespace cv;
07
08  int main()
```

```
09   {
10       Mat src, dst;
11
12       src = imread("d:/plane.jpg", IMREAD_GRAYSCALE);
13       imshow("Image", src);
14       if (!src.data) { return -1; }
15
16       Mat threshold_image;
17       threshold(src, threshold_image, 100, 255, THRESH_BINARY);
18       imshow("Thresholded", threshold_image);
19       waitKey(0);
20       return 0;
21   }
```

threshold()의 첫 번째 매개 변수는 입력 영상이다, 두 번째는 출력 영상, 세 번째는 기준값이다. 네 번째는 기준값 이상이면 출력 영상에 출력하는 값이다. THRESH_BINARY 상수는 이진화를 나타낸다.

실행결과

향상된 이진화 방법

앞의 방법은 이진화 시에 가장 중요한 값인 임계값을 인간이 결정하여야 한다. 컴퓨터가 영상을 분석하여 자동으로 임계값을 결정하게 할 수 없을까?

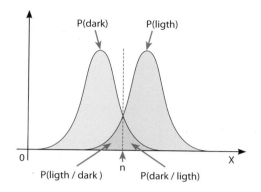

한 가지 방법은 히스토그램에서 각 봉우리들을 가우시안 분포로 가정하고 가우시안 함수를 봉우리에 근사시킨 후에 봉우리의 중간 부분을 임계값으로 하는 것이다. 이것은 Otsu의 이진화 방법 Otsu's binarization 으로 알려져 있다. OpenCV의 threshold() 함수에서도 Otsu의 방법을 지원한다. [Code 5.6]의 17행을 다음과 같이 변경하면 된다.

```
threshold(src, threshold_image, 0, 255, CV_THRESH_BINARY | CV_THRESH_OTSU);
```

Summary

▶ 히스토그램은 특정한 값을 가진 화소의 개수를 막대그래프로 표시한 것으로 화소값의 분포를 나타내는 중요한 지표이다.

▶ 히스토그램을 관찰하면 영상의 콘트라스트에 대하여 알 수 있다.

▶ 히스토그램은 1차원 배열을 이용하여 쉽게 계산할 수 있다.

▶ 컬러 영상의 히스토그램은 각 채널별로 나누어서 계산한다.

▶ 히스토그램은 OpenCV가 제공하는 calcHist() 함수를 사용하여 개산할 수 있다. calcHist() 함수는 다차원 영상에 대한 히스토그램을 계산하는 함수라 사용법이 복잡하다.

▶ 히스토그램 스트레칭은 콘트라스트가 나쁜 영상의 화질을 개선할 수 있는 도구이다. 기본적으로는 화소 처리이고 기존의 화소값에 수식을 적용하여 새로운 화소값을 계산한다.

▶ 히스토그램 평활화는 히스토그램을 재분배하여서 영상의 콘트라스트를 높이는 기술이다. 인간의 개입없이 자동으로 진행할 수 있기 때문에 유용한 도구이다.

▶ 히스토그램 평활화에서는 누적 히스토그램을 화소값 매핑 함수로 사용한다. 히스토그램이 한쪽에 몰려있으면 누적 히스토그램의 기울기가 커지는 특성을 이용한다.

▶ 영상을 이진화할 때, 히스토그램은 유용한 정보를 제공할 수 있다. 이진화에 사용되는 임계값은 히스토그램의 봉우리 사이값을 선택할 수 있다.

01 히스토그램은 무엇을 말하는가?

02 매우 밝은 배경에 대해 서로 다른 뚜렷한 밝기의 3가지 물체가 있는 영상이 있다고 가정하자. 해당 히스토그램은 어떻게 생겼을까?

03 히스토그램에서 어떻게 이진화에 필요한 임계값을 자동으로 계산할 수 있는가?

04 히스토그램 상단에 매우 높은 피크가 있는 경우 이것이 무엇을 의미하는가?

05 히스토그램 평활화 과정을 설명하시오.

06 다음과 같은 히스토그램을 보고 어떤 사항을 알 수 있는가? 어떤 영상이 가장 선명할까?

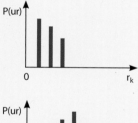
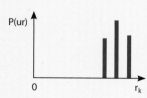
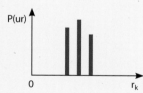

07 다음의 영상에 대해 히스토그램을 계산해보자.

20	20	20	20	20	20	20	40
160	60	60	60	60	60	60	40
160	60	70	70	70	70	60	40
160	60	70	80	80	70	60	40
160	60	70	80	80	70	60	40
160	60	70	70	70	70	60	40
160	60	60	60	60	60	60	40
160	120	120	120	120	120	120	120

08 위의 영상에 대하여 히스토그램 평활화를 적용하고, 평활화 후의 영상과 히스토그램을 구하시오.

09 히스토그램에서 최대값, 최소값, 피크값을 계산하는 프로그램을 작성하고 테스트하시오.

10 다음과 같은 히스토그램을 가지는 영상이 있을때, 히스토그램 스트레칭 후의 히스토그램을 그려보자.

명도값	화소 개수
0	0
1	0
2	50
3	60
4	50
5	20
6	10
7	0

11 위의 표를 보고 0.0에서 1.0 사이의 값으로 정규화 된 히스토그램을 그려보자.

12 10번 문제의 영상을 히스토그램 평활화한 후의 히스토그램을 그려보라.

공간 필터링

단원 목표

• 공간 필터링의 개념을 이해한다.

• 컨볼루션과 마스크의 개념을 이해한다.

• 평균값 필터링의 개념을 이해하고 OpenCV에서 사용할 수 있다.

• 샤프닝 필터링의 개념을 이해하고 OpenCV에서 사용할 수 있다.

• 에지의 개념을 이해하고 OpenCV로 에지를 검출할 수 있다.

• 캐니 에지 연산자를 이해하고 사용할 수 있다.

• 중간값 필터링을 이해하고 사용할 수 있다.

우리가 4장에서 살펴본 화소 처리는 출력 화소값을 결정할 때, 이웃 화소들을 전혀 고려하지 않는다. 이것은 화소 처리가 입력 화소값을 출력 화소값에 매핑시키기 때문이다. 화소 처리와는 대조적으로 필터링은 중심 화소를 둘러싸고 있는 화소들의 그룹에 작용한다. 인접 화소들은 처리 영역의 밝기 경향에 대한 중요한 정보를 제공하기 때문에 상당히 다양한 작업들이 가능하다. 이번 장에서는 다음과 같은 프로그램을 작성해 본다.

(1) 스무딩 필터를 이용하여 영상을 흐리게 만들어보자.

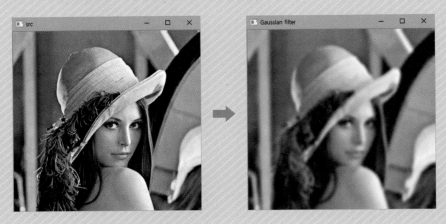

(2) 영상에서 에지^{edge}를 검출해보자.

공간 필터링이란?

공간 필터링^{spacial filtering}이란 영상 처리 중에서 가장 기본적인 처리로써 인접 화소들의 값을 참조하여 화소의 값을 변경하는 처리이다. "공간 영역"이라 칭하는 이유는 "주파수 영역^{frequency domain}"과 차이를 두기 위해서이다. 화소들이 존재하는 2차원 공간에서 필터링을 수행한다는 의미이다.

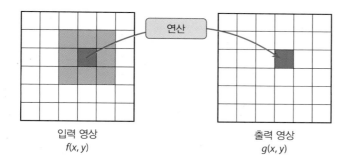

입력 영상
$f(x, y)$

출력 영상
$g(x, y)$

공간 필터링을 수식으로 나타내면 다음과 같다.

$$g(x, y) = T[f(x, y)]$$

여기서 $f(x, y)$는 입력 영상, $g(x, y)$는 출력 영상이고 T는 화소를 중심으로 이웃 화소들을 고려하여서 출력 화소의 값을 결정하는 연산자이다.

우리는 간단한 공간 필터링의 일종인 "평균값 필터링^{mena filtering 또는 blurring}"을 살펴보면서 공간 필터링의 감을 잡아보자. 평균값 필터링은 영상을 일부러 흐리게 하는 영상 처리이다. 무엇 때문에 고의적으로 영상을 흐리게 할까? 평균값 필터링은 인물 사진에서 잡티를 없애는 용도로도 사용된다(흔히 뽀샤시하게 만든다고 한다). 영상에 잡음이 많다면 평균값 필터링을 통하여 잡음을 줄일 수 있다. 예술적인 목적으로 영상의 일부를 흐리게 하는 경우도 많다.

평균값 필터링은 영상의 화소값을 인접 화소들의 평균값으로 교체한다. 평균값으로 교체하면 갑자기 튀는 값들을 부드럽게 할 수 있기 때문이다.

100	100	100		100	100	100
100	50	100	➡	100	94	100
100	100	100		100	100	100

예를 들어 위의 그림에서 중앙 화소를 인접 화소의 평균값으로 변경해보자. 평균값은 다음과 같이 계산된다.

$$(100 + 100 + 100 + 100 + 50 + 100 + 100 + 100 + 100) / 9 = 94.4$$

화소값은 소수점 이하를 가질 수 없으므로 94.4를 94로 만든 후에 중앙 화소에 저장하면 위 그림의 오른쪽과 같이 된다. 이러한 연산을 영상의 전체 화소에 대하여 수행하면 된다.

우리는 4장에서 영상의 각 화소값에 접근하는 방법을 학습하였다. 이 방법을 사용하여 간단히 프로그램을 작성해보면 다음과 같다.

Code 6.1

```
01  #include "opencv2/opencv.hpp"
02  #include <iostream>
03
04  using namespace cv;
05  using namespace std;
06
07  int main()
08  {
09      Mat src = imread("D:/lenna.jpg", IMREAD_GRAYSCALE);
10
11      Mat dst(src.size(), CV_8U, Scalar(0));      ← src와 동일한 크기이면서 0으로 채워진 영상을 생성한다.
12      if (src.empty()) { return -1; }
13
14      // (1, 1)부터 (rows-1, cols-1)까지의 화소만 처리
15      for (int y = 1; y < src.rows - 1; y++) {
16          for (int x = 1; x < src.cols - 1; x++) {
17              int sum = 0;
18              sum += src.at<uchar>(y - 1, x - 1);
19              sum += src.at<uchar>(y, x - 1);
20              sum += src.at<uchar>(y + 1, x - 1);
21              sum += src.at<uchar>(y - 1, x);
22              sum += src.at<uchar>(y, x);
```

```
23          sum += src.at<uchar>(y + 1, x);
24          sum += src.at<uchar>(y - 1, x + 1);
25          sum += src.at<uchar>(y, x + 1);
26          sum += src.at<uchar>(y + 1, x + 1);
27          dst.at<uchar>(y, x) = sum / 9;
28      }
29   }
30
31   imshow("initial", src);
32   imshow("final", dst);
33   waitKey(0);
34   return 0;
35 }
```

실행결과

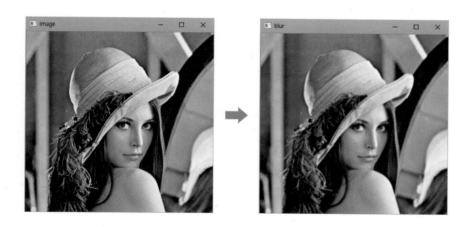

코드설명

```
09 Mat src = imread("D:/lenna.jpg", IMREAD_GRAYSCALE);
```

영상 lenna.jpg는 원래 컬러 영상이지만 imread()로 읽을 때, 그레이스케일 영상으로 변환하였다.

```
11 Mat dst(src.size(), CV_8U, Scalar(0));
```

Mat 클래스는 여러 개의 생성자를 가지고 있는데, 이 중 하나를 호출하여서 비어 있는 영상을 생성한다. 다음 문장은 8비트의 화소를 가지고 0으로 초기화된 Mat 객체를 생성한다.

위의 코드에서는 (y, x) 좌표를 기준으로 인접 화소의 좌표를 계산하고 at() 함수를 이용하여 화소값을 추출하였다. 이것들을 모두 합하고 9로 나누어서 평균값을 계산하고 있다. 코드에서는

(1, 1)부터 (rows-1, cols-1)까지의 화소만 처리하고 있다. 영상의 가장자리에 있는 화소들은 특별한 처리를 해주어야 한다. 즉 인접 화소들의 값을 0으로 가정한다든지 하는 특별한 처리가 필요하다.

위의 코드에서는 화소의 값을 하나씩 계산하여서 스무딩을 수행하였지만, 영상 처리에서는 이를 위한 도구가 준비되어 있다. 이러한 형태의 연산이 영상 처리에서는 아주 많이 등장하기 때문이다. 이것이 바로 다음 절에서 설명하는 컨볼루션이다.

컨볼루션

필터링은 컨볼루션^{convolution} 이라는 연산을 이용하여 쉽게 구현할 수 있다. 컨볼루션은 중심 화소의 값을 인접 화소값들의 가중 합으로 대체하는 연산이다. 가중치는 작은 2차원 배열로 주어진다. 가중치가 저장된 배열은 흔히 커널^{kernel}, 필터^{filter}, 마스크^{mask}라 불린다. 우리는 마스크 또는 커널이라고 할 것이다. 마스크의 크기는 일반적으로 3×3, 5×5, 7×7과 같이 홀수이다. 3×3과 5×5 크기의 마스크들이 공간 필터링 연산에 많이 사용된다.

마스크는 입력 영상에서 각 화소를 중심으로 덮여 씌워진다. 마스크 아래에 있는 화소들은 각각 해당되는 마스크의 값들과 곱해져서 더해진다. 이 계산값은 출력 영상의 동일한 위치에 저장된다. 현재 화소처리가 끝나면 마스크는 한 칸 이동한다. 예를 들어 다음과 같은 3×3 크기의 마스크를 가정하자.

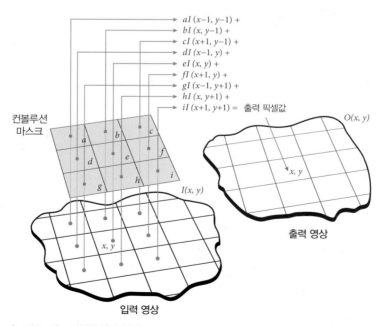

[그림 6.1] **컨볼루션의 설명**

위의 그림에서 마스크가 입력 화소 (x, y) 위치에 놓인다고 하자. 입력 영상에서 마스크 아래에 있는 화소들은 각각 해당되는 마스크의 값들과 곱해져서 더해진다. 그 결과값은 출력 영상 안의 동일한 위치에 저장된다. 컨볼루션 처리를 수식으로 만들면 다음과 같다.

$$O(x, y) = aI(x - 1, y - 1) + bI(x, y - 1) + cI(x + 1, y - 1)$$
$$+ dI(x - 1, y) + eI(x, y) + fI(x + 1, y)$$
$$+ gI(x - 1, y + 1) + hI(x, y + 1) + iI(x + 1, y + 1)$$

(식 6.1)

위의 식을 간략하게 표현하면 다음과 같다.

$$O(x, y) = \sum_{k = -1}^{k = +1} \sum_{l = -1}^{l = +1} h(k, l)I(x + k, y + l)$$

[그림 6.2]에 컨볼루션의 구체적인 진행을 도시하였다. 일단 가장자리 화소들은 처리하지 않는다고 하자.

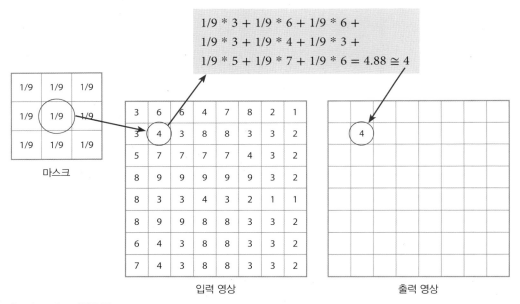

[그림 6.2] **컨볼루션**

입력 영상의 (1, 1) 위치에 마스크를 덮는다. 마스크의 값과 아래에 있는 화소값을 곱하여 서로 더하면 $1/9 \times 3 + 1/9 \times 6 + 1/9 \times 6 + 1/9 \times 3 + 1/9 \times 4 + 1/9 \times 3 + 1/9 \times 5 + 1/9 \times 7 + 1/9 \times 7 = 4.88$이 된다. 출력 영상에 실수를 저장할 수는 없으므로 이것을 정수로 만들면 4가 된다. 4를 출력 영상의 (1, 1) 위치에 저장한다. 이후로도 똑같은 방식으로 입력 영상의 화소들을 순차적으로 처리하면 된다. 컨볼루션 처리가 수행될 때 출력 영상이 8비트라면 최종 결과값은 0과 255 사이의 값이어야 한다. 따라서 최종 계산값이 255를 넘으면 255로 제한하여야 한다. 0 이하도 0으로 만들어야 한다.

컨볼루션은 상당히 시간이 많이 걸리는 처리이다. 640(가로) × 480(세로) 영상의 경우, 컨볼루션 연산은 640 × 480 = 307,200개의 화소를 처리하여야 한다. 하나의 화소마다 9번의 곱셈과 9번의 덧셈을 필요로 한다. 따라서 640 × 480 영상에 공간 필터링 연산을 적용하는 것은 거의 300만 번의 곱셈과 덧셈 연산이 필요하다. 따라서 계산을 효율적으로 하는 것이 중요하다. 가능하다면 OpenCV가 제공하는 컨볼루션 전용 함수인 filter2D()를 사용하는 것이 좋다.

마스크 안의 가중치의 합은 출력 영상의 전체적인 밝기에 영향을 준다. 우리는 영상의 밝기가 그대로 유지되기를 원한다. 따라서 많은 경우, 가중치의 합은 1이다. 가중치의 합을 1로 해야만 출력 영상의 밝기가 입력 영상과 같을 것이다. 마스크 가중치를 어떻게 선택하느냐에 따라 정말 다양한 영상 처리가 가능하다. 이것은 천천히 살펴보기로 하자.

앞에서 설명한 평균값 필터링을 OpenCV가 제공하는 함수인 filter2D를 사용해서 구현해보자. 평균값 필터링은 다음과 같은 마스크를 사용한다고 볼 수 있다. 마스크 가중치의 합이 1이 되는 것에 유의하자.

1/9	1/9	1/9
1/9	1/9	1/9
1/9	1/9	1/9

Code 6.2

```
01  #include "opencv2/opencv.hpp"
02  #include <iostream>
03  using namespace cv;
04  using namespace std;
05
06  int main()
07  {
08      Mat image = imread("d:/lenna.jpg", IMREAD_GRAYSCALE);
09
10      float weights[] = {
11          1 / 9.0F, 1 / 9.0F, 1 / 9.0F,
12          1 / 9.0F, 1 / 9.0F, 1 / 9.0F,
13          1 / 9.0F, 1 / 9.0F, 1 / 9.0F
14      };
15
16      Mat mask(3, 3, CV_32F, weights);          2차원 배열값을 가지고 Mat
                                                    객체를 생성한다.
17      Mat blur;
18      filter2D(image, blur, -1, mask);          컨볼루션을 수행한다.
19      blur.convertTo(blur, CV_8U);
```

```
20
21      imshow("image", image);
22      imshow("blur", blur);
23      waitKey(0);
24      return 0;
25  }
```

실행결과

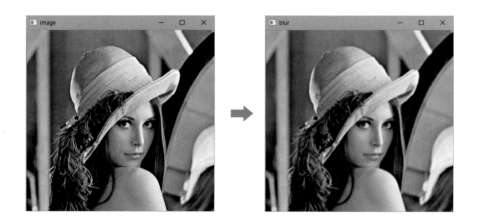

위의 코드에서는 `filter2D()` 함수를 호출하여 컨볼루션을 수행한다. 구문은 다음과 같다.

```
void filter2D(Mat src, Mat dst, int ddepth, Mat kernel, Point anchor,
      double delta, int borderType);
```

매개 변수	설명
src	입력 영상이다.
dst	컨볼루션의 결과를 저장하는 영상. 동일한 크기여야 하며 src와 동일한 채널수를 가져야 한다.
ddepth	영상의 깊이(8, 16, 32 등)이다. 음수이면 결과 영상이 원본 영상과 같은 비트수를 가진다는 의미다.
kernel	입력 영상을 컨볼루션하는 데 사용되는 마스크. 마스크는 단일 채널이고 부동 소수점 행렬이어야 한다.
anchor	커널 행렬에서 중심점의 위치. 이 값을 (-1, -1)로 설정하면 커널 중심이 중심점으로 사용된다.
delta	컨볼루션 후에 모든 화소에 추가되는 값이다.
borderType	영상의 가장자리 화소들을 처리하는 방법으로 가능한 값은 다음과 같다. (BORDER_REPLICATE, BORDER_CONSTANT, BORDER_REFLECT_101, BORDER_WARP, BORDER_TRANSPARENT, BORDER_DEFAULT, BORDER_ISOLATED)

위의 코드에서는 다음과 같이 호출하였다.

```
filter2D(image, blur, -1, mask);
```

컨볼루션 할 영상은 image이고 blur에는 처리 결과가 저장된다. −1은 blur의 화소당 비트수가 image와 같음을 나타낸다. mask는 컨볼루션 마스크가 저장된 Mat 객체이다.

가장자리 화소 처리

컨볼루션 함수를 구현할 때 첫 번째 닥치는 어려움은 영상의 가장자리 부분을 어떻게 처리하느냐 하는 것이다. 컨볼루션 마스크가 영상의 첫 번째 화소 (0, 0)에 위치할 때 마스크는 영상의 밖에도 위치하게 된다. 어떤 값이 영상의 바깥에 위치한 마스크의 가중치와 곱해져야 하는가?

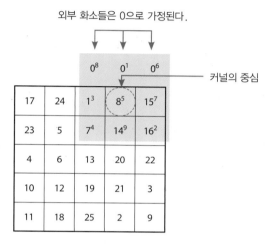

첫 번째 방법(BORDER_CONSTANT)은 컨볼루션 마스크 내의 비어있는 값들을 모두 0이라고 가정하는 것이다. 이 방법은 0−패딩이라고 알려져 있다. 이것은 간단하지만 출력 영상의 에지 부분이 중요하다면 좋은 방법은 아니다. 두 번째 방법(BORDER_REPLICATE)은 가장자리 값을 복사하여 사용하는 것이다. 이 2가지 방법이 가장 많이 사용된다. 이것은 filter2D() 함수의 borderType으로 설정이 가능하다. BORDER_CONSTANT, BORDER_REPLICATE, BORDER_WARP 등의 값이 가능하다. BORDER_WARP은 영상의 위쪽과 아래쪽, 왼쪽과 오른쪽이 연결되어 있다고 가정하는 방법이다.

```
void filter2D(Mat src, Mat dst, int ddepth, Mat kernel, Point anchor,
        double delta, int borderType);
```

매개 변수	설명
BORDER_CONSTANT	iiiiiii|abcdefgh|iiiiiii 여기서 i는 지정된 값
BORDER_REPLICATE	aaaaaa|abcdefgh|hhhhhhh
BORDER_REFLECT	fedcba|abcdefgh|hgfedcb
BORDER_WRAP	cdefgh|abcdefgh|abcdefg

3

평균값 필터링

평균값 필터링^{mean filtering}은 스무딩^{smoothing}, 블러링^{blurring}이라고도 한다. 평균값 필터링은 앞에서 filter2D() 함수를 이용하여 구현하였지만 평균값 필터링은 아주 많이 사용되기 때문에 OpenCV는 전용 함수 blur()를 제공한다.

Code 6.3

```cpp
01  #include "opencv2/opencv.hpp"
02  #include <iostream>
03  using namespace cv;
04  using namespace std;
05
06  int main()
07  {
08      Mat src = imread("D:/dog.jpg");
09      Mat dst;
10
11      blur(src, dst, Size(11, 11));         11×11 크기의 마스크로 평균값
12      imshow("source", src);                필터링을 수행한다.
13      imshow("result", dst);
14
15      waitKey(0);
16      return 0;
17  }
```

blur() 함수의 구문은 다음과 같다.

```
blur(src, dst, Size);
```

매개 변수	설명
src	입력 영상
dst	출력 영상
Size(w, h)	사용할 마스크의 크기를 정의한다.

가우시안 스무딩

앞에서는 사각형 형태의 필터를 사용하였다. 하지만 사각형 필터 대신 가우시안 커널 ^{Gaussian kernel}
을 사용하는 경우도 많다. 가우시안 커널이란 다음과 같이 모자처럼 생긴 커널이다.

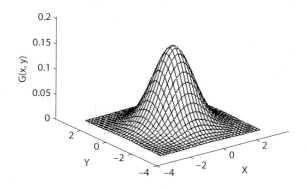

$$G(x, y) = \frac{1}{2\pi\sigma^2} e^{-\frac{x^2+y^2}{2\sigma^2}}$$

우리는 위의 수식을 코드로 작성하여서 계산할 수도 있다. 5×5 크기의 가우시안 필터를 계산해보면 다음과 같다.

$$\frac{1}{273}$$

1	4	7	4	1
4	16	26	16	4
7	26	41	26	7
4	16	26	16	4
1	4	7	4	1

OpenCV에서는 GaussianBlur()가 지원된다. 우리가 커널의 크기를 지정할 수 있고 커널의 크기는 홀수이어야 한다. 가우시안 스무딩은 영상에서 가우시안 잡음을 제거하는 데 매우 효과적이다. getGaussianKernel() 함수를 사용하여 사용자가 가우시안 커널을 만들 수도 있다.

```
void GaussianBlur(InputArray src, OutputArray dst, Size ksize, double
        sigmaX, double sigmaY=0, int borderType=BORDER_DEFAULT )
```

매개 변수	설명
src	입력 행렬
dst	출력 행렬
ksize	커널의 크기
sigmaX	x 방향의 가우시안 표준 편차
sigmaY	y 방향의 가우시안 표준 편차
borderType	경계선 처리 방법

Code 6.4

```
01  #include <opencv2/opencv.hpp>
02  using namespace cv;
03
04  int main()
05  {
06      Mat src = imread("d:/lenna.jpg", 1);
07      Mat dst;
08      imshow("src", src);
09
10      for (int i = 1; i<61; i = i + 2)
11      {
12          GaussianBlur(src, dst, Size(i, i), 0, 0);     가우시안 스무딩을
13          imshow("Gaussian filter", dst);               수행함
```

```
14          waitKey(1000);
15      }
16 }
```

실행결과

위의 프로그램에서는 1초에 한 번씩 가우시안 커널의 크기를 변경하여서 다시 스무딩을 수행한다. 커널의 크기가 증가할수록 영상이 많이 흐려지는 것을 알 수 있다.

참고

컬러 영상에서의 필터링

본문에서 설명은 모두 그레이스케일 영상을 사용하였다. 만약 입력 영상이 컬러라면 어떻게 될까? 컬러 영상은 한 화소가 R, G, B 3개의 값으로 이루어져 있고 이 3개의 값에 대하여 각각 블러링을 수행하면 된다. blur() 함수를 사용하면 OpenCV가 입력 영상의 타입을 보고 자동적으로 처리를 다르게 한다.

4

샤프닝

샤프닝^{sharpening}은 평균값 필터링과 반대이다. 평균값 필터링이 영상을 부드럽게 만드는 처리라면 샤프닝은 영상을 날카롭게 만드는 처리이다. 샤프닝은 어디에 사용될까? 영상을 선명하게 할 때 사용된다. 의료 분야나 군사 분야, 산업용 검사 분야에서 특히 중요하다. 일반적인 샤프닝 마스크는 중앙 위치에 9가 놓여지고 −1로 둘러싸여 있다. 이 마스크를 적용하면 중심 화소값과 인접 화소값의 차이를 더 크게 만든다.

−1	−1	−1
−1	9	−1
−1	−1	−1

샤프닝 마스크를 관찰해보자. 첫 번째로 마스크의 모든 계수들을 합하면 1이 된다는 것을 알 수 있다. 따라서 영상의 전체 밝기는 변경되지 않는다. 마스크를 살펴보면 중심 화소의 값과 인접 화소값의 차이를 계산하고 이를 전부 더해서 중심 화소값으로 만든다는 것을 알 수 있다. 따라서 중심 화소와 인접 화소가 상당히 다른 값을 가지고 있다면 중심 화소값이 커지게 된다. 예를 들어서 다음과 같이 화소의 값이 있다고 하면 샤프닝 후, 중심 화소의 값은 10에서 74가 된다.

2	2	2
2	10	2
2	2	2

✕

−1	−1	−1
−1	9	−1
−1	−1	−1

=

2	2	2
2	74	2
2	2	2

반면에 중심 화소값과 인접 화소값이 유사하다면 어떻게 될까? 만약 중심 화소의 값이 10이고 인접 화소들도 모두 10이라면 샤프닝을 수행하여도 중심 화소의 값은 10에서 변하지 않는다.

$$
\begin{bmatrix} 10 & 10 & 10 \\ 10 & 10 & 10 \\ 10 & 10 & 10 \end{bmatrix}
\times
\begin{bmatrix} -1 & -1 & -1 \\ -1 & 9 & -1 \\ -1 & -1 & -1 \end{bmatrix}
=
\begin{bmatrix} 10 & 10 & 10 \\ 10 & 10 & 0 \\ 10 & 10 & 10 \end{bmatrix}
$$

샤프닝 필터링은 영상 안의 고주파 성분을 강화하기 때문에, 출력 영상은 더 날카로운 영상이 된다. 샤프닝 필터링은 잘못된 초점에 의해 흐려진 세부사항을 더욱 잘 보이게 할 수 있다. 하지만 잡음도 증가되는 경향이 있다. 샤프닝도 OpenCV 함수인 filter2D()를 사용하여 구현할 수 있다.

Code 6.5

```cpp
#include <opencv2/opencv.hpp>
#include <iostream>

using namespace cv;
using namespace std;

int main() {
    Mat src = imread("D:/lenna.jpg", IMREAD_COLOR);
    if (src.empty()) return 1;

    Mat dst;
    float weights[9] = { -1, -1, -1, -1, 9, -1, -1, -1, -1 };        // 마스크 값

    Mat mask = Mat(3, 3, CV_32F, weights);

    filter2D(src, dst, -1, mask, Point(-1, -1), 0, BORDER_DEFAULT);   // 샤프닝 필터링을 수행한다.
    imshow("src", src);
    imshow("sharpen", dst);

    waitKey(0);
    return 0;
}
```

실행결과

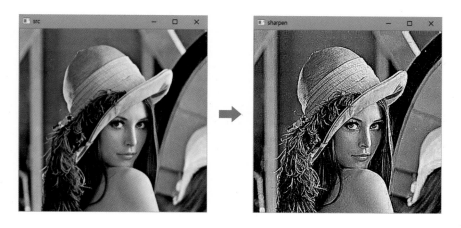

5

에지 검출

에지^{edge}는 영상에서 화소의 밝기가 급격하게 변하는 부분이다. 에지는 영상 안에서 상당한 밝기의 차이가 있는 곳이고 이것은 대개 물체의 윤곽선(경계선)에 해당한다. 따라서 에지를 검출할 수 있으면 물체의 윤곽선을 알 수 있다. 에지 검출은 영상 처리에서 가장 많이 연구된 분야라고 하여도 무방하다. 에지 검출은 오래전부터 활발히 연구된 분야이지만 모든 종류의 영상에 대하여 완벽하게 에지를 검출하는 방법은 아직은 없다. 하지만 "캐니 에지 검출" 방법처럼 상당한 수준으로 에지를 신뢰성 있게 검출하는 방법들이 존재한다. 각 에지 검출 방법은 나름대로의 장단점을 가지고 있다. 어떤 에지 검출법은 한 응용 분야에서는 잘 작동하지만 다른 응용에서는 동작하지 않는 경우도 있다.

에지 검출 방법

많은 에지 검출 방법이 있지만 크게 나누어 보면 1차 미분값을 이용한 방법, 2차 미분값을 이용한 방법, 그 밖의 방법으로 나눌 수 있다. 이들은 대부분 앞에서 논의되었던, 컨볼루션을 통하여 수행될 수 있다. 1차 미분을 이용한 에지 검출 방법에는 대표적인 것으로 차분^{difference} 필터, 소벨^{Sobel} 필터, 로버츠^{Roberts} 필터, 커쉬^{Kirsch} 필터, 로빈슨^{Robinson} 필터, 프레위트^{Prewitt} 필터 등을 들 수 있다. 이러한 에지 검출 연산은 모두 화소값의 기울기^{slope}를 기초로 한다. 영상 안에서 "기울기"라는 용어를 정의하기 위해서 [그림 6.3]에서처럼 각 화소의 밝기가 높이에 의해 표현된다고 생각해보라. 기울기란 아래 그림처럼 막대들이 기울어진 정도이다.

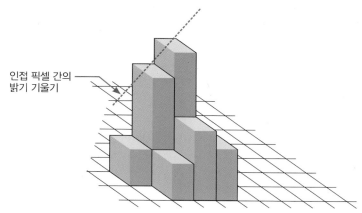

인접 픽셀 간의
밝기 기울기

[그림 6.3] **영상에서의 기울기 개념**

1차 미분을 이용한 에지 검출

에지가 있는 곳은 밝기가 급격하게 변하는 곳이다. 미분은 함수의 순간 변화율이기 때문에 에지에서는 미분값이 커지게 된다. 따라서 영상의 각 화소 위치에서 미분값을 계산하여서 미분값이 일정 수치 이상인 곳을 찍으면 아마도 그곳이 에지일 것이다. 우리는 1차 미분을 이용하여서 에지를 계산할 수 있는 것이다.

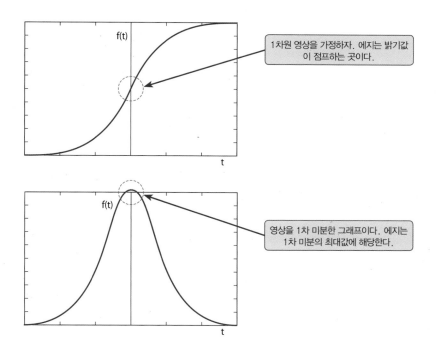

1차원 영상을 가정하자. 에지는 밝기값
이 점프하는 곳이다.

영상을 1차 미분한 그래프이다. 에지는
1차 미분의 최대값에 해당한다.

영상은 1차원이 아니고 2차원이기 때문에 어떤 위치에서의 미분값은 2개가 존재한다. 즉 x축 상의 미분값과 y축 상의 미분값이 존재한다. 수학에서는 이것을 **그라디언트** gradient 라고 한다. 그라디언트는 다음과 같이 벡터로 정의된다.

$$G[f(x,\, y)] = \begin{bmatrix} G_x \\ G_y \end{bmatrix} = \begin{bmatrix} \dfrac{\partial f}{\partial x} \\ \dfrac{\partial f}{\partial y} \end{bmatrix} \qquad \text{(식 6.2)}$$

여기서 G_x는 x축 상의 미분값이고 G_y는 y축 상의 미분값이다. 그라디언트는 스칼라가 아니고 벡터이기 때문에 크기와 방향이 존재하고 다음 식으로 계산할 수 있다.

$$G[f(x,\, y)] = \sqrt{G_x^2 + G_y^2} \qquad \alpha(x,\, y) = \tan^{-1}\left(\frac{G_y}{G_x}\right) \qquad \text{(식 6.3)}$$

자 이제 문제는 어떻게 G_x와 G_y를 계산할 것이냐이다. G_x와 G_y는 근본적으로 x 방향과 y 방향으로 화소값이 변화하는 정도(비율)이므로 밝기 변화를 검출할 수 있는 마스크를 사용하여서 컨볼루션하면 된다. 즉 컨볼루션을 이용하여 계산할 수 있다. 많이 사용되는 마스크들은 다음과 같다.

이름	G_x	G_y
Roberts	$\begin{bmatrix} 0 & 0 & -1 \\ 0 & 1 & 0 \\ 0 & 0 & 0 \end{bmatrix}$	$\begin{bmatrix} -1 & 0 & 0 \\ 0 & 1 & 0 \\ 0 & 0 & 0 \end{bmatrix}$
Prewitt	$\begin{bmatrix} 1 & 0 & -1 \\ 1 & 0 & -1 \\ 1 & 0 & -1 \end{bmatrix}$	$\begin{bmatrix} -1 & -1 & -1 \\ 0 & 0 & 0 \\ 1 & 1 & 1 \end{bmatrix}$
Sobel	$\begin{bmatrix} 1 & 0 & -1 \\ 2 & 0 & -2 \\ 1 & 0 & -1 \end{bmatrix}$	$\begin{bmatrix} -1 & -2 & -1 \\ 0 & 0 & 0 \\ 1 & 2 & 1 \end{bmatrix}$

위의 마스크들을 살펴보면 모두 인접 화소들의 차이를 계산한다는 것을 알 수 있다. 위의 연산자들 중 Sobel 연산자가 가장 많이 사용된다. 이 연산자는 마스크의 중심에 위치한 화소에 더 강조를 둔다. 반면 Prewitt 연산자는 중심에 가깝다고 해서 더 강조하지 않는다.

OpenCV에서는 `Sobel()` 함수를 사용하여서 에지를 검출할 수 있다.

```
01   #include <opencv2/opencv.hpp>
02   #include <iostream>
03
04   using namespace cv;
05   int main()
06   {
07       Mat src;
08       Mat grad;
09       int scale = 1;
10       int delta = 0;
11       src = imread("d:/lenna.jpg", IMREAD_GRAYSCALE);
12       if (src.empty()) { return -1; }
13
14       Mat grad_x, grad_y;
15       Mat abs_grad_x, abs_grad_y;
16
17       Sobel(src, grad_x, CV_16S, 1, 0, 3, scale, delta, BORDER_DEFAULT);
18       Sobel(src, grad_y, CV_16S, 0, 1, 3, scale, delta, BORDER_DEFAULT);
19
20       convertScaleAbs(grad_x, abs_grad_x);
21       convertScaleAbs(grad_y, abs_grad_y);
22       addWeighted(abs_grad_x, 0.5, abs_grad_y, 0.5, 0, grad);
23       imshow("Image", src);
24       imshow("Sobel", grad);
25       waitKey(0);
26       return 0;
27   }
```

> 소벨 마스크를 이용하여
> 에지를 계산한다.

실행결과

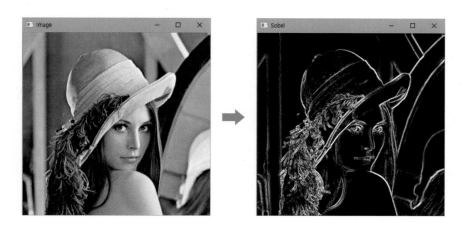

```
11  src = imread("d:/lenna.jpg", IMREAD_GRAYSCALE);
```

입력 영상을 읽어서 그레이스케일 영상으로 변환한다.

x 방향과 y 방향으로 미분값을 계산한다. 이것은 Sobel() 함수로 가능하다.

```
void Sobel(InputArray src, OutputArray dst, int ddepth, int dx, int dy,
        int ksize=3, double scale=1, double delta=0,
        int borderType=BORDER_DEFAULT)
```

매개 변수	설명
src	입력 영상(CV_8U)
dst	출력 영상
ddepth	출력 영상의 깊이. 오버플로우를 방지하기 위해 CV_16S로 하였다.
dx	X 방향으로 몇 차 미분값인지 표시한다.
dy	Y 방향으로 몇 차 미분값인지 표시한다.
ksize	마스크의 크기(디폴트값은 3이다)
scale, delta, BORDER_DEFAULT	기본값을 사용한다.

우리의 처리 결과를 CV_8U 형태로 변환한다. convertScaleAbs()은 절대값을 계산하여서 8비트 행렬로 변환한다.

```
void convertScaleAbs(InputArray src, OutputArray dst, double alpha=1,
        double beta=0)
```

매개 변수	설명
src	입력 행렬
dst	출력 행렬
alpha	곱해지는 값
beta	더해지는 값

x방향과 y방향의 그라디언트를 이용하여 그라디언트의 크기를 계산한다. addWeighted() 함수는 2개 행렬의 가중치 합을 계산하는 함수이다.

```
void addWeighted(InputArray src1, double alpha, InputArray src2,
        double beta, double gamma,   OutputArray dst, int dtype=-1)
```

매개 변수	설명
src1	첫 번째 입력 행렬
alpha	첫 번째 입력 행렬의 가중치
src2	두 번째 입력 행렬
beta	두 번째 입력 행렬의 가중치
dst	출력 행렬
gamma	합계에 더해지는 값

addWeighted() 함수는 dst = src1*alpha + src2*beta + gamma;을 계산한다. 이것은 그라디언트의 수학적인 정의와는 약간의 차이가 있는데 근사값만 계산하여도 되기 때문에 큰 문제는 없다.

$G[f(x, y)] = \sqrt{G_x^2 + G_y^2}$ 을 $G[f(x, y)] = 0.5 \times G_x + 0.5 \times G_y$로 근사하여 계산한다.

2차 미분 에지 연산자

앞에서 논의된 에지 검출 방법은 어떤 위치에서 그라디언트를 계산하여서 그 크기가 임계값을 넘으면 에지가 존재하는 것으로 간주하는 방식이다. 이 방법은 너무 많은 에지점을 생성한다는 단점이 있다. 더 개선된 방법은 그라디언트값이 국지적으로 최대인 점만을 에지로 인정하는 것이다. 어떻게 그라디언트값이 최대인 지점을 알 수 있을까? 다음 그림을 자세히 관찰해보자.

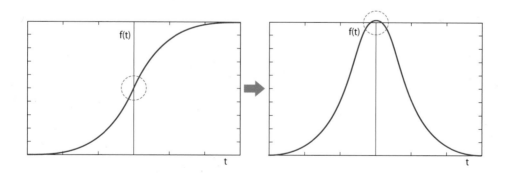

2차 미분을 취하면 어떻게 될까?

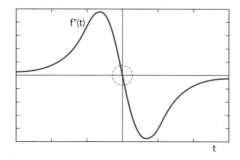

위의 그림을 관찰해보면 에지에서는 1차 미분값이 최대가 되고 2차 미분값에서는 0이 되는 것을 알 수 있다. 따라서 이 성질을 이용하여 에지를 찾을 수도 있다. 하지만 2차 미분값은 잡음에 약하기 때문에 2차 미분값 0은 의미 없는 위치에도 나타날 수 있다. 따라서 잡음을 제거하는 필터링이 필요하며 0이 되는 지점보다는 양에서 음으로, 음에서 양으로 변화하는 점, 즉 2차 미분값의 영점 통과 지점^{zero-crossing}을 찾으면 보다 신뢰성 있게 에지를 검출할 수 있다.

대표적인 2차 미분 에지 연산자는 라플라시안^{Laplacian} 이다. 라플라시안이란 유클리드 공간에서 함수 f에 대한 그라디언트의 발산으로 정의된다. 2차원 공간에서는 다음과 같은 수식으로 정의된다.

$$\nabla^2 f = \frac{\partial^2 f}{\partial x^2} + \frac{\partial^2 f}{\partial y^2}$$

그라디언트는 벡터이지만 라플라시안은 스칼라이다. 즉 방향이 없이 크기만 존재한다. 라플라시안은 다른 연산자와 달리 모든 방향의 에지를 찾는다. 일반적으로 라플라시안을 계산하는 마스크는 다음과 같다.

−1	−1	−1
−1	8	−1
−1	−1	−1

또는

0	−1	0
−1	4	−1
0	−1	0

라플라시안 연산자는 OpenCV에서 Laplacian() 함수로 구현된다. 라플라시안은 그라디언트를 사용하기 때문에 Sobel 연산자를 내부적으로 호출하여 계산을 수행한다.

Code 6.7

```
01  #include "opencv2/opencv.hpp"
02  using namespace cv;
03
04  int main()
05  {
06      Mat src, src_gray, dst;
07      int kernel_size = 3;
08      int scale = 1;
09      int delta = 0;
10      int ddepth = CV_16S;
11      src = imread("d:/lenna.jpg", IMREAD_GRAYSCALE);
12      if (src.empty()) { return -1; }
13
14      GaussianBlur(src, src, Size(3, 3), 0, 0, BORDER_DEFAULT);
15      Mat abs_dst;
16      Laplacian(src, dst, ddepth, kernel_size, scale, delta, BORDER_DEFAULT);
```

라플라시안 연산을 수행한다.

```
17        convertScaleAbs(dst, abs_dst);
18
19        imshow("Image", src);
20        imshow("Laplacian", abs_dst);
21        waitKey(0);
22        return 0;
23    }
```

실행결과

코드설명

14 GaussianBlur(src, src, Size(3, 3), 0, 0, BORDER_DEFAULT);

위의 문장을 적용하여 잡음을 제거한다.

16 Laplacian(src, dst, ddepth, kernel_size, scale, delta, BORDER_DEFAULT);

그레이스케일 영상에 라플라시안 연산자를 적용한다.

매개 변수	설명
src	입력 영상
dst	출력 영상
ddepth	출력 영상의 깊이. 오버플로우를 방지하기 위해 CV_16S로 설정
kernel_size	Sobel 연산자의 윈도우 크기. 우리는 3을 사용한다.

17 convertScaleAbs(dst, abs_dst);

라플라시안 연산자의 출력의 절대값을 취하여 CV_8U 영상으로 변환한다.

6

캐니 에지 연산자

이 장에서는 캐니 에지 검출의 개념과 OpenCV 함수인 Canny()를 살펴보자. 캐니 에지 검출은 널리 사용되고 상당히 신뢰성 있는 에지 검출 알고리즘이다. 이것은 미국의 컴퓨터 과학자 존 캐니 John F. Canny 에 의해 개발되었다. 캐니 알고리즘은 다단계 알고리즘이며 다음과 같은 단계를 거치게 된다.

Step #1 잡음 억제

에지 검출은 영상의 잡음에 영향 받기 쉽기 때문에 에지를 검출하기 전에 다음과 같은 5 × 5 가우시안 스무딩 필터를 사용하여 영상의 잡음을 제거한다.

$$K = \frac{1}{159} \begin{bmatrix} 2 & 4 & 5 & 4 & 2 \\ 4 & 9 & 12 & 9 & 4 \\ 5 & 12 & 15 & 12 & 5 \\ 4 & 9 & 12 & 9 & 4 \\ 2 & 4 & 5 & 4 & 2 \end{bmatrix}$$

Step #2 그라디언트 계산하기

Sobel 마스크로 수평 및 수직 방향의 1차 미분값을 얻는다.

$$G_x = \begin{bmatrix} -1 & 0 & +1 \\ -2 & 0 & +2 \\ -1 & 0 & +1 \end{bmatrix} \quad G_y = \begin{bmatrix} -1 & -2 & -1 \\ 0 & 0 & 0 \\ +1 & +2 & +1 \end{bmatrix}$$

$$G = \sqrt{G_x^2 + G_y^2} \quad \theta = \arctan\left(\frac{G_y}{G_x}\right)$$

이들 영상으로부터 각 화소에 대한 그라디언트 크기 및 방향을 구할 수 있다. 그라디언트 방향은 항상 에지에 수직이다. 그라디언트 방향은 수직, 수평, 대각선 방향을 나타내는 4개의 각도 중 하나로 반올림된다. 즉 0, 45, 90, 135 중의 하나로 된다.

Step #3 비최대 억제

그라디언트의 크기와 방향을 얻은 후 불필요한 에지를 제거하기 위해 그라디언트의 값이 그라디언트 방향의 인접 화소 중에서 최대값인지를 확인한다. 최대값만 남기고 나머지는 제거한다.

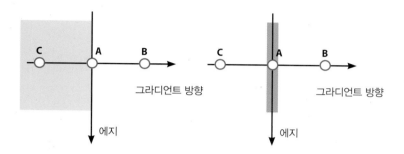

그라디언트 방향은 에지에 수직이기 때문에 점 A는 에지라고 볼 수 있다. 점 B와 C도 그라디언트 방향이다. 그래서 점 A는 점 B와 점 C와 함께 검사되어 극대점을 형성하는지 확인한다. 극대점 A만 남기고 나머지 B와 C는 0으로 설정한다. 이 단계가 종료되면 "얇은 에지"를 얻을 수 있다.

Step #4 히스테리시스

이 단계에서는 모든 에지 후보들이 실제 에지인지 아닌지를 결정한다. 이를 위해 두 개의 임계값인 minVal과 maxVal이 필요하다. 그라디언트의 크기가 maxVal보다 큰 에지 후보는 확실한 에지라고 간주된다. 그라디언트의 크기가 minVal보다 작은 에지 후보는 에지가 아니므로 제거되어야 한다. 이 두 임계값 사이에 있는 에지 후보들은 연결성에 따라 에지 또는 비 에지로 분류된다. 화소가 "확실한" 에지에 연결되면 에지의 일부로 간주된다. 그렇지 않으면 에지 후보는 삭제된다.

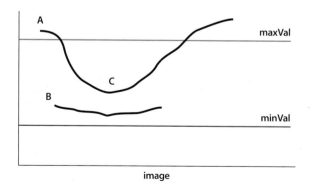

에지 후보 A는 maxVal보다 높으므로 "확실한 에지"로 간주된다. 에지 후보 C는 maxVal보다 낮지만 에지 A에 연결되어 있으므로 유효 에지로 간주되어 전체 에지 곡선이 얻어진다. 에지 B는

minVal보다 크고 에지 C와 동일한 영역에 있지만 어떤 "확실한 에지"에도 연결되어 있지 않으므로 삭제된다. 따라서 올바른 결과를 얻으려면 minVal 및 maxVal을 적절하게 설정하는 것이 중요하다. 캐니는 minVal와 maxVal의 비율을 2:1에서 3:1사이로 해야 한다고 논문에서 주장한다.

OpenCV에서의 캐니 에지 검출

OpenCV는 함수 Canny()를 제공한다. 다음은 Canny() 함수에 대한 설명이다.

```
Canny(src_image, detected_edges, lowThreshold, highThreshold,
    kernel_size );
```

매개 변수	설명
src_image	입력 영상
detected_edges	출력 영상(입력 영상과 같을 수 있음)
lowThreshold	하위 임계값
highThreshold	상위 임계값
kernel_size	3(내부적으로 사용되는 Sobel 마스크의 크기)으로 정의한다.

위의 함수를 이용하여 에지를 계산하는 프로그램을 작성하면 다음과 같다.

Code 6.8

```
01  #include "opencv2/opencv.hpp"
02  using namespace cv;
03
04  Mat src, src_gray;
05  Mat dst, detected_edges;
06  int edgeThresh = 1;
07  int lowThreshold;
08  int const max_lowThreshold = 100;
09  int ratio = 3;
10  int kernel_size = 3;
11
12  static void CannyThreshold(int, void*)
13  {
14      blur(src, detected_edges, Size(3, 3));
15      Canny(detected_edges, detected_edges, lowThreshold, lowThreshold*ratio,
                                                kernel_size);
16      dst = Scalar::all(0);
17      src.copyTo(dst, detected_edges);
18      imshow("Image", src);
19      imshow("Canny", dst);
20  }
21  int main()
22  {
```

```
23    src = imread("d:/lenna.jpg", IMREAD_GRAYSCALE);
24    if (src.empty()) { return -1; }
25    dst.create(src.size(), src.type());
26    namedWindow("Canny", CV_WINDOW_AUTOSIZE);
27    createTrackbar("Min Threshold:", "Canny", &lowThreshold,
                                       max_lowThreshold, CannyThreshold);
28    CannyThreshold(0, 0);
29    waitKey(0);
30    return 0;
31  }
```

실행결과

위의 코드에서는 트랙바를 이용하여 캐니의 lowThreashold 값을 입력할 수 있게 하였다. 트랙바를 변경하면 에지 검출 결과가 어떻게 변경되는지 살펴보자.

7

중간값 필터링

화소값들의 가중합으로 계산할 수 없는 또 다른 공간 필터가 있는데, 이들을 비선형 공간 필터라 한다. 비선형 공간 필터의 한 예로, 중간값^{median} 필터를 살펴보자. 중간값이란 데이터를 크기 순으로 정렬시켜 중앙 위치에 오는 값이다. 중간값 필터는 영상으로부터 충격 잡음을 제거하는 데 적당하다. 충격 잡음은 주로 통신 선로의 문제로 발생한다. 스파이크 형태의 잡음은 화소들을 정렬했을 때 맨 끝에 위치하기 때문에, 중심 화소값을 인접 화소들의 중간값으로 대체하면 없어진다. [그림 6.4]는 중간값 필터의 동작을 나타낸다.

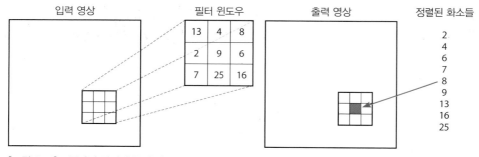

[그림 6.4] **중간값 필터의 동작 설명**

영상의 잡음을 제거하는 필터로는 앞에서 학습한 스무딩 필터가 있다. 여기서 스무딩 필터와 중간값 필터를 서로 비교해보자. 다음 그림에서 입력 영상의 중앙 부위에 화소값이 3에서 7로 변화하는 에지가 있고 잡음 때문에 왼쪽에서 한 화소가 3이 6으로, 오른쪽에서 한 화소가 7이 4로 변화하였다. 입력 영상의 중간 줄에 대해서만 스무딩 필터와 중간값 필터의 결과를 다음 그림에서 나타내었다. 스무딩 필터에서는 에지가 흐려지는 단점이 나타났지만, 중간값 필터링에서는 이런 단점 없이 잡음이 제거되는 것을 알 수 있다.

	-3	3	3	3	3	7	7	7	7	7
	-3	3	3	6	3	7	7	4	7	7
	-3	3	3	3	3	7	7	7	7	7

입력 영상

	-3	3	3	3	3	7	7	7	7	7
	-3	3	3	3.3	4.7	5.7	6.7	6.7	6.7	7
	-3	3	3	3	3	7	7	7	7	7

스무딩 필터링 후의 영상(에지가 망가진다)

	-3	3	3	3	3	7	7	7	7	7
	-3	3	3	3	3	7	7	7	7	7
	-3	3	3	3	3	7	7	7	7	7

중간값 필터링 후의 영상(에지가 보존된다)

소금-후추 잡음 만들기

소금-후추 잡음 salt and pepper 이란 통신 선로의 문제로 특정 화소가 0 또는 255로 바뀌는 잡음이다. 마치 사진 위에 소금과 후추를 뿌려놓은 것 같다고 하여 이런 이름이 붙게 되었다. OpenCV에서 이 잡음을 생성하는 적절한 함수가 없다. 따라서 우리가 간단히 만들어보자.

```
Mat noise_img = Mat::zeros(src.rows, src.cols, CV_8U);
randu(noise_img, 0, 255);

Mat black_img = noise_img < 10;
Mat white_img = noise_img > 245;

Mat src1 = src.clone();
src1.setTo(255, white_img);
src1.setTo(0, black_img);
```

위의 코드는 입력 영상과 동일한 크기의 영상 noise_img를 생성한다. 영상 noise_img의 모든 화소값을 0에서 255 사이의 난수로 채운다. noise_img 영상의 화소값이 10보다 작으면 1이 되는 black_img 영상과 noise_img 영상의 화소값이 245를 넘으면 1이 되는 white_img 영상을 만든다. 이어서 입력 영상의 복사본 src1을 생성하고 여기에 white_img 영상의 화소값이 1이면 복사본의 화소값을 255로 만든다. black_img 영상의 화소값이 1이면 복사본의 화소값을 0 만든다. 즉 src1 영상에 소금-후추 잡음을 추가하는 것이다. 이때 setTo() 함수를 사용한다.

```
Mat::setTo(InputArray value, InputArray mask=noArray() )
```

매개 변수	설명
value	영상으로 할당되는 값
mask	마스크 영상, 마스크 영상의 값이 1이면 value가 영상에 저장된다.

OpenCV에서의 중간값 필터링

OpenCV에서는 medianBlur() 함수가 중간값 필터링을 지원한다. 전체 소스는 다음과 같다.

Code 6.9

```
01  #include "opencv2/opencv.hpp"
02  using namespace std;
03  using namespace cv;
04
05  int main()
06  {
07      Mat src = imread("d:/city1.jpg", IMREAD_GRAYSCALE);
08      if (src.empty()) { return -1; }
09      Mat dst;
10
11      Mat noise_img = Mat::zeros(src.rows, src.cols, CV_8U);
12      randu(noise_img, 0, 255);
13
14      Mat black_img = noise_img < 10;
15      Mat white_img = noise_img > 245;
16
17      Mat src1 = src.clone();
18      src1.setTo(255, white_img);
19      src1.setTo(0, black_img);
20      medianBlur(src1, dst, 5);        중간값 필터링을
21      imshow("source", src1);          수행한다.
22      imshow("result", dst);
23
24      waitKey(0);
25      return 0;
26  }
```

실행결과

medianBlur() 함수의 문법은 다음과 같다.

```
void medianBlur(InputArray src, OutputArray dst, int ksize);
```

매개 변수	설명
src	입력 영상으로서 1, 3, 4 채널이 가능하다. 영상 깊이는 CV_8U, CV_16U or CV_32F가 가능하다.
dst	출력 영상
ksize	윈도우의 크기. 홀수만 가능하다(예를 들어 3, 5, 7…)

Summary

▶ 컨볼루션^{convolution}이란 마스크의 값과 입력 영상의 화소값을 대응되게 곱하여 더하는 연산이다.

▶ 영상을 의도적으로 흐리게 하는 것을 블러링이라고 한다. 블러링은 인접 화소들의 평균값으로 중심화소
값을 바꾸면 된다.

▶ 가우시안 블러링은 정규분포를 가지는 마스크를 이용하여 블러링을 수행한다.

▶ 샤프닝은 중심 화소와 인접 화소의 차이를 크게 만드는 영상 처리이다. 샤프닝을 거치면 영상이 선명하고
날카로워진다.

▶ 에지는 화소값이 급격하게 변화하는 부분이다. 에지는 일반적으로 물체의 경계선에 해당되기 때문에 중
요하게 취급된다. 컨볼루션을 통하여 에지를 계산할 수 있다. 에지를 계산하는 마스크에는 소벨^{Sobel}, 프
레윗^{Prewitt}, 로버츠^{Roberts} 등이 있다. 이 중에서도 가장 많이 사용되는 것은 소벨 마스크이다.

▶ 에지를 2차 미분하면 음수에서 0을 거쳐서 양수로 가게 된다. 영상을 2차 미분한 후에 영점 통과점을 찾
으면 에지를 검출할 수 있다. 대표적으로 라플라시안^{Laplacian}을 사용한 방법이 있다.

▶ 케니 에지 검출 방법은 존 캐니$^{John\ F.\ Canny}$에 의하여 개발된 방법으로 상당히 정교한 방법으로 여러 단계
를 거친다. 첫 번째 단계는 잡음을 제거하기 위한 블러링이고 두 번째는 소벨 마스크로 그라디언트를 계
산한다. 세 번째 단계는 비최대값을 억제하는 단계이다. 네 번째 단계는 히스테리시스를 이용하여 에지를
결정하는 단계이다.

▶ 중간값 필터링은 비선형 공간 필터링의 한 방법으로 중심 화소값을 인접 화소값들의 중앙값으로 교체하
는 방법이다. 소금-후추 잡음을 효과적으로 제거한다.

01 아래 그림을 사용하여 컨볼루션을 설명해보자.

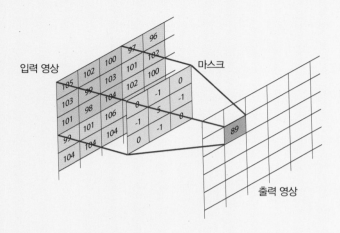

02 다음과 같은 영상에 3 × 3 평균값 필터링을 적용시켜 보자. 가장 자리는 0으로 패딩되어 있다고 가정한다.

1	2	4	5
5	2	5	2
1	1	3	6
2	4	6	7

× 1/9

1	1	1
1	1	1
1	1	1

= ?

03 다음과 같은 영상에 3 × 3 가우시안 마스크를 적용시켜 보자. 가장자리는 0으로 패딩되어 있다고 가정한다.

1	2	4	5
5	2	5	2
1	1	3	6
2	4	6	7

× 1/16

1	2	1
2	4	2
1	2	1

= ?

04 다음과 같은 영상에 3 × 3 라플라시안 마스크를 적용시켜 보자. 가장자리는 동일한 값으로 복사되어 있다고 가정한다.

1	2	4	5
5	2	5	2
1	1	3	6
2	4	6	7

× 1/16

0	1	0
1	−4	1
0	1	0

= ?

05 1차 미분을 이용하여 에지를 계산하는 방법에는 어떤 것들이 있는가?

06 2차 미분을 이용하여 에지를 계산하는 방법에는 어떤 것들이 있는가?

07 블러링과 중간값 필터링은 어떻게 다른가?

08 캐니의 에지 검출 알고리즘에 대하여 기술하라.

09 다음의 영상에 Sobel, Roberts, Prewitt 연산자를 적용하라. 영상의 가장자리는 복사된다고 가정한다. 그 결과를 그려라.

1	1	1	10	10
1	1	6	8	8
1	2	9	30	9
1	1	8	9	8
1	1	1	9	10

10 9번 문제의 영상에 중간값 필터링(필터 크기 3 × 3)을 적용하라. 그 결과를 그려라.

11 잡음이 있는 영상에 대하여 여러 가지 크기의 평균값 필터링과 가우시안 필터링을 적용하고 그 결과를 비교하라. 어떤 필터링이 잡음에 대하여 더 효과적인가?

12 평균값 필터링과 가우시안 필터링의 수행 시간을 비교해보자.

13 에지 검출을 하기 전에 평균값 필터링을 하는 경우와 하지 않는 경우를 비교해보자. 어떤 차이가 있는가?

14 3 × 3 평균값 필터링과 5 × 5 평균값 필터링의 결과를 비교해보자.

15 동일한 영상에 3 × 3 평균값 필터링을 여러 번 적용하면 어떤 결과가 얻어지는가?

16 평균값 필터링과 중간값 필터링을 수행시간 면에서 비교해보자. 어떤 필터링이 더 빠른가?

17 여러 가지 크기의 중간값 필터를 사용하여 동일한 영상을 처리해보자. 어떤 차이가 있는가?

18 동일한 영상에 대하여 소벨(Sobel) 에지 검출 방법과 로버츠(Roberts) 에지 검출 방법을 비교해보자.

19 케니 연산자의 매개 변수를 조절하면서 입력 영상에 대하여 에지를 검출해보자. 어떤 값에서 잡음은 최대로 억제하면서 에지를 검출할 수 있는가?

20 에지 검출 결과를 이진화하여서 에지 검출기의 성능을 평가해보자. threshold() 함수를 사용한다.

21 모션 블러링motion blurring은 영상이 움직이는 것처럼 보이기 위하여 수평 방향만 블러링을 수행하는 것이다. 영상에 대하여 모션 블러링을 수행하는 프로그램을 작성하라.

Input image

motion blurred image

DIGITAL IMAGE PROCESSING Using OpenCV

기하학적 처리

단원 목표

• 기하학적 변환의 개념을 이해한다.

• 순방향 변환과 역방향 변환의 차이점을 이해한다.

• 3가지의 기본 변환(평행이동, 크기변환, 회전)을 이해한다.

• 보간법이 무엇이고 기하학적 변환에서 왜 필요한지를 이해한다.

• 어파인 변환을 OpenCV로 수행할 수 있다.

• 영상 워핑을 OpenCV로 수행할 수 있다.

이번 장에서는 다음과 같은 프로그램을 작성해본다.

(1) 입력 영상을 변형해보자.

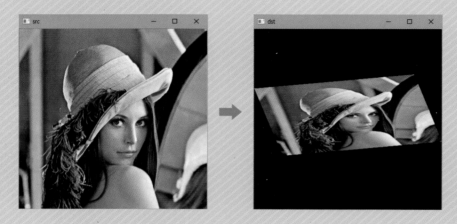

(2) 변형된 영상을 바로잡아보자.

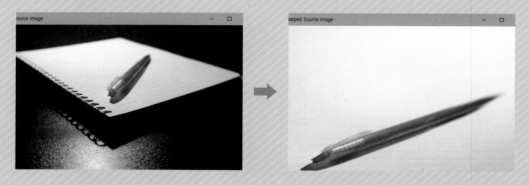

기하학적 변환이란?

기하학적 변환 geometric transformation 은 영상을 이동하거나 영상의 모양을 변형하는 처리이다. 기하학적 변환 연산은 크게 2가지로 나눌 수 있다. 첫째로, 어파인 변환 affine transformation 이 있다. 어파인 변환은 (행렬의 곱셈 + 덧셈 형태)로 표현되는 변환을 의미한다. 어파인 변환의 예로는 평행이동, 회전, 크기변환, 반사, 밀림 변환 shearx 등을 들 수 있다. 둘째로, "굴곡 warping 변환"이라 불리는 비선형 기하학적 연산이 있다. 굴곡 변환은 영상에 비선형적인 왜곡을 가져오는 변환이다.

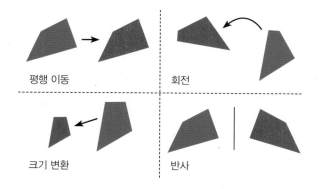

| 평행 이동 | 회전 |
| 크기 변환 | 반사 |

다음의 3가지가 가장 기본적인 기하학적 변환이다.

▶ 평행이동 translation : 영상을 평행 이동한다.
▶ 크기변환 scaling : 영상의 크기를 변경한다.
▶ 회전 rotation : 영상을 회전시킨다.

왜 우리는 영상을 기하학적으로 변환하는 것일까? 기하학적 변환은 관측과 렌즈의 이상에 의해 발생하는 다양한 기하학적 왜곡을 없애는 데 사용되기도 하고, 서로 다른 센서로부터 얻은 영상들을 일치시키는 데 사용되기도 하고, 모핑처럼 영화에서 특수효과를 위하여 사용되기도 한다.

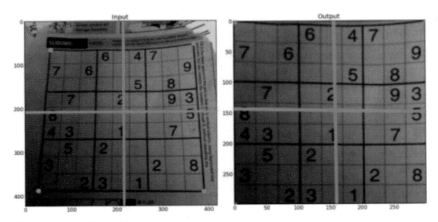

출처: OpenCV 튜토리얼

기하학적인 변환에는 2가지의 절차가 필요하다. 첫 번째 절차는 입력 영상의 화소가 출력 영상에서 어디로 가느냐를 계산하는 절차이다. 덧셈이나 곱셈, 싸인함수와 코싸인 함수를 이용하면 어렵지 않게 계산이 가능하다. 두 번째 절차는 소수점 위치에 놓인 화소의 값을 주위 화소들을 이용하여 추정하는 절차이다. 화소의 위치를 계산하다 보면 정수가 아닌 소수점 위치가 나올 수 있기 때문이다. 이것을 보간법^{interpolation} 이라고 한다.

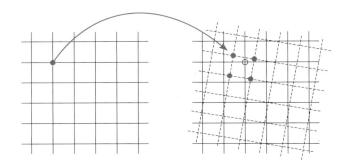

우선 우리에게 필요한 것은 화소들을 어떻게 이동하느냐이다. 만약 여러분이 컴퓨터 그래픽스에서 기하학적 변환을 학습하였다면 이번 장은 아주 쉽게 이해할 수 있을 것이다. 컴퓨터 그래픽스에서 점들을 이동시키는 것이나 영상에서 화소를 이동시키는 것은 근본적으로 동일하다.

순방향 변환

기하학적 변환은 수학적으로 입력 영상에서 (x, y) 위치에 있는 화소가 출력 영상 안의 새로운 좌표 (x', y')로 재배치되는 것으로 정의된다. 다음은 기하학적 변환의 일반식이다.

$$I(x, y) \quad \rightarrow \quad O(x', y')$$

여기서 (x', y')는, 좌표 (x, y)에 위치해 있던 화소가 이동한 위치의 좌표이다. 모든 입력 화소는 이러한 변환을 통하여 처리된다. 기하학적 연산은 입력 화소 좌표 (x, y)에서 새로운 출력 좌표 (x', y')를 정의하는 좌표 변환 방정식에 의하여 정의된다. 입력 영상으로부터 출력 영상으로의 변환 처리를 순방향 사상 forward mapping 이라 부른다.

평행 이동

평행 이동은 영상을 상하좌우로 이동시키는 변환이다. 평행 이동에 관한 좌표 변환 방정식은 다음과 같다. T_x, T_y는 x와 y 방향에서의 이동량을 정의한다.

$$x' = x + T_x$$
$$y' = y + T_y$$

크기 변환

크기 변환은 영상의 크기를 변경하는 변환이다. 크기 변환에 관한 좌표 변환 방정식은 다음과 같다. S_x, S_y는 각각 x와 y 방향의 신축량을 정의한다.

$$x' = x \cdot S_x$$
$$y' = y \cdot S_y$$

회전

회전은 원점을 중심으로 하는 회전이다. 회전에 관한 좌표 변환 방정식은 다음과 같다.

$$x' = x \cdot \cos\theta - y \cdot \sin\theta$$
$$y' = x \cdot \sin\theta + y \cdot \cos\theta$$

OpenCV에는 평행이동, 크기변환, 회전을 수행하는 함수를 제공한다. 하지만 기하학적인 변환의 원리를 이해하기 위하여 간단한 변환은 at() 함수를 사용해 직접 작성해보자. 물론 기하학적 변환을 지원하는 OpenCV 함수들은 차후에 소개할 것이다.

예제 7.1

순방향 변환법의 간단한 예로 영상을 2배 확대하는 코드를 작성해보자. OpenCV에서 영상을 확대하거나 축소하는 함수가 제공되지만 여기서는 순방향 변환법의 문제점을 이해하기 위하여 직접 화소의 값에 접근하여서 2배 확대하였다.

Code 7.1

```
01  #in clude "opencv 2/opencv.hpp"
02  #include <iostream>
03
04  using namespace cv;
05  using namespace std;
06
07  int main()
08  {
09      Mat src = imread("d:/lenna.jpg", IMREAD_GRAYSCALE);
10      Mat dst = Mat::zeros(Size(src.cols*2, src.rows*2), src.type());
11
12      for (int y = 0; y < src.rows; y++) {
13          for (int x = 0; x < src.cols; x++) {
14              const int newX = x * 2;
15              const int newY = y * 2;
16              dst.at<uchar>(newY, newX) = src.at<uchar>(y, x);
17          }
18      }
19      imshow("Image", src);
20      imshow("Scaled", dst);
21      waitKey(0);
22      return 1;
23  }
```

(x, y) 화소를 (newX, newY)로 이동한다.

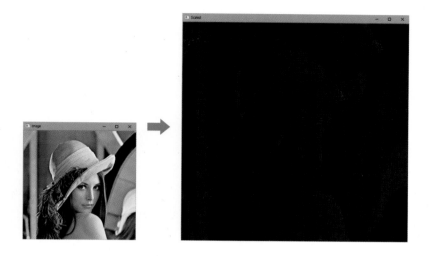

위의 코드를 보면 입력 영상의 2배가 되는 출력 영상을 만들고 입력 영상의 화소들을 하나씩 출력
영상으로 이동하였다. 확대된 영상을 보면 중간 중간에 값이 없는 화소가 많이 있음을 알 수 있다.
왜 그럴까? 입력 영상의 각 화소는 화소 단위로 출력 영상의 새로운 위치로 변환된다. $S_x = 2.0$과
$S_y = 2.0$의 신축 인수를 가진 순방향 사상 방정식을 사용하면, 우리는 다음과 같은 변환 방정식을
얻게 된다.

$$x' = x \cdot 2.0$$
$$y' = y \cdot 2.0$$

입력 영상의 모든 화소에게 위의 방정식을 적용함으로써, 우리는 원래 크기의 2배가 되는 출력 영
상을 생성해낼 수 있다. 예를 들어서 (126, 68)에 있는 화소는 출력 영상의 (252, 136) 좌표로 이동
할 것이다.

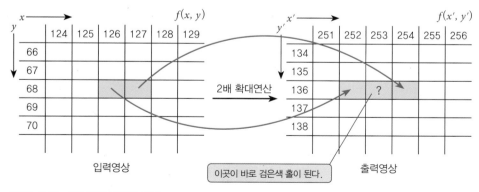

[그림 7.1] **2배 확대 연산의 경우**

(127, 68)에 있는 화소는 출력 영상의 (254, 136) 좌표로 이동할 것이다. 출력 영상 안의 화소 (253, 136)에는 어떤 일이 발생할까? 여기로는 어떤 입력 화소도 사상되지 않는다. 따라서 출력 영상에는 곳곳에 이러한 검은색 홀^{hole}이 생기게 된다. 이러한 검은색 홀은 좋지 못한 출력 영상을 생성한다. 어떻게 해결하면 좋을까?

LAB 평행 이동시키기

앞에서는 크기 변환만을 구현해보았다. 입력 영상을 x 방향으로 20, y 방향으로 60만큼 평행 이동시키는 코드를 작성해보자. 결과 영상에서 검은색 부분이 나타내는 것은 어쩔 수 없다.

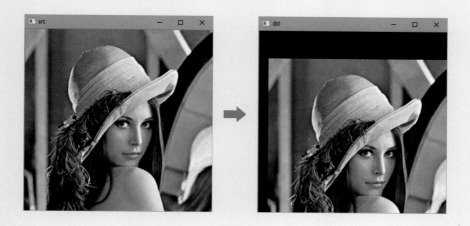

Code 7.2

```
01  #include "opencv2/opencv.hpp"
02  #include <iostream>
03  using namespace cv;
04  using namespace std;
05
06  int main()
07  {
08      Mat src = imread("d:/lenna.jpg", IMREAD_GRAYSCALE);
09      Mat dst = Mat::zeros(Size(src.cols, src.rows), src.type());
10
11      for (int y = 0; y < src.rows; y++) {
12          for (int x = 0; x < src.cols; x++) {
13              const int newX = x + 20;
14              const int newY = y + 60;
15              if(newX > 0 && newY > 0 && newX < src.cols && newY < src.rows)
16                  dst.at<uchar>(newY, newX) = src.at<uchar>(y, x);
17          }
18      }
19      imshow("src", src);
20      imshow("dst", dst);
21      waitKey(0);
22      return 1;
23  }
```

도전문제

1. 평행 이동시키는 거리를 사용자로부터 입력받도록 코드를 수정해보자.

2. 컬러 영상도 평행 이동하도록 코드를 수정해보자.

3. 회전 변환도 at() 함수를 사용하여 직접 구현해보자.

역방향 사상

앞에서 살펴본 바와 같이 순방향 사상을 하게 되면 검은색 홀이 생성될 수 있다. 역방향 사상 reverse mapping 을 사용하면 검은색 홀의 생성을 피할 수 있다. 순방향 사상에서는 입력 화소를 스캔하면서 대응되는 출력 화소를 찾았었다. 역방향 사상에서는 출력 영상의 각 화소를 스캔하면서 여기에 대응되는 입력 영상의 화소를 찾는다. 즉 방향이 반대가 된다.

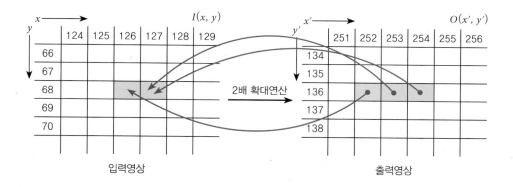

출력 영상의 화소에 대응되는 입력 영상의 화소를 찾아서 채워나가면, 출력 영상에 채워지지 않은 화소가 존재할 수 없다. 역방향 사상의 일반적인 식은 다음과 같다.

$$O(x, y) \leftarrow I(x', y')$$

예를 들어서 입력 영상을 2배로 확대하는 크기 변환에서 역방향 사상의 식은 다음과 같을 것이다.

$$x = x'/S_x$$
$$y = y'/S_y$$

이번에도 OpenCV를 사용하지 말고 우리가 직접 화소의 값에 접근하여서 역방향 사상을 구현해 보자.

```
01  #include "opencv2/opencv.hpp"
02  #include <iostream>
03  using namespace cv;
04  using namespace std;
05
06  int main()
07  {
08      Mat src = imread("d:/lenna.jpg", IMREAD_GRAYSCALE);
09      Mat dst = Mat::zeros(Size(src.cols*2, src.rows*2), src.type());
10
11      for (int y = 0; y < dst.rows ; y++) {
12          for (int x = 0; x < dst.cols; x++) {
13              const int newX = x / 2.0;
14              const int newY = y / 2.0;
15              dst.at<uchar>(y, x) = src.at<uchar>(newY, newX);
16          }
17      }
18      imshow("Image", src);
19      imshow("Scaled", dst);
20      waitKey(0);
21      return 1;
22  }
```

출력 영상의
화소들을 스캔한다.

실행결과

앞 절의 순방향 사상과 비교해보면 출력 영상에서 검은색 홀이 없어졌음을 쉽게 알 수 있다.
OpenCV는 기본적으로 역방향 사상을 사용한다. 따라서 OpenCV 함수들을 사용할 때는 역방
향 사상에 신경쓰지 않아도 된다.

4

보간법

우리는 앞에서 역방향 사상을 사용하여 출력 화소에 대응되는 입력 화소를 찾았다. 그런데 문제는 계산된 위치가 정수가 아니라 실수라는 것이다. 앞의 3절에서 단순히 실수의 소수점 부분을 없애서 정수로 만들었지만 이렇게 하는 것이 최선일까?

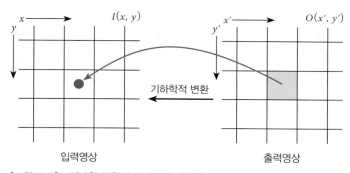

[그림 7.2] **역방향 변환에서 좌표가 정수가 아닌 경우**

가급적이면 주위의 화소들을 모두 사용하여 정확하게 값을 추정하는 것이 좋을 것이다. 변환된 좌표가 정수 좌표로 직접 대응되지 못할 때는 보간법^{interpolation}을 사용하는 것이 좋다. 보간법은 우리가 이미 알고 있는 데이터값들을 이용하여 우리가 모르는 값을 추정하는 수학적인 방법이다. 영상 처리에서의 보간법은 정수 좌표 사이에 존재하는 실수 좌표에 있는 화소의 밝기를 체계적인 방법을 사용하여 추정하는 것이다. 많은 방법들이 있지만 양선형 보간법이 가장 많이 사용된다. 물론 OpenCV 함수에서는 내부적으로 보간법을 사용한다.

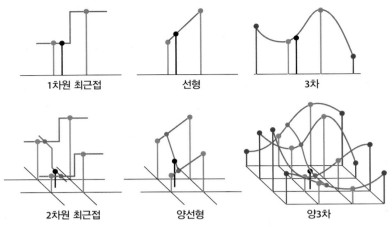

By Cmglee - Own work, CC BY-SA 4.0, https://commons.wikimedia.org/w/index.
php?curid=53064904

최근접 보간법

최근접 보간법$^{\text{Nearest Neighbor Interpolation}}$은 가장 간단한 보간법이다. 변환된 위치와 가장 가까운 화소값을 사용하는 방법이다. 최근접 이웃 보간법은 실수 좌표에다 0.5를 더한 후에 실수값을 정수값으로 만듦으로써 간단히 구현할 수 있다. 계산 과정은 간단하지만 여러 가지 단점이 발생한다.

$$x_{nn} = (int)(x_{float} + 0.5)$$

$$y_{nn} = (int)(y_{float} + 0.5)$$

양선형 보간법

우리가 이미 알고 있는 4개의 인접 화소의 값을 이용한다. 양선형 보간법은 비례식을 이용하여 중간에 놓인 화소의 값을 추정하는 방법이다. 인접 화소들은 얼마나 가까운지에 따라 가중치가 결정된다. 양선형 보간법을 이해하기 위하여 먼저 선형 보간법$^{\text{linear interpolation}}$을 잠시 살펴보자. 선형 보간법은 비례식을 이용하여 직선상에 놓인 점의 값을 유추하는 방법이다.

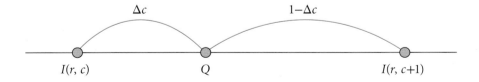

위의 그림에서 점 Q가 $I(r, c)$ 화소와 $I(r, c + 1)$ 화소 사이에 있다고 하자. 선형 비례식을 세워서 점 Q의 값을 유추해보면 다음과 같을 것이다.

$$Q = I(r, c) \times (1 - \Delta c) + I(r, c + 1) \times \Delta c$$

Δc가 0.5면 Q는 $I(r, c) \times 0.5 + I(r, c + 1) \times 0.5$로 계산될 것이다. 이것이 선형 보간법이다. 이것을 2차원 공간으로 확장한 것이 양선형 보간법$^{bilinear\ interpolation}$이다. 아래의 그림을 살펴보자.

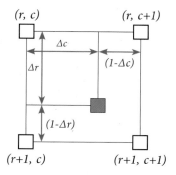

중간에 위치한 화소의 값은 다음과 같은 식으로 계산이 가능하다.

$$
\begin{aligned}
O(r', c') = \ &\mathbf{I}(r, c) \cdot (1 - \Delta r) \cdot (1 - \Delta c) \\
&+ \mathbf{I}(r + 1, c) \cdot \Delta r \cdot (1 - \Delta c) \\
&+ \mathbf{I}(r, c + 1) \cdot (1 - \Delta r) \cdot \Delta c \\
&+ \mathbf{I}(r + 1, c + 1) \cdot \Delta r \cdot \Delta c
\end{aligned}
$$

만약 원하는 화소가 4개의 인접 화소 중 하나와 매우 근접해 있다면, 화소의 밝기는 근접한 화소에 의해 더 많이 영향을 받게 된다. 만약 원하는 화소가 이웃하는 화소들의 중앙에 있다면, 인접 화소들의 평균값이 화소의 값이 될 것이다.

양선형 보간법의 구체적인 예

양선형 보간법을 이해하기 위하여 우리가 직접 계산해보자. 이 예제는 위키 백과를 참조하였다.

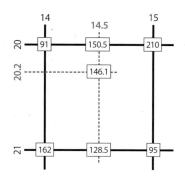

출처: 위키 백과

우리가 원하는 것은 (20.2, 14.5)에서의 화소의 값이다. 우리는 먼저 (20, 14.5) 화소의 값과 (21, 14.5) 화소의 값을 먼저 계산하여야 한다. 다음과 같이 계산이 가능하다.

$$I_{20,\,14.5} = \frac{15 - 14.5}{15 - 14} \cdot 91 + \frac{14.5 - 14}{15 - 14} \cdot 210 = 150.5$$

$$I_{21,\,14.5} = \frac{15 - 14.5}{15 - 14} \cdot 162 + \frac{14.5 - 14}{15 - 14} \cdot 95 = 128.5$$

다시 이 2개의 점 사이에 위치한 (20.2, 14.5)를 선형 보간법을 이용하여 다음과 같이 계산할 수 있다.

$$I_{20.2,\,14.5} = \frac{21 - 20.2}{21 - 20} \cdot 150.5 + \frac{20.2 - 20}{21 - 20} \cdot 128.5 = 146.1$$

양선형 보간법의 구현

OpenCV 함수들을 사용할 때 우리는 원하는 보간법을 지정할 수 있다. 따라서 우리가 손수 보간법을 작성할 필요는 없다. 하지만 경우에 따라 우리의 목적에 맞는 보간법을 사용해야 하므로 가장 많이 사용되는 양선형 보간법만을 직접 구현해보자. [Code 7.4]는 https://rosettacode.org/에 실린 코드를 참조하였다. 양선형 보간법을 이용하여 입력 영상을 2배 확대하는 코드를 다시 작성하면 다음과 같다.

Code 7.4

```
01   #include "opencv2/opencv.hpp"
02   #include <iostream>
03   using namespace cv;
04   using namespace std;
05
06   float Lerp(float s, float e, float t) {
07       return s + (e - s) * t;
08   }
09
10   float Blerp(float c00, float c10, float c01, float c11, float tx, float ty) {
11       return Lerp(Lerp(c00, c10, tx), Lerp(c01, c11, tx), ty);
12   }
13
14   float GetPixel(Mat img, int x, int y)
15   {
16       if (x > 0 && y > 0 && x < img.cols && y < img.rows)
17           return (float)(img.at<uchar>(y, x));
18       else
19           return 0.0;
20   }
```

```
21
22    int main()
23    {
24        Mat src = imread("d:/lenna.jpg", IMREAD_GRAYSCALE);
25        Mat dst = Mat::zeros(Size(src.cols*2, src.rows*2), src.type());
26
27        for (int y = 0; y < dst.rows ; y++) {
28            for (int x = 0; x < dst.cols; x++) {
29                float gx = ((float)x) / 2.0;
30                float gy = ((float)y) / 2.0;
31                int gxi = (int)gx;
32                int gyi = (int)gy;
33                float c00 = GetPixel(src, gxi, gyi);
34                float c10 = GetPixel(src, gxi + 1, gyi);
35                float c01 = GetPixel(src, gxi, gyi + 1);
36                float c11 = GetPixel(src, gxi + 1, gyi + 1);
37
38                int value = (int)Blerp(c00, c10, c01, c11, gx - gxi, gy - gyi);
39                dst.at<uchar>(y, x) = value;
40            }
41        }
42        imshow("Image", src);
43        imshow("Scaled", dst);
44        waitKey(0);
45        return 1;
46    }
```

실행결과

도전문제

1. 위의 코드는 그레이스케일 영상만을 처리할 수 있다. 위의 코드를 컬러 영상도 처리할 수 있도록 확장해 보자.

5

OpenCV 함수를 사용한 기본 변환

평행 이동이나 크기 변환, 회전과 같은 기본 변환은 어파인 변환 $^{\text{affine transformation}}$ 이라고도 불린다. 어파인 변환은 행렬 곱셈과 덧셈으로 표현할 수 있는 변환이다. 어파인 변환에서는 입력 영상에서 평행인 직선이 출력 영상에서도 평행을 유지한다. 다음과 같은 변환이 어파인 변환에 속한다.

- ▶ 평행 이동 ^{translation}
- ▶ 크기 변환 ^{scaling}
- ▶ 회전 ^{rotation}
- ▶ 밀림 변환 $^{\text{shear transformation}}$

일반적인 어파인 변환

평행 이동이나 회전, 크기 변환과 같은 일반적인 어파인 변환은 다음과 같이 행렬을 사용하는 것이 편하다. 어파인 변환은 행렬의 곱셈과 덧셈으로 이루어진다. 곱해지는 행렬을 A로, 더해지는 행렬을 B로 나타내자.

$$A = \begin{bmatrix} a_{00} & a_{01} \\ a_{10} & a_{11} \end{bmatrix} \qquad B = \begin{bmatrix} b_0 \\ b_1 \end{bmatrix}$$

위의 변환 행렬에 입력 화소의 좌표를 곱하면 출력 화소의 좌표가 된다.

$$\begin{bmatrix} x_2 \\ y_2 \end{bmatrix} = A \times \begin{bmatrix} x_1 \\ y_1 \end{bmatrix} + B$$

평행 이동은 다음과 같은 형태의 행렬들을 사용하면 된다.

$$A = \begin{bmatrix} 1 & 0 \\ 0 & 1 \end{bmatrix}, \ B = \begin{bmatrix} b_1 \\ b_2 \end{bmatrix}$$

회전은 다음과 같은 형태의 행렬을 사용한다.

$$A = \begin{bmatrix} \cos(\theta) & -\sin(\theta) \\ \sin(\theta) & \cos(\theta) \end{bmatrix}, \ B = \begin{bmatrix} 0 \\ 0 \end{bmatrix}$$

크기 변환은 다음과 같은 형태의 행렬을 사용한다.

$$A = \begin{bmatrix} a_{00} & 0 \\ 0 & a_{11} \end{bmatrix}, \ B = \begin{bmatrix} 0 \\ 0 \end{bmatrix}$$

OpenCV에서는 이 2개의 행렬을 모아서 어파인 변환을 나타내는 행렬을 정의한다.

$$M = \begin{bmatrix} A & B \end{bmatrix} = \begin{bmatrix} a_{00} & a_{01} & b_0 \\ a_{10} & a_{11} & b_1 \end{bmatrix}$$

설명이 좀 어려운 것 같지만 컴퓨터 그래픽스와 동일한 과정을 거치게 된다. 컴퓨터 그래픽에서는 행렬에 1을 붙여서 동차 좌표로 표시하는 것이 일반적이다. 하지만 OpenCV에서는 1을 생략해서 나타낸다.

결론적으로 우리가 여기서 알아야 할 것은 "어파인 변환은 하나의 행렬로 표현이 가능하다"이다. 행렬만 OpenCV에 전달하고 warpAffine() 함수를 호출하면 OpenCV에서 행렬을 이용하여 영상을 어파인 변환한다. 우리가 몇 개의 대응되는 점들을 넘기면 OpenCV가 행렬을 자동으로 계산하게 할 수도 있다.

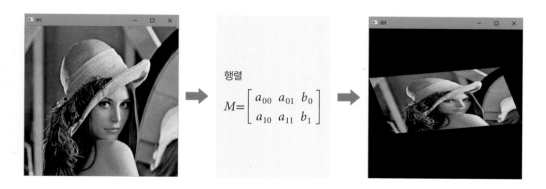

OpenCV에서의 보간법

보간법은 OpenCV 내부에서 자동으로 수행되기 때문에 우리가 신경 쓸 필요는 없다. 고차 보간법일수록 시간이 많이 걸리므로 함수를 호출할 때 어떤 보간법을 사용할 것인지를 지정하여야 한다. warpAffine() 함수의 경우, flags라는 매개 변수가 보간법을 나타낸다.

```
warpAffine (src, dst, M, dsize, flags = INTER_LINEAR)
```

우리가 선택할 수 있는 보간법은 다음과 같다. 일반적인 경우에는 INTER_LINEAR으로 충분하다.

```
INTER_NEAREST = 0,        // 최근접 보간법
INTER_LINEAR = 1,         // 양선형 보간법
INTER_CUBIC = 2,          // 3차 보간법
INTER_AREA = 3,
INTER_LANCZOS4 = 4,
INTER_MAX = 7,
WARP_FILL_OUTLIERS = 8,
WARP_INVERSE_MAP = 16
```

크기 변환

크기 변환^{scaling}은 아주 간단하다. OpenCV는 이 목적으로 resize() 함수를 제공한다. 영상의 크기는 수동으로 지정하거나 배율 인수를 지정할 수 있다. 여러 가지 보간법을 지정할 수 있다.

```
resize (src, dst, dsize, fx = 0, fy = 0, interpolation = cv.INTER_LINEAR )
```

매개 변수	설명
src	입력 영상
dst	출력 영상
dsize	출력 영상 크기. 0이면 다음과 같이 계산된다. dsize=Size(round(fx*src.cols), round(fy*src.rows))
fx	x축 상의 배율. 만약 0이면 (double)dsize. width/src.cols로 계산된다.
fy	y축 상의 배율. 만약 0이면 (double)dsize. height/src.rows로 계산된다.
interpolation	보간법

우리는 입력 영상을 2배로 크게 하는 예제를 작성하여 보자.

Code 7.5

```
01  #include "opencv2/opencv.hpp"
02  #include <iostream>
03
04  using namespace cv;
05  using namespace std;
06
07  int main()
08  {
09      Mat src = imread("d:/lenna.jpg", IMREAD_COLOR);
10      Mat dst = Mat();
```

```
11
12      resize(src, dst, Size(), 2.0, 2.0);
13
14      imshow("Image", src);
15      imshow("Scaled", dst);
16      waitKey(0);
17      return 1;
18  }
```

실행결과

평행 이동

평행 이동^{translation} 은 아주 간단한 변환이지만 OpenCV에서는 변환 행렬을 작성하여야 한다. 평행 이동을 나타내는 행렬은 다음과 같을 것이다.

$$M = \begin{bmatrix} 1 & 0 & t_x \\ 0 & 1 & t_y \end{bmatrix}$$

여기서 t_x와 t_y는 각각 x 방향과 y 방향으로 이동시키는 거리이다. 우리는 << 연산자를 이용하여 변환 행렬을 다음과 같이 작성해서 사용해보자.

```
int tx = 100;
int ty = 20;
Mat tmat = (Mat_<double>(2, 3) << 1, 0, tx, 0, 1, ty);
warpAffine(src, dst, tmat, src.size());
```

OpenCV에서는 무엇이든지 Mat 객체로 만들 수 있다. 변환 행렬도 물론 Mat 객체로 만들게 된다.

double형 6개의 값으로 변환 행렬(CV_64FC1 타입)을 만들면 된다. 많은 방법이 있지만 << 연산자를 이용해서 6개의 값을 주어도 된다. << 연산자를 사용하려면 Mat_ 클래스를 사용한다.

변환 행렬이 만들어지면 warpAffine()을 불러서 실제 변환을 수행하면 된다.

```
warpAffine (src, dst, M, dsize, flags = cv.INTER_LINEAR)
```

매개 변수	설명
src	입력 영상
dst	출력 영상
M	2×3 변환 행렬(CV_64FC1 type)
dsize	출력 영상의 크기
flags	보간법

입력 영상을 평행 이동하는 전체 소스는 다음과 같다.

Code 7.6

```
01  #include "opencv2/opencv.hpp"
02  #include <iostream>
03
04  using namespace cv;
05  using namespace std;
06
07  int main()
08  {
09      Mat src = imread("d:/lenna.jpg", IMREAD_COLOR);
10      Mat dst = Mat();
11
12      int tx = 100;
13      int ty = 20;
14
15      Mat tmat = (Mat_<double>(2, 3) << 1, 0, tx, 0, 1, ty);
16      warpAffine(src, dst, tmat, src.size());
17
18      imshow("src", src);
19      imshow("dst", dst);
20      waitKey(0);
21      return 1;
22  }
```

$\begin{bmatrix} 1 & 0 & t_x \\ 0 & 1 & t_y \end{bmatrix}$ 행렬을 생성한다.

(100, 20)만큼 평행이동 하는 행렬

회전 변환

회전 변환도 하나의 행렬로 표현된다. 회전을 나타내는 행렬은 다음과 같다. 여기서 회전의 각도를 θ라고 하였다.

$$M = \begin{bmatrix} \cos(\theta) & -\sin(\theta) & 0 \\ \sin(\theta) & \cos(\theta) & 0 \end{bmatrix}$$

하지만 위의 행렬은 원점을 중심으로 회전시키는 행렬이다. 우리는 임의의 점을 중심으로 회전하는 행렬이 필요하다. 또 회전과 동시에 크기 변환도 이루어지는 경우가 많다. 이 모든 것을 결합한 변환 행렬은 다음과 같다.

$$M = \begin{bmatrix} \alpha & \beta & \beta(1-\alpha) \cdot center.x - \beta \cdot center.y \\ -\beta & \alpha & \beta \cdot center.x - (1-\alpha) \cdot center.y \end{bmatrix}$$

여기서 다음과 같이 가정하였다.

$$\alpha = scale \cdot \cos\theta,$$
$$\beta = scale \cdot \sin\theta$$

그렇다면 이 행렬을 어떻게 계산할 것인가? 몇 가지의 방법이 있다. 예를 들어서 회전 변환의 경우에는 우리가 회전 중심도 알고 있고 회전의 각도도 알고 있는 경우가 대부분이다. 이때는 `getRotationMatrix2D()` 함수를 사용한다. 이 함수를 사용하여 행렬을 얻은 후에 `warpAffine()` 함수를 호출한다.

```
getRotationMatrix2D (center, angle, scale)
```

매개 변수	설명
center	입력 영상에서 회전의 중심
angle	회전 각도(단위: 도)
scale	배율

다음과 같이 입력 영상을 30도 회전시키는 예제를 작성하여 보자. 회전의 중심은 입력 영상의 중점으로 하자.

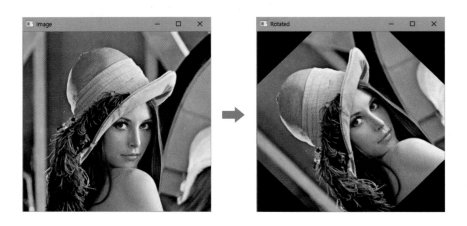

Code 7.7

```
01   #include "opencv2/opencv.hpp"
02   #include <iostream>
03
04   using namespace cv;
05   using namespace std;
06
07   int main()
08   {
09       Mat src = imread("d:/lenna.jpg", IMREAD_COLOR);
10       Mat dst = Mat();
11       Size dsize = Size(src.cols, src.rows);
12
13       Point center = Point(src.cols / 2.0, src.rows / 2.0);
14       Mat M = getRotationMatrix2D(center, 45, 1.0);
15       warpAffine(src, dst, M, dsize, INTER_LINEAR);
16
17       imshow("Image", src);
18       imshow("Rotated", dst);
19       waitKey(0);
```

회전의 중심을 영상의 중심으로 한다.

회전을 나타내는 행렬을 계산한다.

어파인 변환을 수행한다.

```
20      return 1;
21   }
```

회전 변환을 함수로 작성해놓는 것도 좋다. 다음의 함수는 영상의 중점을 기준으로 주어진 각도만큼 영상을 회전시켜서 반환한다.

```
Mat rotate(Mat src, double angle)
{
    Mat dst;
    Point2f pt(src.cols/2.0, src.rows/2.0);
    Mat r = getRotationMatrix2D(pt, angle, 1.0);
    warpAffine(src, dst, r, Size(src.cols, src.rows));
    return dst;
}
```

밀림 변환

밀림 변환은 다음과 같은 변환이다. 밀림 변환도 행렬을 이용하여 표현할 수 있다. x 방향의 밀림 변환은 다음과 같은 행렬로 나타낼 수 있다.

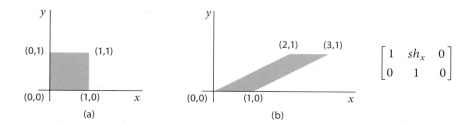

일반적인 밀림 변환의 행렬은 다음과 같다.

$$M = \begin{bmatrix} 1 & sh_x & 0 \\ sh_y & 1 & 0 \end{bmatrix}$$

여기서 sh_x는 x 방향으로 밀리는 정도이고 sh_y는 y 방향으로 밀리는 정도이다.

code 7.8

```
01   #include "opencv2/opencv.hpp"
02   #include <iostream>
03
04   using namespace cv;
05   using namespace std;
06
07   int main()
```

```
08  {
09      Mat src = imread("d:/lenna.jpg", IMREAD_COLOR);
10      Mat dst = Mat();
11      Size dsize = Size(src.cols, src.rows);
12
13      Mat M(2, 3, CV_32F);
14
15      M.at<float>(0, 0) = 1;
16      M.at<float>(0, 1) = 0.1;
17      M.at<float>(0, 2) = 0;
18
19      M.at<float>(1, 0) = 0;
20      M.at<float>(1, 1) = 1;
21      M.at<float>(1, 2) = 0;
22
23      warpAffine(src, dst, M, dsize, INTER_LINEAR);
24
25      imshow("src", src);
26      imshow("dst", dst);
27      waitKey(0);
28      return 1;
29  }
```

실행결과

영상의 원점이 좌측 상단이라서 아래쪽에서 미는 형태가 된다.

도전문제

01. 위의 코드에서 행렬을 변경하여 위쪽에서 아래쪽으로 밀리는 영상을 생성해보자.

3점을 이용한 어파인 변환

OpenCV에서는 사용자가 3개의 점을 이용하여 어파인 변환을 지정할 수도 있다.

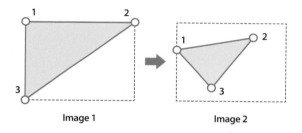

Image 1   Image 2

위 그림의 image1에서의 점 1, 2, 3은 각각 image2의 점 1, 2, 3으로 변환된다. 이 경우 이 3점을 이용하여 변환 행렬을 계산할 수 있고, 변환 행렬이 계산되면 영상의 모든 화소들에 이 행렬을 사용할 수 있다. 다음과 같이 영상을 변형하는 예제를 살펴보자. 이 소스는 OpenCV 튜토리얼의 소스를 변형한 것이다.

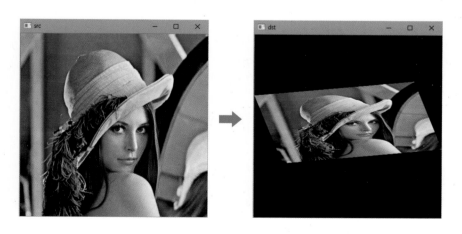

```
01   #include "opencv2/opencv.hpp"
02   #include <iostream>
03
04   using namespace cv;
05   using namespace std;
06
07   int main()
08   {
09       Mat src = imread("d:/lenna.jpg", IMREAD_COLOR);
10       Point2f srcTri[3];
11       Point2f dstTri[3];
12       Mat warp_mat(2, 3, CV_32FC1);
13
14       Mat warp_dst;
15       warp_dst = Mat::zeros(src.rows, src.cols, src.type());
16       srcTri[0] = Point2f(0, 0);
17       srcTri[1] = Point2f(src.cols - 1.0f, 0);
18       srcTri[2] = Point2f(0, src.rows - 1.0f);
19       dstTri[0] = Point2f(src.cols*0.0f, src.rows*0.33f);
20       dstTri[1] = Point2f(src.cols*0.85f, src.rows*0.25f);
21       dstTri[2] = Point2f(src.cols*0.15f, src.rows*0.7f);
22       warp_mat = getAffineTransform(srcTri, dstTri);
23       warpAffine(src, warp_dst, warp_mat, warp_dst.size());
24
25       imshow("src", src);
26       imshow("dst", warp_dst);
27       waitKey(0);
28       return 1;
29   }
```

> 3점을 지정하여서 반환 행렬을 계산한다.

어파인 변환 행렬을 계산하기 위해서는 2세트의 3점이 필요하다.

```
srcTri [0] = Point2f (0,0);
srcTri [1] = Point2f (src.cols - 1, 0);
srcTri [2] = Point2f (0, src.rows - 1);

dstTri [0] = Point2f (src.cols * 0.0, src.rows * 0.33);
dstTri [1] = Point2f (src.cols * 0.85, src.rows * 0.25);
dstTri [2] = Point2f (src.cols * 0.15, src.rows * 0.7);
```

이 점들은 모두 앞에서 등장한 삼각형의 좌표들이다.

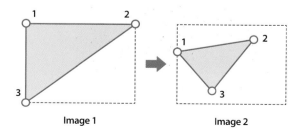

Image 1   Image 2

2세트의 3점이 있다면 getAffineTransform()을 호출하여서 어파인 변환의 행렬을 계산할 수 있다.

```
warp_mat = getAffineTransform (srcTri, dstTri);
```

이제 이 변환 행렬을 src 영상에 적용하면 된다.

```
warpAffine (src, warp_dst, warp_mat, warp_dst.size());
```

7

원근 변환

원근 변환은 카메라나 우리의 눈이 영상을 캡처하는 방법이다. 우리 눈이나 카메라의 렌즈는 가까이 있는 물체는 크게 보고, 멀리 있는 물체는 작게 본다. 따라서 영상을 캡처하는 경우에는 약간의 원근 왜곡이 일어나게 된다. 이것을 바로 잡는 것이 원근 변환이다. 또 반대의 경우도 있을 것이다. 컴퓨터 그래픽으로 생성된 영상을 현실감 있는 영상으로 바꾸기 위해서는 원근 변환이 필요하다.

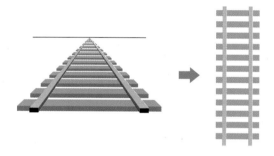

원근 변환은 어파인 변환과는 약간 다른데 어파인 변환에서는 평행한 직선들은 평행을 유지한다. 하지만 원근 변환에서는 평행한 직선들이 평행을 유지하지 않을 수도 있다. 원근 변환은 3×3 변환 행렬이 필요하다. 원근 변환을 계산하려면 입력 영상과 출력 영상에서 4개의 대응점이 필요하다. 4개의 점 중에서 3개는 하나의 직선 위에 있으면 안 된다. 변환 행렬은 getPerspective-Transform() 함수로 계산할 수 있다. 이어서 계산된 변환 행렬을 warpPerspective() 함수에 전달하고 호출하면 된다.

예를 들어 다음 그림의 왼쪽 영상에서 4개의 점을 오른쪽 영상으로 변환한다고 하자. 점의 좌표를 알아내서 다음과 같이 4개의 점을 배열에 저장하고 getPerspectiveTransform()을 호출하면 변환 행렬이 생성된다.

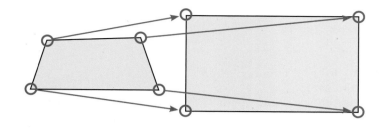

```
Point2f inputp[4];
inputp[0] = Point2f(139, 135);
inputp[1] = Point2f(81, 381);
inputp[2] = Point2f(501, 127);
inputp[3] = Point2f(571, 396);

Point2f outputp[4];
outputp[0] = Point2f(0, 0);
outputp[1] = Point2f(0, src.rows);
outputp[2] = Point2f(src.cols, 0);
outputp[3] = Point2f(src.cols, src.rows);

Mat h = getPerspectiveTransform(inputp, outputp);
```

일단 변환 행렬이 만들어지면 우리는 warpPerspective() 함수를 통하여 영상에 원근 변환을 적용할 수 있다.

```
void warpPerspective(InputArray src, OutputArray dst, InputArray M,
                     Size dsize)
```

매개 변수	설명
src	입력 영상
dst	출력 영상
M	3×3 변환 행렬
dsize	출력 영상의 크기

전체 소스는 다음과 같다.

Code 7.10

```
01  #include "opencv2/opencv.hpp"
02  #include <iostream>
03
04  using namespace cv;
05  using namespace std;
06
07  int main()
```

```
08  {
09      Mat src = imread("d:/book.jpg");
10
11      Point2f inputp[4];
12      inputp[0] = Point2f(30, 81);
13      inputp[1] = Point2f(274, 247);
14      inputp[2] = Point2f(298, 40);
15      inputp[3] = Point2f(598, 138);
16
17      Point2f outputp[4];
18      outputp[0] = Point2f(0, 0);
19      outputp[1] = Point2f(0, src.rows);
20      outputp[2] = Point2f(src.cols, 0);
21      outputp[3] = Point2f(src.cols, src.rows);
22
23      Mat h = getPerspectiveTransform(inputp, outputp);
24
25      Mat out;
26      warpPerspective(src, out, h, src.size());
27
28      imshow("Source Image", src);
29      imshow("Warped Source Image", out);
30
31      waitKey(0);
32  }
```

> 변환되는 4개의 점을 지정한다.

> 원근 변환을 수행한다.

실행결과

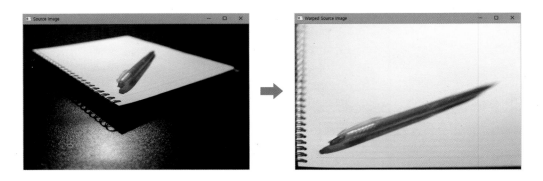

영상 워핑

영상을 좀 더 재미있게 만들 수 있는 방법을 살펴보자. 앞에서 살펴본 원근 변환은 상당히 유연하지만 화소의 위치를 변환할 수 있는 방법에는 여전히 제한이 많다. 화소의 위치를 무작위로 하고 싶다면 어떻게 해야 할까? 이때는 OpenCV의 화소 접근 함수 at()를 사용하여 우리가 직접 프로그램을 작성하면 된다. 간단히 프로그램을 작성해 영상을 수평 방향으로 뒤틀리게 해보자.

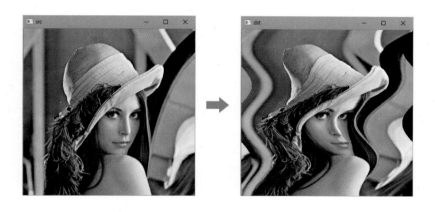

일반적인 워핑을 구현하려면 다음과 같이 입력 영상의 좌표에 임의의 함수를 적용하면 된다.

$$x' = f_x(x)$$
$$y' = f_y(y)$$

함수의 형태에 따라서 여러 가지 변형이 가능하다. 여기서는 간단히 싸인 함수를 영상의 x 좌표에서 적용하여 수평 방향으로만 왜곡을 가하는 프로그램을 작성해본다.

$$x' = 25.0 + \sin(2\pi x / 180.0)$$
$$y' = y$$

물론 앞 절에서 설명한대로 순방향 변환을 사용하면 안 되고 역방향 변환을 사용해야 한다.

```
01   #include "opencv2/opencv.hpp"
02   #include <iostream>
03   using namespace cv;
04   using namespace std;
05
06   int main()
07   {
08       Mat src = imread("d:/lenna.jpg", IMREAD_GRAYSCALE);
09       int rows = src.rows;
10       int cols = src.cols;
11       Mat dst = src.clone();
12
13       for (int i = 0; i < rows; i++) {
14           for (int j = 0; j < cols; j++) {
15               int offset_x = (int)(25.0 * sin(2 * 3.14 * i / 180));
16               int offset_y = 0;
17               if (j + offset_x < rows)
18                   dst.at<uchar>(i, j) = src.at<uchar>(i, (j + offset_x) % cols);
19               else {
20                   dst.at<uchar>(i, j) = 0;
21               }
22           }
23       }
24
25       imshow("src", src);
26       imshow("dst", dst);
27
28       waitKey(0);
29   }
```

실행결과

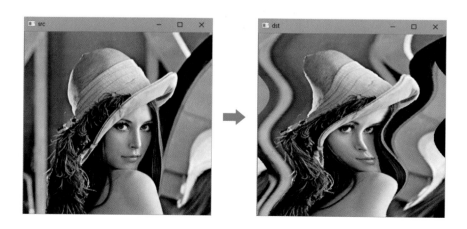

도전문제

01. 위의 코드는 세로 방향으로 영상을 변형한다. 가로 방향으로 입력 영상을 변형하는 코드를 작성해보자.

▶ 기하학적 처리는 입력 영상의 화소를 어떤 수식에 의하여 결과 영상 안의 새로운 위치로 이동하는 처리이다. 순방향 변환과 역방향 변환이 있다.

▶ 순방향 변환은 입력 영상의 화소에서 출발하여 수식을 계산해 출력 영상의 화소를 찾는 방법이다. 검은색 홀[hole]이 발생할 수 있다.

▶ 역방향 변환은 결과 영상의 화소에서 출발하여 수식을 계산해 입력 영상의 화소를 찾는 방법이다. 검은색 홀[hole]이 발생하지 않는다.

▶ 기본적인 기하학적 처리에는 평행 이동, 크기 변경, 회전 등의 변환이 있다.

▶ 평행 이동은 화소를 평행 이동한다. 다음과 같은 식으로 화소의 위치를 변경한다.

$$x' = x + T_x$$
$$y' = y + T_y$$

▶ 크기 변환은 영상의 크기를 변경하는 변환이다. 다음과 같은 식으로 화소의 위치를 변경한다.

$$x' = x \cdot S_x$$
$$y' = y \cdot S_y$$

▶ 회전은 원점을 중심으로 하는 화소를 회전 시킨다. 다음과 같은 식으로 화소의 위치를 변경한다.

$$x' = x \cdot \cos\theta - y \cdot \sin\theta$$
$$y' = x \cdot \sin\theta + y \cdot \cos\theta$$

▶ 기하학적 변환을 하였을 때, 대응되는 화소의 위치가 실수일 수 있다. 이때는 보간법을 사용하여야 한다. 각종 보간법 중에서 가장 많이 사용되는 것은 양선형 보간법이다.

▶ 양선형 보간법은 선형 보간법을 가로 방향과 세로 방향으로 사용하는 보간법이다.

▶ 어파인 변환은 행렬의 곱과 벡터의 합으로 표현할 수 있는 기하학적 변환이다. 기본적인 기하학적 변환에 밀림 변환 등이 추가된다.

▶ OpenCV에서는 3점을 지정하여서 getAffineTransform() 함수를 호출하면 어파인 변환 행렬을 반환한다. 이 변환 행렬로 warpAffine() 함수를 호출하여 어파인 변환을 수행할 수 있다.

▶ OpenCV에서는 4점을 지정하여서 getPerspectiveTransform() 함수를 호출하면 원근 변환 행렬을 반환한다. 이 변환 행렬로 warpPerspective() 함수를 호출하여 원근 변환을 수행할 수 있다.

01 순방향 변환을 하였을 때, 검은색 홀이 나타나는 이유는 무엇인가?

02 보간법이 필요한 이유는 무엇인가?

03 최근접 보간법은 어떤 보간법인가?

04 양선형 보간법에 대하여 설명하시오.

05 (0, 0)이 왼쪽 상단이라고 할 때 영상을 (100, 200)만큼 평행 이동시키는 기하학적 변환을 나타내는 순방향 변환 방정식을 쓰시오. 또 역방향 변환 방정식은 어떻게 되는가?

06 보간법은 영상의 크기를 줄일 때도 필요하다. 아래와 같은 4 × 4 영상을 2 × 2로 줄이는 경우에 보간법을 사용하지 않은 경우와 보간법을 사용한 경우를 비교해보자.

2	2	2	2
6	6	6	6
2	2	2	2
6	6	6	6

07 아래와 같은 2 × 2 영상을 4 × 4 영상으로 늘리는 경우에 보간법을 사용하지 않은 경우와 보간법을 사용한 경우를 비교해보자.

2	5
2	5

08 F(221, 396) = 18, F(221, 397) = 45, F(22, 396) = 52, F(222, 397) = 36이라고 가정하자. 여기서 F( )는 2차원 영상을 나타낸다. 여기서 최근접 이웃 보간법을 이용하여 F(221.3, 396.7)의 값을 구하라. 또 양선형 보간법을 이용하면 결과가 어떻게 되는가?

09 OpenCV에서 어파인 변환을 수행하려면 어떤 절차가 필요한가?

10 입력 영상을 읽어서 사용자가 지정하는 값으로 평행 이동, 크기 변환, 회전하는 프로그램을 작성하시오.

11 입력 영상을 읽어서 상하좌우로 영상을 반사시키는 프로그램을 작성하시오. OpenCV 함수 flip()을 사용해보자.

12 사용자가 입력 영상 위에서 마우스를 드래그하면 영상이 평행 이동되는 프로그램을 작성하시오.

13 사용자로부터 3개의 점을 받아서 영상을 어파인 변환하는 프로그램을 작성하라. 마우스를 이용하여 점들의 초기 위치와 변환 후의 위치를 입력할 수 있도록 한다.

14 사용자로부터 4개의 점을 받아서 영상을 원근 변환하는 프로그램을 작성하라. 마우스를 이용하여 점들의 초기 위치와 변환 후의 위치를 입력할 수 있도록 한다.

15 어파인 변환을 사용하여 모든 왜곡을 정확하게 나타낼 수 있는 것은 아니다. 어떤 경우에 어파인 변환으로 영상의 왜곡을 정확하게 나타낼 수 없는가?

DIGITAL IMAGE PROCESSING Using OpenCV

Chapter **08**

형태학적 처리

단원 목표

• 형태학적 연산의 개념을 이해한다.

• 행태학적 연산의 기본 연산인 침식 연산과 팽창 연산을 이해한다.

• 열림 연산과 닫힘 연산이 무엇인지를 이해한다.

• 이진 영상의 외곽선을 형태학적 연산으로 계산할 수 있음을 이해한다.

• 이진 영상의 골격선을 형태학적 연산으로 계산할 수 있음을 이해한다.

(1) 형태학적 처리를 이용하여 소금-후추 형태의 잡음을 제거해보자.

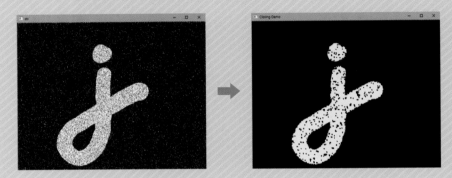

(2) 형태학적 처리를 이용하여 물체의 외곽선을 추출해보자.

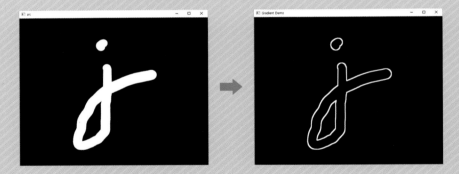

형태학적 처리란?

형태학적 처리^{mathematical morphology} 란 특정한 모양의 형태소^{structuring element} 를 영상에 적용하여 출력 영상을 생성하는 연산이다. 모폴로지 연산이라고도 번역된다. 가장 기본적인 형태학적 처리 연산은 팽창과 침식 연산이다. 형태학적 처리는 다양한 용도를 가지고 있다.

▶ 형태학적 필터링
▶ 잡음 제거
▶ 세선화
▶ 골격화

하나의 예를 들자면, 아래의 그림에서처럼 형태학적 처리를 이용하여 영상에 있는 홀^{hole} 을 제거할 수 있다.

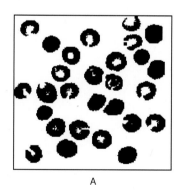 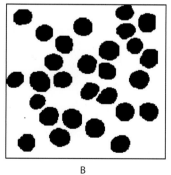

A   B

출처: National Instrument

형태학^{morphology} 은 물체의 형태와 구조를 다루는 학문 분야이다. 영상 형태학은 영상내의 물체의 구조에 관한 연구에 속한다. 형태학적 처리는 물체의 내재된 구조를 명확히 하는 데 이용된다. 예를 들어서 물체의 외곽선을 세선화한다거나 골격선^{skeleton} 을 추출하는 데 사용된다. 이들 외곽선과 골격선은 물체의 가장 기본적인 정보를 표현한다. 이 정보를 이용하여 우리는 물체의 형태를 보다 쉽게 수치화하여 물체를 분류할 수 있다.

형태학적 처리의 대표적인 연산은 침식과 팽창 연산이고, 이 2개를 결합한 닫힘 연산과 열림 연산이 있다. 이들은 영상에 존재하는 객체들을 조금씩 깎거나 두껍게 하는 연산이라고 할 수 있다. 객체들을 깎는 연산을 침식^{erosion}이라고 하고 객체들을 두껍게 하는 연산을 팽창^{dilation}이라고 한다. 왜 침식이나 팽창 연산을 하는 것인가? 영상에서 잡음은 보통 크기가 아주 작다. 영상에 존재하는 모든 객체를 침식시키면 잡음은 없어질 수 있다. 또 객체 내부에 조그마한 홀^{hole}이 있다면 팽창 연산에 의하여 채워질 것이다. 만약 붙어 있는 객체를 떼려는 경우에도 침식 연산을 사용할 수 있다. 객체를 연속하여 침식시키면 객체의 골격선을 구할 수도 있다.

아래 그림은 형태학적 처리를 이용하여 물체의 골격선을 구하는 예를 보여주고 있다.

 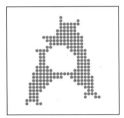  

출처: PubMed, LicenseCC BY 3.0

침식과 팽창 연산

형태학적 처리에는 이진 처리와 그레이스케일 처리가 있다. 이진 처리는 이진화 연산을 통해 생성된 이진 영상에 대해 적용된다. 형태학적 처리에서는 영상 안에 있는 화소들을 AND와 OR같은 논리적인 연산을 사용하여 화소들을 순차적으로 처리한다. 이진 형태학적 처리에 있어 입력 영상은 두 가지 밝기의 값을 지닌 것으로 가정된다(검정색(0), 흰색(1)). 출력 영상도 이진 영상이 된다.

공간 필터링처럼 형태학적 처리에서도 영상의 화소를 한 화소씩 처리하여 출력 영상에 저장한다. 각 화소 위치에서 인접 화소들은 형태소structuring element와 비교된다. 침식 연산에서는 모든 인접 화소들이 형태소와 일치하면 출력 화소값은 1이 되고 그렇지 않으면 0이 된다. 팽창 연산에서는 1개 이상만 일치하면 1이 되고 그렇지 않으면 0이 된다.

형태소는 공간 필터링에서의 마스크mask와 유사한 개념이다. 형태소의 값들은 0 또는 1이 된다. 형태소는 일반적으로 3 × 3, 5 × 5 크기의 정사각형이며 응용 프로그램에 따라 크기가 커질 수 있다. 형태소의 값은 0이나 1을 가질 수 있으며 또한 don't care 상태도 가질 수 있다.

침식 연산

가장 기본적인 2가지 연산이 침식 연산과 팽창 연산이다. 침식 연산은 물체의 크기를 축소한다. 팽창은 침식 연산의 반대로서 균일하게 물체의 크기를 확장한다. 침식과 팽창은 주로 스파이크 잡음이나 끊어진 에지같은 작은 크기의 물체를 제거하는 데 쓰인다.

침식 연산의 형태소를 다음과 같이 3 × 3의 형태라고 하자.

1	1	1
1	1	1
1	1	1

입력 영상의 각 화소 위에 위의 형태소가 덮이고 각 입력 화소와 8개의 이웃 화소는 논리적으로 형태소의 값과 비교되어 진다. 모든 9개 화소의 값이 대응되는 형태소의 값과 일치할 경우에는 출력 화소값이 1이 된다. 만약 하나 이상의 화소의 값이 해당되는 형태소의 값과 일치하지 않는 경우에는 출력 화소값이 0이 된다. 형태소에 don't care 상태가 있을 때는 형태소가 입력 화소의 값에 관계가 없는 경우이므로 비교할 필요가 없다.

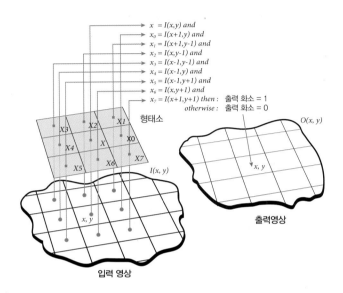

침식 연산은 물체의 둘레로부터 한 화소를 없애는 효과를 갖는다. 이진 영상에서 침식 연산을 수행하면 흰색 물체는 크기가 축소된다. 아주 작은 구조물, 즉 크기가 한 화소인 물체는 영원히 없어지게 된다. 만약 침식 연산을 반복적으로 행한다면 흰색 물체는 크기가 차츰 줄어들면서 결국에는 없어지게 된다. 침식 연산은 서로 접촉하고 있는 두 개의 물체를 떼어놓는 데 유용하다. 침식 연산이 반복되면 두 개의 물체가 줄어들다가 결국은 서로 떨어지게 되기 때문이다.

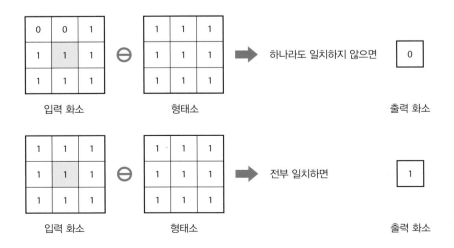

구체적인 예를 들어보자. 영상이 8 × 8이라고 하고 형태소가 3 × 3이라고 하자. 형태소의 원점은 3 × 3의 중심이라고 하자. 이 형태소를 영상의 각 화소에 덮어씌워서 형태소가 완전히 물체에 포함되면 그 화소는 유지된다. 그렇지 않으면 화소의 값은 0이 된다. 따라서 침식의 결과는 다음과 같을 것이다.

0	0	0	0	0	1	0	0
0	1	1	1	0	0	0	0
0	1	1	1	0	0	1	1
0	1	1	1	0	1	1	1
1	1	1	0	0	1	1	1
0	0	0	0	1	1	1	1
0	0	0	0	1	1	1	0
0	0	0	0	0	0	0	0

→

0	0	0	0	0	0	0	0
0	0	0	0	0	0	0	0
0	0	1	0	0	0	0	0
0	0	0	0	0	0	0	1
0	0	0	0	0	0	1	1
0	0	0	0	0	0	0	0
0	0	0	0	0	0	0	0
0	0	0	0	0	0	0	0

팽창

팽창은 침식의 역연산이다. 팽창은 영상 내의 밝은 영역을 "성장"시킨다. 따라서 이름이 "팽창"이 되었다. 일반적인 팽창 형태소는 다음과 같다.

1	1	1
1	1	1
1	1	1

9개의 화소들이 형태소와 모두 불일치하면 0이 되고 하나라도 일치하면 1이 된다. 즉 9개의 인접 화소 중에서 하나만 1이면 출력 화소는 1이 된다.

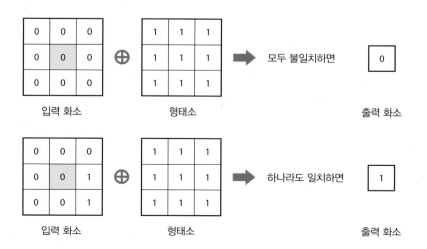

이 형태소는 흰색 물체의 둘레에 한 화소를 더하는 효과를 갖는다. 침식 연산과 마찬가지로 똑같은 값을 갖는 영역에 대해서는 값을 바꾸지 않는다. 즉 모든 화소값이 0 또는 1이면 출력값은 바뀌지 않는다. 인접 화소들이 0과 1의 혼합이면 출력 화소의 값은 1이 된다. 이진 영상에 대해 팽창 연산을 수행하면 흰 물체는 크기가 커진다. 이 연산을 계속하면 흰 물체는 계속 팽창하여 결국은 영상 전체를 가득 채울 것이다.

구체적인 예를 들어보자. 영상이 8 × 8이라고 하고 형태소가 3 × 3이라고 하자. 형태소의 원점은 3 × 3의 중심이라고 하자. 이 형태소를 영상의 각 화소에 덮어씌워서 형태소가 조금이라도 겹치는 부분은 1이 된다. 따라서 팽창의 결과는 다음과 같을 것이다.

0	0	0	0	0	1	0	0
0	1	1	1	0	0	0	0
0	1	1	1	0	0	1	1
0	1	1	1	0	1	1	1
1	1	1	0	0	1	1	1
0	0	0	0	1	1	1	1
0	0	0	0	1	1	1	0
0	0	0	0	0	0	0	0

→

1	1	1	1	1	1	1	0
1	1	1	1	1	1	1	1
1	1	1	1	1	1	1	1
1	1	1	1	1	1	1	1
1	1	1	1	1	1	1	1
1	1	1	1	1	1	1	1
0	0	0	1	1	1	1	1
0	0	0	1	1	1	1	1

OpenCV에서의 침식 연산

OpenCV는 침식 연산과 팽창 연산을 위하여 erode()와 dilate()를 제공한다.

Code 8.1

```
01  #include "opencv2/opencv.hpp"
02  #include <iostream>
03  using namespace cv;
04  using namespace std;
05
06  int main()
07  {
08      Mat src, dst, erosion_dst, dilation_dst;
09      src = imread("d:/test.png", IMREAD_GRAYSCALE);
10
11      threshold(src, dst, 127, 255, THRESH_BINARY);
12      imshow("dst", dst);
13
14      Mat element = getStructuringElement(MORPH_RECT,
15          Size(3, 3),
16          Point(-1, -1));
17
18      erode(dst, erosion_dst, element);
```

```
19      imshow("Erosion Demo", erosion_dst);
20      waitKey(0);
21      return 0;
22  }
```

실행결과

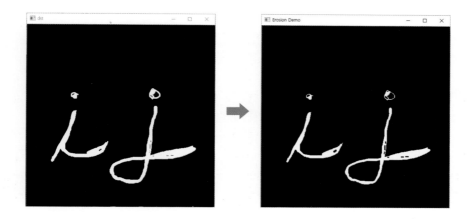

위의 코드에서는 threshold()를 호출하여 그레이스케일 영상을 이진 영상으로 만든다. 이어서 getStructuringElement()를 호출하여 형태소를 생성한다. erode()를 호출하여 침식 연산을 수행한다. 실행 결과를 보면 흰 부분이 축소된 것을 알 수 있다.

형태소를 생성하는 함수에 대하여 자세히 살펴보자.

```
Mat getStructuringElement(int shape, Size ksize, Point anchor=Point(-1,-1))
```

매개 변수	설명
shape	연산에 사용되는 형태소의 종류. 3가지 형태 중 하나를 선택할 수 있다. • 사각형 상자: MORPH_RECT • 십자가: MORPH_CROSS • 타원형: MORPH_ELLIPSE
ksize	형태소의 크기
anchor	형태소의 기준 위치. 만약 (−1, −1)로 지정하면 기준점은 형태소의 중심이 된다.

사용되는 형태소는 다음과 같다.

침식 연산을 수행하는 함수 erode()에 대하여 자세히 살펴보자.

```
void erode(InputArray src, OutputArray dst, InputArray kernel)
```

매개 변수	설명
src	소스 이미지
dst	출력 이미지
kernel	우리가 침식을 수행하는 데 사용할 형태소이다. 우리가 모양을 지정하지 않으면 디폴트는 단순한 3x3행렬이다. 형태소를 생성하기 위하여 getStructuringElement()함수를 사용한다.

OpenCV에서의 팽창 연산

OpenCV에서 팽창을 수행하는 코드는 앞의 코드에서 erode()를 dilate()로 교체하면 된다. OpenCV에서 팽창을 수행하는 함수는 dilate()이다. 사용법은 erode()와 아주 유사하다.

```
void dialte(InputArray src, OutputArray dst, InputArray kernel)
```

매개 변수	설명
src	소스 이미지
dst	출력 이미지
kernel	우리가 침식을 수행하는 데 사용할 형태소이다. 우리가 모양을 지정하지 않으면 디폴트는 단순한 3 × 3행렬이다. 형태소를 생성하기 위하여 getStructuringElement()함수를 사용한다.

실행 결과는 다음과 같다.

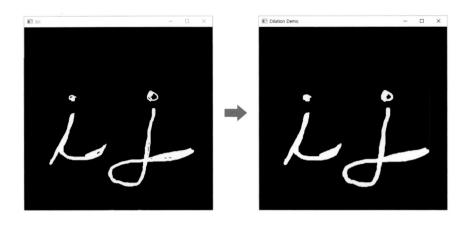

LAB 십자가 모양의 형태소 사용하기

본문에서는 사각형 형태소를 사용하였다. 이 실습에서는 십자가 모양의 형태소를 사용해서 침식 연산을 수행해보자.

0	1	0
1	1	1
0	1	0

형태소도 Mat getStructuringElement() 함수를 사용하여 십자가 형태로 만들 수 있으나 우리는 직접 데이터값을 입력하여 생성해보자. 입력 영상과 출력 영상을 확대하여 출력하면 다음과 같이 표시된다.

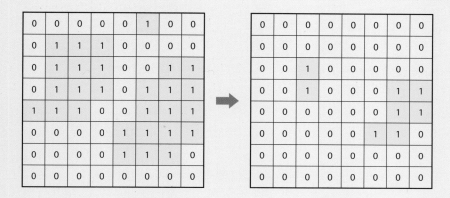

영상을 확대하려면 resize()를 호출한다. 실행 결과를 형태소가 사각형이었을 때와 비교해보자.

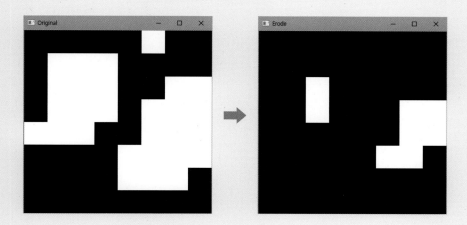

```
01  #include "opencv2/opencv.hpp"
02  #include <iostream>
03  using namespace std;
04  using namespace cv;
05
06  int main()
07  {
08      Mat input_image = (Mat_<uchar>(8, 8) <<
09          0, 0, 0, 0, 0, 255, 0, 0,
10          0, 255, 255, 255, 0, 0, 0, 0,
11          0, 255, 255, 255, 0, 0, 255, 255,
12          0, 255, 255, 255, 0, 255, 255, 255,
13          255, 255, 255, 0, 0, 255, 255, 255,
14          0,0, 0, 0, 255, 255, 255, 255,
15          0, 0, 0, 0, 255, 255, 255, 0,
16          0, 0, 0, 0, 0, 0, 0, 0 );
17      Mat kernel = (Mat_<uchar>(3, 3) <<
18          0, 1, 0,
19          1, 1, 1,
20          0, 1, 0);
21      Mat output_image;
22
23      morphologyEx(input_image, output_image, MORPH_ERODE, kernel);
24
25      const int rate = 50;
26      resize(input_image, input_image, Size(), rate, rate, INTER_NEAREST);
27      imshow("Original", input_image);
28      resize(output_image, output_image, Size(), rate, rate, INTER_NEAREST);
29      imshow("Erode", output_image);
30      waitKey(0);
31      return 0;
32  }
```

3

열림 연산과 닫힘 연산

우리는 앞에서 침식 연산은 영상 내의 물체를 축소한다는 것을 알았다. 팽창 연산은 물체를 팽창한다. 침식이나 팽창 연산은 조그만 잡음이나 홀을 효과적으로 제거할 수 있다. 하지만 문제는 물체의 크기가 변화된다는 점이다. 어떻게 하면 물체의 크기는 그대로 유지하면서 잡음을 제거할 수 있을까?

제거 연산 후에 팽창 연산을 수행하면 어떨까? 잡음은 효과적으로 제거되면서 물체의 크기는 변하지 않을 것이다. 열림 연산과 닫힘 closing 연산은 2차적인 연산으로 침식과 팽창 연산을 이용하여 구현된다.

열림 연산

열림 연산 opening 은 침식 연산 다음에 팽창 연산이 이어지는 것이다. 침식과 마찬가지로 그 효과는 한 화소 크기의 파편 같은 잡음을 없애는 것이다. 결과적으로 물체의 외곽선이 부드러워진다. 침식 연산과는 달리 열림 연산은 원래의 모양과 크기를 유지하는 특성을 가진다.

$$dst = open(src, element) = dilate(erode(sec, element))$$

왜냐하면 침식이 한 화소를 줄이는 역할을 하지만 팽창이 다시 그것들을 원래의 크기로 원상 복구시키기 때문이다. 열림 연산은 침식과 팽창 연산과 마찬가지로 필요하다면 몇 번이고 되풀이하여 적용될 수 있다. 여러 번 적용할 때는 먼저 침식을 여러 번 적용시킨 후에 팽창을 여러 번 적용해야 한다. 이는 비교적 큰 잡음을 없애는 역할을 한다.

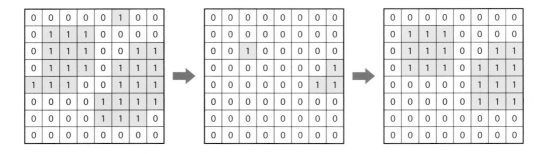

위의 그림에서는 3×3 크기의 사각형 형태소를 사용한 열림 연산의 예를 보여 주고 있다.

Code 8.3

```
01  #include "opencv2/opencv.hpp"
02  #include <iostream>
03  using namespace std;
04  using namespace cv;
05
06  int main()
07  {
08      Mat input_image = (Mat_<uchar>(8, 8) <<
09          0, 0, 0, 0, 0, 255, 0, 0,
10          0, 255, 255, 255, 0, 0, 0, 0,
11          0, 255, 255, 255, 0, 0, 255, 255,
12          0, 255, 255, 255, 0, 255, 255, 255,
13          255, 255, 255, 0, 0, 255, 255, 255,
14          0,0, 0, 0, 255, 255, 255, 255,
15          0, 0, 0, 0, 255, 255, 255, 0,
16          0, 0, 0, 0, 0, 0, 0, 0 );
17      Mat kernel = (Mat_<int>(3, 3) <<
18          1, 1, 1,
19          1, 1, 1,
20          1, 1, 1);
21      Mat output_image;
22
23      morphologyEx(input_image, output_image, MORPH_OPEN, kernel);
24
25      const int rate = 50;
26      resize(input_image, input_image, Size(), rate, rate, INTER_NEAREST);
27      imshow("Original", input_image);
28      resize(output_image, output_image, Size(), rate, rate, INTER_NEAREST);
29      imshow("Open", output_image);
30      waitKey(0);
31      return 0;
32  }
```

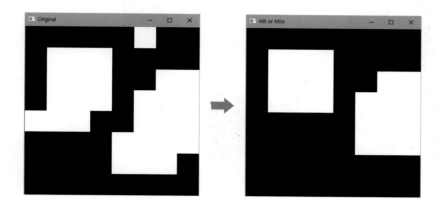

닫힘 연산

$$dst = close(src, element) = erode(dilate(src, element))$$

닫힘 연산은 제거 연산의 반대가 된다. 즉 먼저 팽창 연산 다음에 침식 연산이 행해진다. 닫힘은 한 화소 크기의 틈새를 메우는 데 이용된다. 제거 연산과 마찬가지로 채움은 물체의 외곽선을 부드럽게 만든다. 또한 닫힘 연산은 물체의 크기와 형태를 유지시킨다. 닫힘 연산도 여러 번 적용될 수 있으며, 이럴 경우 비교적 큰 틈새도 메워질 수 있다.

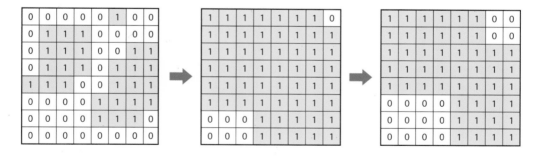

다음 그림에서는 3×3 형태소를 사용한 닫힘 연산의 예를 보여 주고 있다.

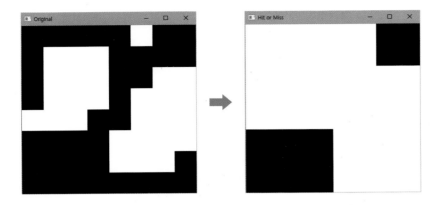

OpenCV에서의 열림과 닫힘 연산

OpenCV에서는 morphologyEx() 함수를 이용하여 열림과 닫힘 연산을 지원하고 있다.

Code 8.4

```
01  #include "opencv2/imgproc.hpp"
02  #include "opencv2/highgui.hpp"
03  #include <iostream>
04
05  using namespace cv;
06  using namespace std;
07
08  int main()
09  {
10      Mat src, dst, open, close;
11      src = imread("d:/test1.png", IMREAD_GRAYSCALE);
12
13      Mat saltpepper_noise = Mat::zeros(src.rows, src.cols, CV_8U);
14      randu(saltpepper_noise, 0, 255);
15
16      Mat black = saltpepper_noise < 30;
17      Mat white = saltpepper_noise > 225;
18
19      Mat saltpepper_img = src.clone();
20      saltpepper_img.setTo(255, white);
21      saltpepper_img.setTo(0, black);
22
23      imshow("src", saltpepper_img);
24
25      Mat element = getStructuringElement(MORPH_RECT, Size(3, 3));
26
27      morphologyEx(saltpepper_img, open, MORPH_OPEN, element);
28      imshow("Opening Demo", open);
29
30      morphologyEx(open, close, MORPH_CLOSE, element);
31      imshow("Closing Demo", close);
```

```
32    waitKey(0);
33    return 0;
34 }
```

실행결과

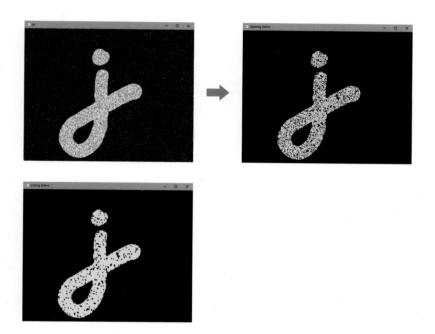

위에서는 입력 영상을 읽어서 소금-후추 잡음을 추가한다. 우리는 열림 연산과 닫힘 연산이 잡음을 얼마나 효과적으로 제거하는지를 알고 싶기 때문이다. 소금-후추 잡음은 영상 위에 소금이나 후추가 뿌려진 형태의 잡음으로 소금은 흰색이고 후추는 검정색 잡음을 만든다. 잡음은 난수 생성 함수를 이용하여 쉽게 만들 수 있다.

코드설명

```
13 Mat saltpepper_noise = Mat::zeros(src.rows, src.cols, CV_8U);
14 randu(saltpepper_noise, 0, 255);
```

입력 영상과 동일한 크기의 영상을 생성하고 0에서 255 사이의 난수값으로 화소의 값을 초기화한다.

```
16 Mat black = saltpepper_noise < 30;
17 Mat white = saltpepper_noise > 225;
```

이 영상에서 30 미만의 화소값이면 1로 만들고, 그렇지 않으면 0으로 만들어서 black에 저장한다. 또 225 이상의 화소값이면 1로 만들고, 그렇지 않으면 0로 만들어서 white에 저장한다.

```
19  Mat saltpepper_img = src.clone();
```

입력 영상을 복제하여 saltpepper_img에 저장한다.

```
20  saltpepper_img.setTo(255, white);
21  saltpepper_img.setTo(0, black);
```

white를 마스크로 하여서 saltpepper_img에 소금 잡음을 추가한다. 즉 white 영상에서 화소의 값이 1인 곳의 화소값을 255로 만든다. 또 black 영상을 마스크로 하여 saltpepper_img에 후추 잡음을 추가한다. 즉 0을 설정한다. black 영상에서 화소의 값이 1인 곳의 화소값을 255로 만든다.

```
25  Mat element = getStructuringElement(MORPH_RECT, Size(3, 3));
```

사각형 형태의 3 × 3 형태소를 생성한다.

```
27  morphologyEx(saltpepper_img, open, MORPH_OPEN, element);
```

형태소를 이용하여 열림 연산을 수행한다.

morphologyEx() 함수는 다음과 같이 정의된다.

```
morphologyEx(src, dst, operation, element)
```

매개 변수	설명
src	소스 영상
dst	출력 영상
operation	형태학적 연산의 종류 · 열림(Opening): MORPH_OPEN: 2 · 닫힘(Closing): MORPH_CLOSE: 3 · 그라디언트(Gradient): MORPH_GRADIENT: 4 · 톱햇(Top Hat): MORPH_TOPHAT: 5 · 블랙햇(Black Hat): MORPH_BLACKHAT: 6
element	사용되는 형태소

```
30  morphologyEx(open, close, MORPH_CLOSE, element);
```

열림 연산이 적용된 영상에 대하여 닫힘 연산을 적용한다.

형태학적 그라디언트

형태학적 그라디언트 ^{Morphological Gradient} 는 팽창과 침식의 차이를 계산하여 객체의 윤곽선을 찾는 방법이다.

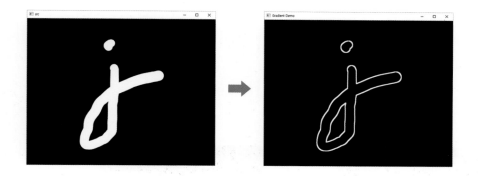

침식 연산은 영상 내 존재하는 물체의 외곽선을 구하는데 이용될 수 있다. 외곽선 추출은 앞장에서 공부했던 에지 검출 마스크와 비슷하다. 일반적으로 외곽선 추출 연산은 한 화소 두께의 외곽선을 생성하며 보통 에지 검출 연산보다 잡음에 덜 민감한 특징이 있다.

외곽선을 추출하려면 먼저 영상에 침식 연산을 적용한다. 앞에서 설명한 바와 같이 영상 내의 물체는 한 화소 축소된다. 그 다음에 원 영상에서 침식 영상을 뺀다. 그 결과는 물체의 외곽선만을 보여주는 영상이다.

$A \oplus B$가 A를 형태소 B로 팽창시키는 연산을 나타낸다고 하자. $A \ominus B$는 A를 B로 침식하는 연산을 나타낸다. A의 외곽선은 다음과 같은 수식으로 계산될 수 있다.

$$A - (A \ominus B)$$

여기서 B는 3 × 3의 형태소이다.

영상 처리에서는 물체의 크기, 모양, 방향을 측정하기 위해 특징 추출 단계에서 물체의 외곽선을 이용한다. 이런 측정치는 물체를 식별하는 단계에서 사용될 수 있다.

Code 8.5

```
01  #include "opencv2/opencv.hpp"
02  #include <iostream>
03  using namespace cv;
04  using namespace std;
05
06  int main()
07  {
08      Mat src, dst, open, close;
09      src = imread("d:/letterj.png", IMREAD_GRAYSCALE);
10
11      imshow("src", src);
12
13      Mat element = getStructuringElement(MORPH_RECT, Size(5, 5));
14      morphologyEx(src, open, MORPH_GRADIENT, element);
15      imshow("Gradient Demo", open);
16      waitKey(0);
17      return 0;
18  }
```

실행결과

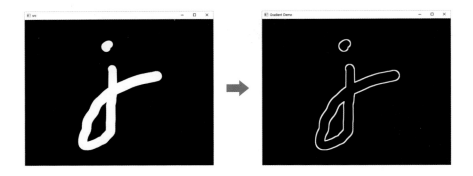

형태학적 그라디언트를 계산하려면 morphologyEx() 함수를 다음과 같이 호출해주면 된다.

```
morphologyEx(src, open, MORPH_GRADIENT, element);
```

여기에서는 형태소를 5 × 5 크기를 사용했음을 유의하자. 이것은 에지를 좀 더 두껍게 표시하기 위한 것이다.

골격화

침식 연산의 유용한 응용분야는 물체의 골격화 ^{skeletonization} 이다. 골격화는 골격선을 구하는 연산으로 중심축 ^{medial axis} 또는 세선화 ^{thinning} 라고도 불리며 어떤 물체의 중심을 지나는 직선이나 곡선을 말한다. 이것도 물체를 간단히 표시하는 표현 방법이 될 수 있다. 예를 들어 사람을 간단히 몇개의 직선으로 표시하는 것이 그 예이다. 물체의 골격화는 중요한 특성이 되는데 왜냐하면 물체에 내재된 구조를 나타내기 때문이다. 물체의 특성에 대해 결정을 내리게 될 때 알려진 다른 구조와 비교하여 물체의 구조를 판단할 수 있다. 이 절에서는 형태학적 연산만을 사용하여 골격을 계산하는 방법을 설명한다. 얻은 골격은 완벽하지 못할 수 있지만 다른 알고리즘과 비교하면 정말 간단한 방법이다.

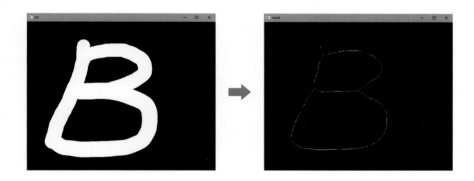

골격화 알고리즘

어떻게 형태학적 연산을 통하여 물체의 골격을 계산할 수 있을까? 연구에 의하면 다음과 같은 수식을 이용하여 골격을 계산할 수 있다고 한다. 영상 A를 k번 연속하여서 침식시킨 영상을 다음과 같이 나타내자.

$$A \ominus kB = ((A \ominus B) \ominus B) \cdots) \ominus B)$$

위에서 $A \ominus B$는 A를 B로 침식하는 연산을 나타낸다.

S_k를 다음과 같이 정의한다. 아래의 수식에서 $\circ$ 기호는 열림 연산^{opening} 을 의미한다.

$$S_k = (A \ominus kB) - (A \ominus kB) \circ B$$

골격은 다음과 같이 정의된다.

$$S(A) = \bigcup_{k=1}^{K} S_k(A)$$

수식은 조금 복잡하지만 골격을 구하는 연산은 반복적인 연산이다. 핵심이 되는 알고리즘은 다음과 같다.

Algorithm 8.1

```
01  img = 입력 영상;
02  do
03  {
04      skeleton = skeleton | (img - open(img));
05      img = erosion(img);
06  } while(img가 빈 영상이 될 때까지)
```

전체 소스는 다음과 같다.

Code 8.6

```
01  #include "opencv2/opencv.hpp"
02  #include <iostream>
03  using namespace std;
04  using namespace cv;
05
06  int main()
07  {
08      Mat img = imread("d:/letterb.png", CV_LOAD_IMAGE_GRAYSCALE);
09      threshold(img, img, 127, 255, cv::THRESH_BINARY);
10
11      imshow("src", img);
12
13      Mat element = getStructuringElement(MORPH_CROSS, Size(3, 3));
14      Mat temp, eroded;
15
16      do
17      {
18          erode(img, eroded, element);
19          dilate(eroded, temp, element);
20          subtract(img, temp, temp);
```

```
21        bitwise_or(skel, temp, skel);
22        eroded.copyTo(img);
23    } while ((countNonZero(img) != 0));
24
25    imshow("result", skel);
26    waitKey(0);
27    return 1;
28 }
```

실행결과

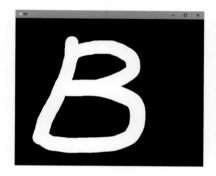 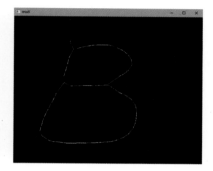

코드설명

```
08 Mat img = imread("d:/letterb.png", CV_LOAD_IMAGE_GRAYSCALE);
09 threshold(img, img, 127, 255, cv::THRESH_BINARY);
```

영상을 읽어서 threshold() 함수를 호출하여서 이진 영상으로 변환한다.

```
12 Mat skel(img.size(), CV_8UC1, Scalar(0));
14 Mat temp, eroded;
```

우리는 반복 연산을 하여야 한다. 따라서 이제까지 계산된 골격선과 임시 영상을 저장하는 Mat 객체 skel과 temp가 필요하다. 골격선 영상 skel은 처음에는 검은 색으로 채워진다.

```
13 Mat element = getStructuringElement(MORPH_CROSS, Size(3, 3));
```

형태학적 연산에 사용할 형태소를 선언해야 한다. 우리는 3 × 3 십자가형 형태소를 사용한다.

```
16 do
17 {
18     erode(img, eroded, element);        // 침식 연산
19     dilate(eroded, temp, element);      // 팽창 연산
```

```
20      subtract(img, temp, temp);          // 빼기 연산
21      bitwise_or(skel, temp, skel);       // 비트별 논리합 계산
22      eroded.copyTo(img);                 // eroded를 img로 복사한다.
23  } while ((countNonZero(img) != 0));     // 하나의 화소라도 남아 있으면 반복
```

입력 영상에 적어도 하나의 화소가 남아 있는지 확인하기 위해서는 countNonZero() 함수를 사용한다.

Hit-or-Miss 변환

Hit-or-Miss 변환 ^{Hit-or-Miss transform}은 영상에서 특정한 패턴을 찾는 데 사용할 수 있는 이진 형태학적 연산이다. 다른 이진 형태학적 연산자와 마찬가지로 입력으로 이진 영상과 형태소를 취하고 이진 영상을 출력한다. 이 변환은 고급 형태학적 연산인 세선화 ^{thinning}나 가지치기 ^{pruning} 연산의 기초가 된다. OpenCV에서도 최근에 이 기능을 `morphologyEx()`에 추가하였다.

이론적인 내용

형태학적 연산자는 모양에 따라 영상을 처리한다. 형태학적 연산자는 입력 영상에 하나 이상의 형태소를 적용하여 출력 영상을 얻는다. 우리가 살펴보았듯이 2가지 기본적인 형태학적인 연산은 침식과 팽창이다. 이 두 연산을 결합하면 열림, 닫힘과 같은 고급 연산을 만들 수 있었다.

Hit-or-Miss 변환은 이진 영상의 특정한 패턴을 찾는 데 유용하다. 특히, 이웃한 화소가 첫 번째 형태소 B_1의 모양과 일치하는지 확인하면서 동시에 두 번째 형태소 B_2의 모양과 일치하지 않는 곳을 찾는다. 수학적으로, 영상 A에 적용된 연산은 다음과 같이 나타낼 수 있다.

$$A \circledast B = (A \ominus B_1) \cap (A^c \ominus B_2)$$

Hit-or-Miss 연산은 다음의 3가지 단계로 이루어진다.

      ① 입력 영상 A를 형태소 B_1으로 침식한다.
      ② 영상 A의 역영상 A^c를 형태소 B_2로 침식한다.
      ③ 1단계와 2단계의 결과를 AND 연산한다.

형태소 B_1과 B_2는 다음과 같이 하나의 형태소로 결합될 수 있다.

0	1	0
1	0	1
0	1	0

0	0	0
0	1	0
0	0	0

0	1	0
1	-1	1
0	1	0

왼쪽은 "hit"에 해당되는 형태소이고 중간은 "miss" 형태소이다. 오른쪽 형태소는 이들을 결합한 형태소이다.

이 경우에 우리는 중심 화소가 배경에 해당되고 동서남북 방향의 화소는 전경에 해당되는 패턴을 찾고 있다. 나머지 화소들은 "don't care", 즉 상관없다. 위의 형태소를 간단한 이진 영상에 적용해 보면 다음과 같다. 특정한 형태가 있는 곳을 찾음을 알 수 있다.

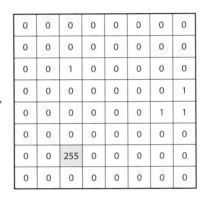

이것을 간단한 프로그램으로 살펴보자. 아래의 코드는 OpenCV 튜토리얼 코드를 약간 수정한 것이다.

Code 8.7

```
01  #include "opencv2/opencv.hpp"
02  #include <iostream>
03  using namespace std;
04  using namespace cv;
05
06  int main()
07  {
08      Mat input_image = (Mat_<uchar>(8, 8) <<
09          0, 0, 0, 0, 0, 0, 0, 0,
10          0, 255, 255, 255, 0, 0, 0, 255,
11          0, 255, 255, 255, 0, 0, 0, 0,
12          0, 255, 255, 255, 0, 255, 0, 0,
13          0, 0, 255, 0, 0, 0, 0, 0,
```

```
14        0, 0, 255, 0, 0, 255, 255, 0,
15        0, 255, 0, 255, 0, 0, 255, 0,
16        0, 255, 255, 255, 0, 0, 0, 0);
17    Mat kernel = (Mat_<int>(3, 3) <<
18        0, 1, 0,
19        1, -1, 1,
20        0, 1, 0);
21    Mat output_image;
22
23    morphologyEx(input_image, output_image, MORPH_HITMISS, kernel);
24
25    // 영상을 확대하여 표시한다.
26    const int rate = 50;
27    resize(input_image, input_image, Size(), rate, rate, INTER_NEAREST);
28    imshow("Original", input_image);
29    resize(output_image, output_image, Size(), rate, rate, INTER_NEAREST);
30    imshow("Hit or Miss", output_image);
31    waitKey(0);
32    return 0;
33 }
```

실행결과

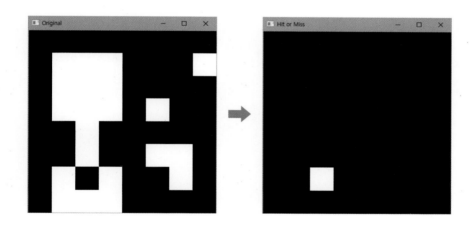

코너를 찾는 형태소

영상의 코너(모서리)를 찾으려면 어떤 형태소를 사용해야 하는가? 이진 영상에서 모든 코너를 찾으려면 이진 영상에서 발견되는 4가지 종류의 코너를 나타내는 4가지 형태소를 사용하여 Hit-or-Miss 변환을 4번 실행해야 한다. 다음 그림은 이 작업에 사용된 4가지 형태소를 보여준다.

[그림 8.1] **Hit-or-Miss 변환을 사용하여 이진 영상에서 코너 찾기에 사용되는 4개의 형태소**

각 방향의 모서리 위치를 얻은 후에는 이 모든 영상들을 간단히 OR로 합쳐 모든 방향의 직각 모서리의 위치를 보여주는 최종 결과를 얻을 수 있다. 아래 그림은 코너 감지의 결과를 보여준다.

▶ 형태학적 연산이란 형태를 가지고 영상을 처리하는 것이다.

▶ 침식 연산은 형태소와 완전히 일치하는 화소만 남기고 나머지 화소는 제거하는 것으로 객체의 크기가 줄어든다. 침식 연산은 영상 안의 작은 크기의 잡음을 제거하는데 효과적이다.

▶ 팽창 연산은 형태소와 일부만 일치해도 화소를 추가한다. 팽창 연산을 수행하면 객체의 크기가 확대되기 때문에 객체의 빈 공간을 메울 수 있다.

▶ 열림 연산은 영상에 침식 연산을 수행한 후에 바로 팽창 연산을 수행하는 것이다. 침식 연산으로 작은 크기의 잡음이 제거되면서 팽창 연산으로 인해 객체의 크기가 복원된다.

▶ 닫힘 연산은 영상에 팽창 연산을 수행한 후에 바로 침식 연산을 수행하는 것이다. 팽창 연산으로 객체가 팽창하면서 작은 홀들이 메워지고 침식 연산으로 객체의 크기가 복원된다.

▶ 형태학적 그라디언트는 이진 영상의 외곽선을 추출하는 방법이다. 영상에 침식 연산을 적용하면 영상 내의 물체는 축소된다. 원 영상에서 침식 영상을 빼면 물체 외곽선만을 보여주는 영상이 된다.

▶ 영상 A를 연속하여 침식시키면 영상의 골격선을 계산할 수 있다.

▶ Hit-or-Miss 변환^{Hit-or-Miss transform}은 영상에서 특정한 패턴을 찾는 데 사용할 수 있는 이진 형태학적 연산이다.

01 침식과 팽창 연산에 대하여 설명하라.

02 다음과 같은 형태소를 이용하여 팽창 연산을 수행하라.

A

0	0	0	0	0	0	0	0
0	0	0	1	1	0	0	0
0	1	1	1	1	1	1	0
0	0	1	1	1	0	1	0
0	1	1	1	1	1	1	0
0	0	0	0	0	0	0	0

B

0	1	0
1	1	1
0	1	0

03 다음과 같은 형태소를 이용하여 침식 연산을 수행하라.

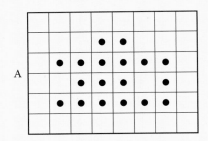

A

B

04 다음과 같은 형태소를 이용하여 열림 연산을 수행하라.

A

0	0	0	0	0	0
0	0	1	0	0	0
0	1	1	0	0	0
0	1	1	1	0	0
0	1	1	0	1	0
0	0	0	0	0	0

B

0	1
1	1

05 아래와 같은 이진 영상을 형태학적 연산을 이용해서 정리해보자. 어떤 연산을 적용해야 하는가?

```
0 0 0 0 0 0 0 0 0
0 0 1 1 0 1 1 0 0
0 0 1 0 1 0 0 1 0
0 0 1 1 1 1 1 0 0
0 0 1 1 0 0 1 0 0
0 1 1 1 1 1 1 0 0
0 0 0 0 0 0 0 0 0
```

06 십자가형 형태소를 이용하여 아래 영상에 대한 열림 연산, 닫힘 연산의 결과를 추정해보자.

0	0	0	0	0	1	0	0
0	1	1	1	0	0	0	0
0	1	1	1	0	0	1	1
0	1	1	1	0	1	1	1
1	1	1	0	0	1	0	1
0	0	0	0	1	1	1	1
0	0	0	0	1	1	1	0
0	0	0	0	0	0	0	0

0	1	0
1	1	1
0	1	0

07 이진 영상을 읽어서 크기가 5 × 5인 형태소를 이용해서 침식 연산을 수행하는 프로그램을 작성하자. 크기가 3 × 3인 형태소를 사용한 경우와 비교해보자.

08 우리는 특정한 형태를 형태학적 연산을 이용하여 찾을 수 있다. 문자들이 들어 있는 이진 영상에서 알파벳 'e'를 찾는 프로그램을 작성해보자.

DIGITAL IMAGE PROCESSING Using OpenCV

Chapter **09**

컬러 영상 처리

단원 목표

• 컬러의 속성을 이해한다.
• 인간이 컬러를 인지하는 과정을 이해한다.
• 다양한 컬러 모델을 이해하고 장점과 단점을 알아본다.
• OpenCV로 색상 성분을 분리할 수 있다.
• 컬러를 이용하여 객체를 분할할 수 있다.
• OpenCV를 이용하여 크로마키 합성을 수행할 수 있다.

(1) 영상에서 하늘 부분을 감지하는 프로그램을 작성해보자.

(2) 녹색 배경을 다른 영상으로 대체해보자.

(3) 비디오에서 테니스 공을 추적하는 프로그램을 작성해보자.

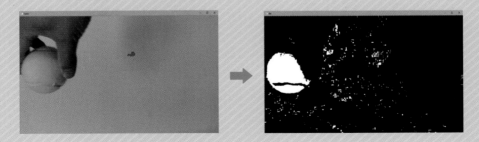

컬러란?

영상 처리에서 컬러는 상당히 많이 사용된다. 컬러를 사용하면 영상으로부터 간단하게 특정 객체를 식별할 수 있다. 예를 들어 자율 주행 자동차에서 카메라를 통하여 도로표지판을 식별해야 한다고 하자. 도로표지판을 식별하려면 컬러를 사용하는 것도 좋은 방법이다. 일반적으로 도로 표지판은 노란색이나 빨간색으로 되어 있기 때문이다. 또 인간은 본 질적으로 명도보다는 컬러에 민감하다. 인간은 수천 개의 컬러를 식별할 수 있지만 명도 단계는 약 20개 정도만을 구분할 수 있다고 한다.

컬러란 무엇인가?

우리는 일상에서 흔히 접하는 컬러color 에 대해서는 아주 잘 알고 있다. 하지만 정확히 컬러는 무엇에 의해서 결정될까? 컬러는 빛light 과 인간의 지각perception 에 기초한다. 햇빛과 같은 백색광은 여러 가지 색상과 자외선, 적외선 등으로 이루어져 있다. 물리학자 아이작 뉴턴은 1666년에 태양 광선이 프리즘을 통과하면 다음과 같이 색상이 분리되는 것을 발견하였다.

White Light

가시광선은 전자기파의 일종

왜 프리즘을 통과하면 색상들이 분리될까? 가시광선은 넓게 보면 전자기파 electromagnetic wave 의 일종이다. 전자기파 중에서 파장이 400nm에서 700nm 사이인 것을 가시광선 visible light 이라고 한다. 하나의 색을 다른 색과 다르게 만드는 것이 파장 wavelength 이다. 파장은 주파수의 역수로서 전자기파의 마루와 마루 사이의 거리이다.

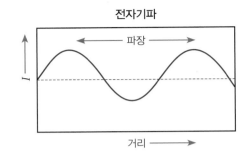

프리즘 안에서는 각 색상(파장)마다 프리즘을 통과하는 속도가 달라지기 때문에 굴절률이 달라진다. 따라서 프리즘 안에서 꺾이는 각도도 달라져서 무지개 색상이 나타나게 된다. 우리가 볼 수 있는 색 중에서 보라색의 파장이 가장 짧고 빨간색의 파장이 가장 크다. 따라서 전자기파의 파장이 색깔을 결정한다고 할 수 있다.

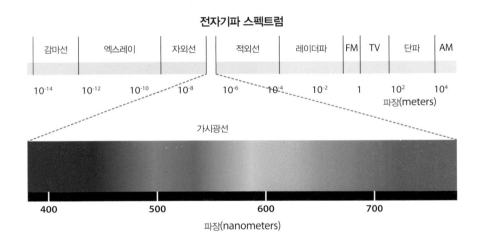

물체의 색상

왜 사과는 빨간색으로 보일까? 태양으로부터 오는 백색광에는 모든 색상의 빛이 들어 있다. 물체에 닿은 백색광의 일부는 반사되고 일부는 흡수된다. 우리가 감지하는 색상은 물체가 반사하는 색이다. 다음 그림에서 우리가 사과를 빨간색으로 인지하는 것은 사과가 다른 색상은 흡수하고 빨간색만 반사하기 때문이다.

모든 색상을 흡수하는 물체는 완전히 검은색으로 보이며, 모든 색상을 반사하는 물체는 완전히 흰색으로 보인다. 식물은 녹색 빛을 반사하지만 파란색과 빨간색을 흡수하므로 녹색으로 보이는 것이다.

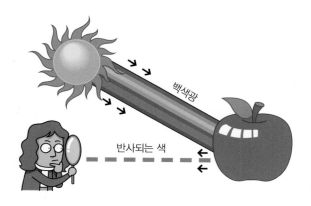

백색광

반사되는 색

컬러와 인간의 시각

우리는 빛의 파장에 따라서 색상을 달라지는 것을 알 수 있었다. 전자기파의 파장이 색상을 결정하는 첫 번째 요인이다. 하지만 색상을 감지하는 데는 인간의 시각도 중요한 역할을 한다. 전자기파의 파장을 색상으로 인식하는 것은 인간의 시각이기 때문이다.

예를 들어서 지구상의 모든 동물이 파장이 700nm인 전자기파를 빨간색으로 동일하게 느낄까? 그렇지 않다. 전자기파의 파장은 절대적인 물리적 개념이지만 컬러는 절대적인 물리적 개념이 아니다. 동물들의 시각은 인간과 많이 다르다. 인간을 제외한 대부분의 동물은 색깔을 잘 구별하지 못한다. 예를 들어 강아지의 눈은 색구별을 잘 할 수 없어서 거의 흑백에 가깝게 사물을 본다고 한다. 사람은 빨간색, 파란색, 초록색을 구별하는 3가지의 원추세포를 가지고 있는데, 강아지는 파란색과 노란색을 구별하는 2가지 종류의 원추세포만을 가지고 있다. 따라서 강아지의 눈에는 빨간 사과가 노란색으로 보인다고 한다.

따라서 컬러에 대한 연구는 인간의 시각에 대한 연구이기도 하다. "가시광선"이라는 용어 자체가 인간이 볼 수 있는 광선이라는 의미이다. 예를 들어 꿀벌은 자외선까지 볼 수 있지만 빨간색에는 민감하지 않다. 따라서 꿀벌한테는 자외선도 가시광선이다. 어떤 나비는 6가지 종류의 광 수용체를 가지고 있다고 한다. 하늘을 나는 새는 사람보다 색채가 풍부하고, 또렷하게 세상을 본다고 한다. 또 사람들마다 컬러를 조금씩은 다르게 볼 수 있다. 자연계에서는 물리학적으로 정해진 색깔은 없다. 인간이 컬러를 정의하는 것이다.

컬러		파장	주파수
	Red	～ 700 – 635nm	～ 430 – 480THz
	Orange	～ 635 – 590nm	～ 480 – 510THz
	Yellow	～ 590 – 560nm	～ 510 – 540THz
	Green	～ 560 – 520nm	～ 540 – 580THz
	Cyan	～ 520 – 490nm	～ 580 – 610THz
	Blue	～ 490 – 450nm	～ 610 – 670THz
	Violet or Purple	～ 450 – 400nm	～ 670 – 750THz

출처: 위키백과

인간 시각의 구조

인간의 눈이 색을 구별할 수 있는 것은 망막에 3가지 유형의 원추세포가 서로 다른 파장의 빛에 대해 반응하기 때문이다.

인간의 눈

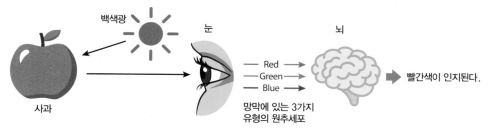

파장에 따라 각 유형의 원추세포의 응답을 그려보면 [그림 9.1]과 같다. 첫 번째 유형의 원추세포는 450nm 부근의 파장을 갖는 청색 빛에 가장 잘 반응한다. 이 유형의 원뿔세포를 B 원추세포라고 한다. 두 번째 유형의 원추세포는 540nm 파장의 녹색 빛에 가장 민감하게 반응한다. 이것을 G 원추세포라고 한다. 세 번째 유형의 원추세포 R은 570nm 파장의 빨간색에 가장 민감하다. 따라서 각 파장에 대한 원추세포의 응답성을 그래프로 그리면 다음과 같다.

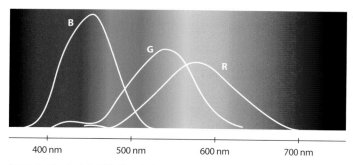

[그림 9.1] **2가지 원추세포의 응답성**

입력되는 빛이 아무리 복잡한 파장을 가지고 있어도 인간의 눈에 의해 3가지 컬러 성분으로 줄어든다. 3가지 유형의 원추세포가 자극의 정도에 따라 신호를 생성하는 것이다. 이것을 삼자극치$^{tri-}$ $^{stimulus\ value}$라고 한다. 삼자극치는 (B, G, R)로 나타낼 수 있다. 인간의 두뇌는 이 삼자극치 (B, G, R)만 가지고 컬러를 판단한다.

응답 곡선이 겹치기 때문에 일부 삼자극치는 발생하지 않을 수도 있다. 예를 들어서 G 원추세포만을 자극하는 것은 불가능하다. 다른 원추세포들도 필연적으로 어느 정도는 동시에 자극되기 때문이다. 가능한 모든 삼자극치의 집합이 사람이 감지할 수 있는 컬러 공간을 결정한다. 인간은 대략 1,000만 가지의 색을 구분할 수 있는 것으로 추산된다. 하지만 사람들이 동일하게 색상을 구별하는 것은 아니다. 사람마다 원추세포가 민감한 영역이 조금씩 다를 수 있다는 것이다. 예를 들어 G 원추세포가 빨간색 쪽으로 치우친 사람은 빨간색을 잘 인지할 수 없다. 이것을 색약이라고 한다.

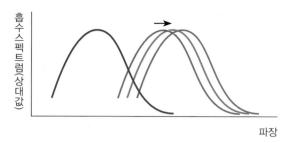

컬러 정의

우리는 컬러가 빛의 파장과 관련되어 있다는 것은 알 수 있지만 여러 파장이 섞인 빛을 인식하는 것은 상당히 복잡하다. 인간은 빛의 파장들의 다양한 조합을 동일한 컬러로 인식한다. 예를 들어서 570nm 파장의 순수한 노란색과 540nm와 635nm 파장이 섞인 빛도 동일한 노란색으로 인식한다. 눈에서 발생되는 삼자극치가 동일하기 때문이다.

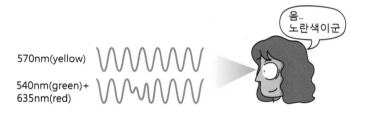

이것을 잘 알 수 있는 것이 1931년 국제 조명위원회에서 만든 CIE XYZ 색상 공간(CIE 1931 색 공간이라고도 함)이다. 아래의 그래프는 인간이 인식할 수 있는 컬러를 파장의 함수로 표시한 것이다.

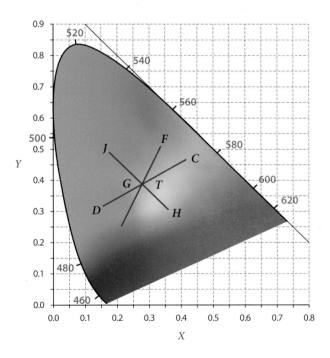

위의 데이터는 CIE는 특정한 파장의 빛을 3원색으로 지정하였다(435.8nm 파장의 빛을 청색, 546.1nm 파장의 빛을 녹색, 700nm의 빛을 적색).

위의 도표에서 색상 T는 파장 C와 D를 섞어서 만들 수 있고 파장 F와 G를 섞어도 만들 수 있다. 즉 다양한 방법으로 인간이 동일하다고 간주하는 색상을 만들 수 있는 것이다.

원색의 개념

인간은 컬러를 판단할 때 원추세포에서 발생되는 3개의 값만을 사용한다. 그렇다면 모든 컬러 색상은 적은 수의 원색^{primary color}들을 섞으면 만들 수 있지 않을까? 어떤 원색을 사용해야 할까? 물리학자 맥스웰의 연구에 의하면 3개의 원색(R, G, B)들을 적절하게 섞으면 거의 모든 컬러를 만들어 낼 수 있다고 한다.

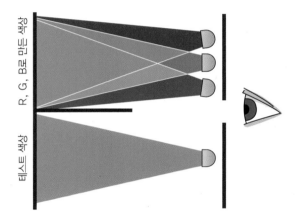

원색들은 어떻게 선택되었을까? 원색은 절대 다른 색들의 혼합으로 만들 수 없는 색상이다. 또 원색들을 모두 합하면 흰색이 되어야 한다. 우리가 가장 많이 알고 있는 원색은 빨간색^{red}, 녹색^{green}, 파란색^{blue}일 것이다.

컬러 모델

영상 처리에는 다양한 컬러 모델이 사용된다. 컬러 모델마다 장점과 단점이 있으므로 영상 처리 알고리즘의 성능을 극대화하려면 적절한 컬러 모델을 사용하여야 한다.

RGB 컬러 모델

RGB 컬러 모델에서는 빨간색^{red}, 녹색^{green}, 파란색^{blue}의 3가지 성분을 혼합하여 색상을 정의한다. RGB 컬러 모델은 3원색을 서로 합하는 가산 컬러 모델$^{additive\ color\ model}$이다. RGB라는 이름은 3원색의 첫 글자를 딴 것이다. RGB 컬러 모델은 우리 눈이 컬러를 인식하는 방법과도 연관이 있어서 가장 많이 사용되고 친숙한 방법이다.

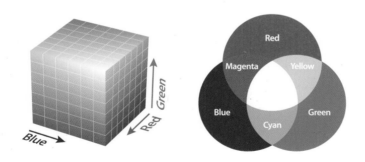

RGB로 색상을 형성하려면 3개의 광선(빨간색, 녹색, 파란색 중 하나)을 중첩해야 한다. 3개의 광선은 색상을 이루는 성분이라고 불리며, 각각의 광선은 완전히 꺼진 상태에서 완전히 켜진 상태까지 임의의 강도를 가질 수 있다. RGB 컬러 모델을 다음과 같이 이해해보자. 어두운 방안에 빨간색, 녹색, 파란색의 전등이 있고 흰 벽에 3개의 조명을 함께 비춘다고 가정하자. 빨간색등만 켜져 있으면 벽은 빨간색이 된다. 녹색등만 켜져 있으면 벽이 녹색으로 보일 것이다. 만약 빨간색과 녹색등이 동시에 켜지면 벽은 노란색으로 보일 것이다. 이런 식으로 3가지 색상의 혼합에 따라 다양한 색상이 생성된다.

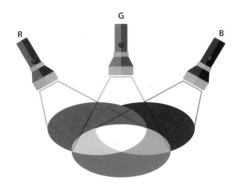

RGB 색상 모델은 가산 모델이라고 불린다. 최종 색상을 만들기 위하여 3개의 광선이 서로 합쳐져야 하기 때문이다. 이것은 잉크나 페인트에 적용되는 감산 모델과는 완전히 반대이다. 각 성분이 0이면 검은색이 되고 각 성분이 최대 강도이면 흰색이 된다. R, G, B 각각의 성분이 0 ~ 255 사이의 값을 가진다고 하면 총 $256 \times 256 \times 256 = 16,777,216$가지의 컬러를 표현할 수 있다.

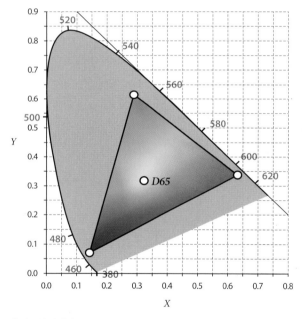

출처: 위키백과

RGB 컬러 모델로 모든 색상을 표현할 수 있을까? 절대 그렇지 않다. 색상은 인간의 감각 기관과도 밀접한 관계가 있다. 이들 3원색을 사용한다고 해서 모든 컬러를 만들어 낼 수 있는 것은 아니다. 3원색이 만들 수 있는 색의 범위는 위의 그림에서처럼 3원색을 꼭짓점으로 하는 삼각형 안의 컬러이다.

CIE 도표는 인간이 감지할 수 있는 모든 색상을 망라한 것이라고 보면 된다. 위의 그림에서 말발굽 모양이 바로 이것이다. 이 중에서 RGB 모델이 표현할 수 있는 삼각형에 해당되는 것으로 삼각형의 꼭짓점이 빨간색, 녹색, 파란색에 해당한다. 이 삼각형 안에 존재하는 색깔이 RGB 모델이 만들어 낼 수 있는 색깔이다. 어떤 컬러는 이들 세 가지의 색깔만을 혼합하여 만들 수 없는데 이는 삼각형 밖의 점으로 나타난다. 디스플레이나 다른 출력 장치가 표시할 수 있는 가능한 컬러의 범위를 색역gamut 이라고 한다. 프린터는 일반적으로 디스플레이보다 상당히 작은 색역을 가진다.

CIE 도표는 컬러 정의를 위한 도구로 쓸 수 있다. 그러나 CIE 컬러 체계는 하드웨어의 동작이나 인간의 시각 어떤 쪽에도 대응되지 않는 체계이다. 다른 체계로는 HSV Hue, Saturation, Value , HSI Hue, Saturation, Intensity , HLS Hue, Lightness, Saturation 컬러 모델이 있다.

RGB 컬러 모델의 주된 목적은 카메라, 텔레비전, 컴퓨터와 같은 전자 시스템에서 영상을 감지, 표현 및 표시하는 데 있다. RGB는 장치 종속적인 컬러 모델이다. 하드웨어에 따라서 RGB 값을 다르게 감지하거나 재현하기 때문이다. 컴퓨터에서 사용하는 LCD 디스플레이도 수백만 개의 작은 빨간색, 녹색, 파란색 소자들을 가지고 있다. LCD 디스플레이가 표시할 수 있는 색역은 빨간색, 녹색, 파란색 소자에 사용되는 색상에 따라 달라진다.

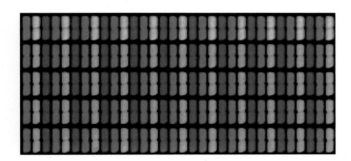

그렇다면 카메라는 어떻게 컬러 영상을 생성할까? 컬러 영상은 가시광선의 3원색에 해당하는 파장에서의 강도intensity 를 기록함으로써 생성된다. 컬러 카메라에 사용되는 센서는 각 줄이 번갈아서 빨간색, 녹색, 파란색 빛을 받을 수 있게 되어 있다는 점을 빼면 흑백 카메라에서 쓰이던 것과 동일하다.

CMY 컬러 모델

CMY는 물감의 3원색이다. 컬러 프린터와 같이 물감을 사용하는 장치들은 CMY 컬러를 필요로
한다. RGB 컬러는 다음과 같이 수식을 이용하여 아주 간단히 CMY 컬러로 변환할 수 있다.

$$\begin{bmatrix} C \\ M \\ Y \end{bmatrix} = \begin{bmatrix} 1 \\ 1 \\ 1 \end{bmatrix} - \begin{bmatrix} R \\ G \\ B \end{bmatrix}$$

여기서 모든 컬러값이 [0, 1] 범위로 정규화되었다고 가정한다.

HSV 컬러 모델

앞에서 살펴본 RGB 컬러 모델은 하드웨어 구현에 적합하고 인간의 눈이 컬러를 인식하는 방법과
비슷해서 장점이 많다. 하지만 직관적으로 컬러를 묘사하는 데는 적합하지 않다. 예를 들어서 자
동차를 구입할 때 색상을 (R, G, B) 값으로 이야기하지는 않는다. 인간은 "진한 청색", "어두운 노
란색"과 같은 단어를 사용한다. 그렇다면 인간이 가장 많이 사용하는 컬러 묘사 방법은 무엇일까?
바로 HSV 컬러 모델이다. 하나의 컬러를 색조, 채도, 명도로 표현하는 방법이다. 우리가 초등학교
때 많이 사용하였던 크레파스의 배열이 바로 HSV 컬러 모델과 유사하다.

HSV 컬러 모델은 Hue^{색조}, Saturation^{채도}, Value^{명도}의 3가지 성분으로 하나의 색상을 표현
한다. Hue는 색조^{색의 종류}를 나타낸다. Saturation은 그 색이 얼마나 순수한 색인지를 표현한다.
Value는 밝기를 나타낸다. 이들은 모두 1970년대에 컴퓨터 그래픽 연구자들에 의하여 설계된 컬
러 모델이다.

출처: 위키 백과

이 모델에서 각 색조들은 중심축을 중심으로 방사형 슬라이스로 배열되어 있으며 아래쪽으로 갈
수록 어두워지고, 위쪽으로 갈수록 밝아진다. HSV 모델은 다양한 색상의 페인트가 혼합되는 방
식을 모델화한 것이다. 영상처리에서 H, S, V는 0에서 255 사이의 값으로 표현된다. H 값은 색의
종류를 나타낸다. 예컨대 빨강, 노랑, 파랑과 같이 색깔을 숫자로 표현한 것이다. 흔히 H 값은 0도

에서 180도까지의 각도로 표현된다. S 값은 0에서 255 사이의 값으로 색의 선명도를 나타낸다. S 값이 255이면 아무것도 섞지 않아 맑고 깨끗한 원색이다. S 값이 0에 가까우면 백색이 많이 섞인 색이다. V 값은 밝기의 정도를 나타낸다. 우리가 컬러 영상을 그레이스케일 영상으로 변환하면 바로 V만을 사용하는 것이다.

RGB 컬러 모델이 하드웨어를 위한 이상적인 컬러 모델이라면 HSV는 인간이 직관적으로 이해할 수 있는 컬러 모델로 영상 처리 프로그램을 개발하는 데 많이 사용된다.

RGB 컬러 모델에서 HSV 컬러 모델로 변환하려면 다소 복잡한 수식을 이용해야 해서 여기서는 3가지 성분 중에서 밝기 성분 계산식만을 소개하도록 하자.

$$V = \frac{1}{3}(R + G + B)$$

YIQ 컬러 모델

컬러 텔레비전 방송에 쓰이는 컬러 모델은 RGB가 아닌 YIQ 컬러 시스템이다. 이것은 컬러를 3가지의 성분으로 나누는데 Y, I, Q가 그것이다. OpenCV에서는 Y, U, V라고 한다.

Y는 명시도^{luminance}를 뜻한다. 영상의 밝기로써 흑백 수상기에 나타나는 영상이다. Y는 사람 눈의 감광성에 비례하여 빨간색, 녹색, 파란색 신호를 결합하여 만들어진다. I와 Q 성분은 색차라고 부르는 성분으로 방송에 쓰이는 장비와의 호환성을 위해 선택되었다. I는 근본적으로 빨간색^{red}에서 시안색^{cyan}을 뺀 것이고 Q는 마젠타색^{magenta}에서 녹색^{green}을 뺀 것이다. YIQ 컬러 체계와 RGB 컬러 체계의 관계는 아래 수식으로 정의된다.

$$\begin{bmatrix} Y \\ I \\ Q \end{bmatrix} = \begin{bmatrix} 0.299 & 0.587 & 0.114 \\ 0.596 & -0.274 & -0.322 \\ 0.211 & -0.523 & 0.312 \end{bmatrix} \begin{bmatrix} R \\ G \\ B \end{bmatrix}$$

영상에서 Y, I, Q는 각각 0 ~ 255 사이의 값을 가진다. Y는 밝기이므로 Y 값이 커지면 밝아지고 Y가 작아지면 어두워진다. YIQ 모델은 주로 방송이나 영상 압축 알고리즘인 MPEG에서도 사용된다. 인간의 눈은 밝기에는 민감하지만 색차에는 둔감하기 때문에 밝기에는 비트를 많이 할당하고 색차에는 비트를 적게 할당하면 영상의 크기를 줄일 수 있다. RGB 신호를 YIQ 신호로 바꾸는 것은 어렵지 않으며 정보가 유실되지 않는다. RGB와 YIQ는 모두 하드웨어 위주의 체계이다. RGB는 카메라의 센서와 디스플레이 발광소자가 동작하는 방식에서 유래한 것이고 YIQ는 방송을 위한 것이다.

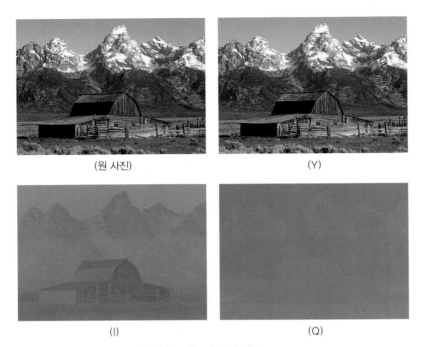

(원 사진)　　　　　　　　　　　(Y)

(I)　　　　　　　　　　　(Q)

By Tokachu at English Wikipedia, CC BY 2.5

색상 공간 변환

색상 채널 분리하기

BGR 영상에서 B, G, R을 분리하여 윈도우에 표시하려면 어떻게 해야 할까? split() 함수를 사용하면 된다.

Code 9.1

```
01   #include "opencv2/opencv.hpp"
02   #include <iostream>
03   using namespace cv;
04   using namespace std;
05
06   int main()
07   {
08       Mat image;
09       image = imread("d:/rcube.jpg", CV_LOAD_IMAGE_COLOR);
10
11       Mat bgr[3];
12       split(image, bgr);
13
14       imshow("src", image);
15       imshow("blue", bgr[0]);
16       imshow("green", bgr[1]);
17       imshow("red", bgr[2]);
18       waitKey(0);
19       return 0;
20   }
```

> BGR영상을 B, G, R 성분으로 분리한다.

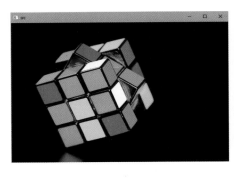

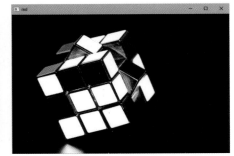

컬러 공간 변경

RGB 색상 공간을 HSV로 변경하고 싶으면 어떻게 하면 될까? OpenCV에서는 색상 공간을 어떻게 바꿀까? OpenCV에서는 cvtColor() 함수를 사용하면 된다. cvtColor() 함수는 다음과 같은 원형을 가진다.

```
void cvtColor(InputArray src, OutputArray dst, int code)
```

매개 변수	설명
src	입력 영상
dst	출력 영상
code	색상 공간 변환 코드이다 • COLOR_BGR2HSV: BGR 컬러 모델을 HSV 컬러 모델로 변경한다. • COLOR_YUV2BGR: YUV 컬러 모델을 BGR 컬러 모델로 변경한다.

상수	컬러 모델	상수	컬러 모델
1	COLOR_RGB2BGR	5	COLOR_RGB2HSV
2	COLOR_RGB2BGRA	6	COLOR_RGB2Luv
3	COLOR_RGB2GRAY	7	COLOR_RGB2YUV
4	COLOR_RGB2HLS	8	COLOR_RGB2Lab

이번에는 BGR 영상을 HSV 컬러 모델로 바꾸어서 H, S, V를 윈도우에 표시해보자.

Code 9.2

```
01  #include "opencv2/opencv.hpp"
02  #include <iostream>
03  using namespace cv;
04  using namespace std;
05
06  int main()
07  {
08      Mat image, hsv, dst;
09      image = imread("d:/lenna.jpg", CV_LOAD_IMAGE_COLOR);
10      cvtColor(image, hsv, CV_BGR2HSV);
11
12      Mat array[3];
13      split(hsv, array);
14      imshow("src", image);
15      imshow("hue", array[0]);
16      imshow("saturation", array[1]);
17      imshow("value", array[2]);
18
19      waitKey(0);
20      return 0;
21  }
```

실행결과

4

컬러맵 사용하기

영상의 컬러들을 다시 매핑하여 영상의 분위기를 변경할 수 있다. 즉 영상의 배경이 사막 느낌이 나게 한다거나 겨울 분위기 등을 만들 수 있는 것이다. 이것은 영상의 컬러들을 조금씩 바꾸어주면 된다.

다음과 같은 2가지의 방법이 있다.

▶ $dst(x, y) \leftarrow T(src(x, y))$: 각 화소를 독립적으로 처리한다.
▶ $dst(x, y, c) \leftarrow LUT(src(x, y, c))$: 각 채널당 하나의 참조 테이블을 사용한다.

OpenCV에서는 `applyColorMap()`을 사용하면 그레이스케일 영상에도 컬러를 입힐 수 있다. 인간의 시각은 그레이스케일 영상의 미세한 변화를 관찰하기에는 적합하지 않다. 인간의 시각은 색상 간의 변화를 관찰하는 데 더 민감하므로 그레이스케일 영상을 컬러로 다시 칠해야 할 필요가 있다. OpenCV는 시각화를 향상시키기 위해 다양한 색상 맵을 제공한다. OpenCV에는 몇 가지의 기본적인 컬러맵이 준비 되어 있다.

COLORMAP_AUTUMN		COLORMAP_SPRING	
	autumn		spring
COLORMAP_BONE		COLORMAP_COOL	
	bone		cool
COLORMAP_JET		COLORMAP_HSV	
	jet		HSV
COLORMAP_WINTER		COLORMAP_PINK	
	winter		pink
COLORMAP_RAINBOW		COLORMAP_HOT	
	rainbow		hot
COLORMAP_OCEAN		COLORMAP_PARULA	
	ocean		parula
COLORMAP_SUMMER			
	summer		

이것을 사용하여 컬러를 다시 매핑하는 간단한 예제를 작성해보자.

Code 9.3

```
01  #include "opencv2/opencv.hpp"
02  #include <iostream>
03  using namespace cv;
04  using namespace std;
05
06  int main()
07  {
08      Mat img = imread("d:/lenna.jpg");
09      Mat img_color;
10      applyColorMap(img, img_color, COLORMAP_HOT);
11      imshow("img_color", img_color);
12      waitKey(0);
13  }
```

실행결과

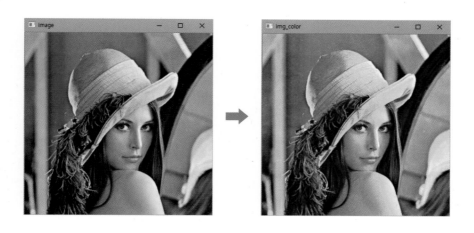

5

컬러를 이용한 객체 분할

객체 감지 및 분할은 컴퓨터 비전의 가장 중요하고 도전적인 기본 작업이다. 영상 검색, 장면 이해 등과 같은 많은 응용 프로그램에서 객체 감지는 중요한 부분이다. 그러나 객체를 배경에서 분리하는 작업은 다양성과 복잡성으로 인해 여전히 열려있는 문제이다. 영상에서 객체를 감지하고 구분하는 가장 쉬운 방법은 색상 기반 방법이다. 색상 기반 방법을 사용하여 객체를 성공적으로 구분하기 위해서는 객체와 배경이 중요한 색상 차이를 가져야 한다.

이번 실습에서는 영상에서 특정한 색상을 지정하고 이 색상과 유사한 영역을 분리하는 프로그램을 작성해보자. 예를 들어서 하늘이나 바다를 색상으로 분리할 수도 있다. 이 예에서는 하늘색을 찾아서 하늘이면 255를 할당하고 다른 영역에는 0을 할당하여 이진 영상을 생성한다.

Code 9.4

```
01  #include "opencv2/opencv.hpp"
02  #include <iostream>
03  using namespace cv;
04  using namespace std;
05
06  int main()
07  {
08      Mat img = imread("d:/image1.jpg", IMREAD_COLOR);
09      if (img.empty()) { return -1; }
10
11      Mat imgHSV;
12      cvtColor(img, imgHSV, COLOR_BGR2HSV);
13
14      Mat imgThresholded;
15      inRange(imgHSV, Scalar(100, 0, 0),
16          Scalar(120, 255, 255), imgThresholded);
17
18      imshow("Thresholded Image", imgThresholded);
19      imshow("Original", img);
```

```
20
21      waitKey(0);
22      return 0;
23  }
```

실행결과

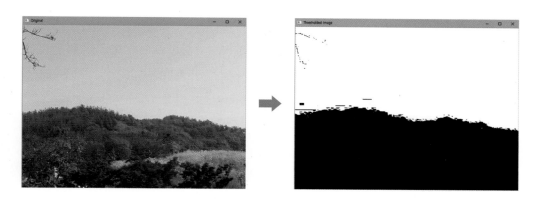

일반적으로 RGB 색상 공간이 색 기반 분할에 더 적합하다고 생각할 수 있으나 실제로는 HSV 색상 공간이 색상을 기반으로 영상을 분할하는데 더 적합하다. 그래서 위의 프로그램에서는 RGB에서 HSV 영상으로 원본 영상의 색상 공간을 변환하였다.

HSV 색상 공간은 HUE, SATURATION, VALUE의 3가지 채널로 구성된다. OpenCV에서 HUE, SATURATION, VALUE의 값 범위는 각각 0~179, 0~255, 0~255이다. 3가지의 성분 중에서 색조를 나타내는 것은 HUE이다. HUE는 원래 360도이지만 OpenCV에서는 0에서 255까지만 표시할 수 있으므로 360을 2로 나누어서 0에서 180 사이의 값으로 색조를 나타낸다. SATURATION은 각각의 색이 백색과 혼합되는 양을 나타내고, VALUE는 각각의 색이 흑색과 혼합되는 양을 나타낸다.

출처: 위키 백과

여기서 HUE는 그 객체의 특정 색상 분포에 대해 고유하다. 그러나 SATURATION과 VALUE는 해당 환경의 조명 조건에 따라 다를 수 있다. 기본 색상의 HUE 값은 다음과 같다.

- ▶ Orange 0~22
- ▶ Yellow 22~38
- ▶ Green 38~75
- ▶ Blue 75~130
- ▶ Violet 130~160
- ▶ Red 160~179

이것은 대략적인 값이다. 하늘에 해당되는 색조는 대략 100에서 120 사이라고 할 수 있다. SATU-RATION 및 VALUE는 환경의 조명 상태뿐만 아니라 대상물의 표면에 의존한다. 영상을 이진화한 후에는 여기저기에 작은 고립된 영역들이 보일 것이다. 이것은 영상의 잡음이나 하늘색과 유사한 작은 개체 때문일 수 있다. 이러한 불필요한 작은 부분은 형태학적 처리를 적용하여 제거할 수 있다.

위의 프로그램에서 새로 등장한 OpenCV 함수를 살펴보자. 위의 함수는 src의 각 화소가 lowerb와 upperb 사이에 있는지 확인한다. 만약 사이에 있으면 dst의 해당 위치는 255로 지정되고, 그렇지 않으면 0으로 지정된다.

```
void inRange (InputArray src, InputArray lowerb, InputArray upperb,
              OutputArray dst);
```

매개 변수	설명
src	입력 영상
lowerb	하부 경계값
upperb	상부 경계값
dst	출력 영상

색상을 이용하여 객체를 분할하는 경우에 주의해야 하는 사항이 있다. 순수 색 정보는 밝기값이 낮은 경우에는 불안정한 정보를 전달할 수 있다. 예를 들어서 B = 1, G = 0, R = 0인 화소와 B = 0, G = 1, R = 0인 화소는 상식적으로 검은색으로 보여야 한다. 하지만 밝기 정보를 무시하고 순수한 색 정보만 가지고 판단하면 아주 다른 색상이 되는 것이다. 따라서 밝기가 어느 정도 이상일 때만 순수 색상 정보를 비교하도록 하는 것도 좋은 방법이다.

6

크로마키 기법 구현하기

크로마키 합성$^{\text{Chroma Key Composing}}$은 색조를 이용하여 2개의 영상 또는 비디오 스트림을 합성하는 기술이다. 이 기술은 영상이나 비디오에서 배경을 제거하기 위해 많은 분야에서 사용되어 왔다. 가장 대표적인 분야가 뉴스 방송이나 일기예보이다. 뉴스 방송에서는 배경을 특정한 색상으로 촬영한 후에 여기에 별도로 촬영한 영상을 삽입한다. 배경 색상으로는 파란색이나 녹색이 많이 사용된다. 크로마키 합성에서는 모든 색상을 배경으로 사용할 수 있지만 녹색 및 파란색 배경은 인간 피부색과 가장 다르기 때문에 더 많이 사용된다.

출처: 위키백과

여기서는 간단하게 다음과 같은 녹색 배경을 가지는 영상의 배경을 해변 영상으로 변경해보자.

Code 9.5

```cpp
01  #include "opencv2/opencv.hpp"
02  #include <iostream>
03  using namespace cv;
04  using namespace std;
05
06  int main()
07  {
08      Mat img = imread("d:/chroma.jpg", IMREAD_COLOR);
09      Mat img2 = imread("d:/beach.png", IMREAD_COLOR);
10
11      Mat converted;
12      cvtColor(img, converted, COLOR_BGR2HSV);
13      Mat greenScreen = converted.clone();
14      inRange(converted, Scalar(60-10, 100, 100), Scalar(60+10, 255, 255),
                                                          greenScreen);
15
16      Mat dst, dst1, inverted;
17      bitwise_not(greenScreen, inverted);
18      bitwise_and(img, img, dst, inverted);
19      bitwise_or(dst, img2, dst1, greenScreen);
20      bitwise_or(dst, dst1, dst1);
21
22      imshow("img", img);
23      imshow("green", greenScreen);
24      imshow("dst", dst);
25      imshow("dst1", dst1);
26      waitKey(0);
27      return 0;
28  }
```

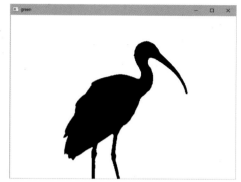

코드설명

```
12  cvtColor(img, converted, COLOR_BGR2HSV);
```

제일 처음으로 해야 하는 작업은 BGR 컬러 형식을 HSV 컬러 형식으로 변경하는 것이다. 다음과 같은 문장을 사용하여 쉽게 변경할 수 있다.

```
14  inRange(converted, Scalar(60-10, 100, 100), Scalar(60+10, 255, 255),
                                                        greenScreen);
```

HSV 형식의 영상에서 녹색만을 추출해보자. `inRange()`를 사용하면 가능하다. 녹색의 H값은 60 정도이다. 따라서 H가 60 전후인 화소들을 골라내서 마스크로 만든다.

```
17  bitwise_not(greenScreen, inverted);
```

greenScreen 영상은 녹색 부분만 255이고 나머지는 0인 영상이다. 우리는 이것의 역영상도 필요하다. `bitwise_not()` 함수를 이용하여 역영상을 만들어 둔다.

```
18  bitwise_and(img, img, dst, inverted);
18  bitwise_or(dst, img2, dst1, greenScreen);
20  bitwise_or(dst, dst1, dst1);
```

비트별 논리적인 연산을 이용하여 녹색인 부분에는 배경을 넣고, 녹색이 아닌 부분에는 원영상을
넣는다.

컬러를 이용한 객체 추적

이전 예제에서, 특정한 색상을 가지는 객체를 감지하는 방법을 보였다. 이번에는 비디오에서 색상을 이용하여 물체를 추적하는 방법을 살펴보자. 이번 예제에서는 비디오에서 테니스공을 추적하는 프로그램을 작성해보자. 이 작업을 수행하는 몇 가지의 단계가 있다.

- ▶ 비디오에서 프레임을 추출한다.
- ▶ BGR 색상 공간을 HSV 색상 공간으로 변환한다.
- ▶ HSV 영상의 노란색 구간을 이진화한다.
- ▶ 노란색 물체를 추출하여 사용자가 원하는 작업을 한다. 예를 들어서 테니스 공의 위치를 계산할 수 있다.

Code 9.6

```
01  #include "opencv2/opencv.hpp"
02  #include <iostream>
03  using namespace cv;
04  using namespace std;
05
06  int main()
07  {
08      VideoCapture cap("d:/tennis_ball.mp4");
09      if (!cap.isOpened())
10          return -1;
11      for (;;)
12      {
13          Mat imgHSV;
14          Mat frame;
15          cap >> frame;
16          cvtColor(frame, imgHSV, COLOR_BGR2HSV);
17
18          Mat imgThresholded;
19          inRange(imgHSV, Scalar(30, 10, 10), Scalar(38, 255, 255),
                                                  imgThresholded);
20
```

```
21        imshow("frame", frame);
22        imshow("dst", imgThresholded);
23        if (waitKey(30) >= 0) break;
24    }
25    waitKey(0);
26    return 0;
27 }
```

실행결과

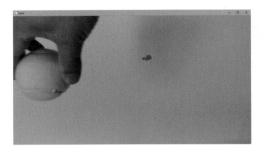

노란색의 테니스공을 추출하기 위하여 Hue 값이 30에서 38인 부분을 이진화하였다.

```
inRange(imgHSV, Scalar(30, 10, 10), Scalar(38, 255, 255), imgThresholded);
```

▶ 컬러는 기본적으로 빛의 파장에 의하여 결정된다.

▶ 빛의 파장을 색상으로 인식하는 것은 인간의 시각 시스템이다. 인간은 빨간색, 파란색, 초록색을 구분하는 원추 세포를 가지고 있다. 빛이 아무리 복잡한 파장들을 가지고 있어도 인간의 눈에서는 3가지의 컬러 성분으로 줄어든다.

▶ 거의 모든 컬러 색상은 3개의 원색을 섞어서 만들 수 있다.

▶ RGB 컬러 모델은 하나의 색을 빨간색, 녹색, 파란색의 조합으로 간주하는 색상 모델이다.

▶ RGB 컬러 모델은 모니터나 텔레비전, 카메라에서 사용된다.

▶ CMY 컬러 모델은 프린터에서 사용하는 컬러 모델로 시안, 마젠타, 노란색이 기본 색상이다.

▶ HSV 컬러 모델은 어떤 컬러를 색조, 채도, 명도로 나타내는 색상 모델이다.

▶ YIQ 컬러 모델은 텔레비전 방송에 사용된다.

▶ `split()` 함수를 사용하여 영상에서 컬러 성분을 분리할 수 있다.

▶ 컬러 모델을 변경하려면 `cvtColor()` 함수를 사용한다.

01 컬러 모델 RGB, HSV, YIQ의 특징을 정리해보자.

02 하나의 픽셀이 24비트로 되어 있다면 얼마나 많은 색상이 가능한가?

03 BGR 컬러 형식의 영상을 YIQ 컬러 형식으로 변환하는 프로그램을 작성하라. 단 OpenCV 함수를 사용하지 않고 개별적인 화소들의 값에 접근하여 다음과 같은 식을 이용하여 변경해보자.

$$
\begin{bmatrix} Y \\ I \\ Q \end{bmatrix} = \begin{bmatrix} .299 & .587 & .114 \\ .596 & -.274 & -.322 \\ .211 & -.523 & .312 \end{bmatrix} \begin{bmatrix} R \\ G \\ B \end{bmatrix}
$$

$$
\begin{bmatrix} R \\ G \\ B \end{bmatrix} = \begin{bmatrix} 1 & .956 & .621 \\ 1 & -.272 & -.647 \\ 1 & -1.106 & 1.703 \end{bmatrix} \begin{bmatrix} Y \\ I \\ Q \end{bmatrix}
$$

04 콘트라스트는 높이면서 색상은 왜곡하지 않는 히스토그램 스트레칭이 가능할까? HSV 색상 공간을 사용하는 방법을 생각해보자. 콘트라스트가 약한 컬러 영상을 찾아서 프로그램을 작성해보자.

05 색상을 이용하여 영상에서 얼굴을 검출하는 프로그램을 작성해보자.

주파수 영역 처리

단원 목표

• 영상에서 나타나는 공간 주파수의 개념을 이해한다.

• 푸리에 변환의 기본 개념을 이해한다.

• 영상을 푸리에 변환하여 화면에 표시할 수 있다.

• 주파수 필터링의 개념을 이해하고 사용할 수 있다.

• 푸리에 변환을 이용하여 주기적인 잡음을 제거할 수 있다.

영상의 에지 부분을 강조하거나 잡음 성분을 억제하기 위해서는 2차원 공간에서 직접 처리하는 경우도 많지만 영상을 주파수 영역으로 변환한 후에 처리하는 것도 하나의 방법이다. 이번 장에서 작성할 프로그램은 다음과 같다.

(1) 영상을 주파수 영역으로 변환해보자.

(2) 주파수 영역에서 고주파를 제거해보자.

공간 주파수

1

1

공간 주파수

푸리에 변환^{Fourier Transform}은 조제프 푸리에^{Fourier}가 처음 발견한 것으로 전기 신호를 사인파들의 합으로 분해하는 수학적 기법을 말한다. 푸리에 변환은 과학과 공학에서 필수적으로 사용되는 위대한 도구이다. 하지만 푸리에 변환이 영상 처리와 무슨 상관이 있을까? 푸리에에 의하면 영상도 사인파들의 합으로 변환할 수 있다. 영상 처리에서 주파수 처리라니? 영상에 무슨 주파수가 들어 있다는 것인가? 주파수는 라디오 방송이나 휴대폰 통신에나 있는 게 아닐까?

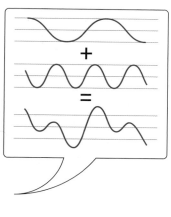

전문가들은 영상에서도 주파수를 생각할 수 있다고 말한다. 영상의 화소값이 빠르게 변하기도 하고 느리게 변하기도 하기 때문이다. 영상에서 화소값의 변화를 파형의 형태로 그린 것을 공간 주파수^{spatial frequency}라고 한다.

Chapter 10   주파수 영역 처리   329

공간 주파수

푸리에 변환^{Fourier Transform}은 조제프 푸리에^{Fourier}가 처음 발견한 것으로 전기 신호를 사인파들의 합으로 분해하는 수학적 기법을 말한다. 푸리에 변환은 과학과 공학에서 필수적으로 사용되는 위대한 도구이다. 하지만 푸리에 변환이 영상 처리와 무슨 상관이 있을까? 푸리에에 의하면 영상도 사인파들의 합으로 변환할 수 있다. 영상 처리에서 주파수 처리라니? 영상에 무슨 주파수가 들어 있다는 것인가? 주파수는 라디오 방송이나 휴대폰 통신에나 있는 게 아닐까?

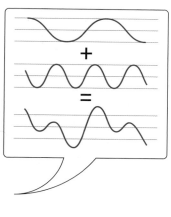

전문가들은 영상에서도 주파수를 생각할 수 있다고 말한다. 영상의 화소값이 빠르게 변하기도 하고 느리게 변하기도 하기 때문이다. 영상에서 화소값의 변화를 파형의 형태로 그린 것을 공간 주파수^{spatial frequency}라고 한다.

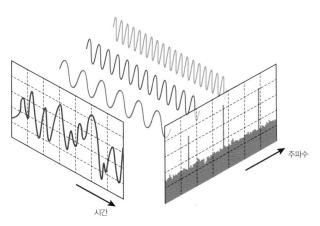

예를 들어서 아래 그림의 왼쪽 영상에 직선을 그려서 직선 위에 있는 화소값들의 밝기를 선 그래프로 그려보면 오른쪽과 같다. 자세히 보면 1차원 파형처럼 보이고 이 파형에 푸리에 변환을 적용하면 사인파들을 뽑아 낼 수 있다.

 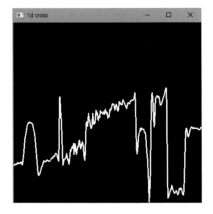

공간 주파수는 다시 말하자면 영상에서 "화소값들의 변화율"이다. 공간 주파수는 고주파와 저주파로 나눌 수 있다. 저주파는 주로 화소값이 거의 변화가 없는 영역에서 발견된다. 배경 하늘이나 바다가 여기에 해당한다. 고주파는 화소값이 급격하게 변화하는 부분이다.

다음 그림에서 왼쪽은 세밀함이 살아 있는 영상으로서 화소 밝기가 날카롭게 변화하여 고주파 성분이 많다고 할 수 있다. 반면에 오른쪽은 상대적으로 화소 밝기가 부드럽게 변화하고 있어서 저주파 성분이 많다고 할 수 있다.

그렇다면 무엇 때문에 영상에서 공간 주파수를 따지는 것일까? 우리가 영상에서 저주파 성분과 고주파 성분을 분리할 수 있다면 각 주파수별로 대응이 가능하기 때문이다. 예를 들어서 영상에서 고주파 성분을 제거한다면 흐릿한 영상을 만들 수 있다. 반대로 영상에서 저주파 성분을 제거한다면 영상을 보다 날카롭게 만들 수 있는 것이다. 이것을 주파수 필터링frequency domain filtering 이라고 한다. 주파수 필터링에서는 다음과 같은 과정을 거치게 된다.

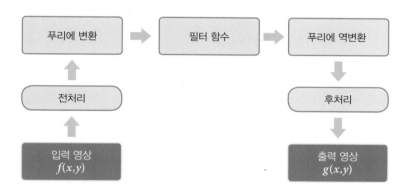

① 푸리에 변환을 적용하여 공간 영역에서 주파수 영역으로 변환한다.
② 주파수 영역에서 특정한 주파수 성분을 제거하거나 증폭한다.
③ 주파수 영역에서 공간 영역으로 역변환한다.

2

푸리에 변환

푸리에 변환^{Fourier Transform}은 신호처리에서 유래한 방법이다. 전자 공학이나 통신 공학을 전공하는 학생이라면 아주 잘 알고 있을 것이다. 푸리에 변환은 시간에 따라 변화하는 함수를 분해하여 그 안에 들어 있는 주파수 성분을 끄집어내는 변환이다. [그림 10.1]은 푸리에 변환의 기본 개념을 나타낸 것이다. 비사인파^{non-sinusoidal signal}를 사인파^{sinusoidal signals}들로 분해할 수 있고 또 반대로 사인파들을 합하여 비사인파를 합성할 수 있다는 것이 핵심 개념이다.

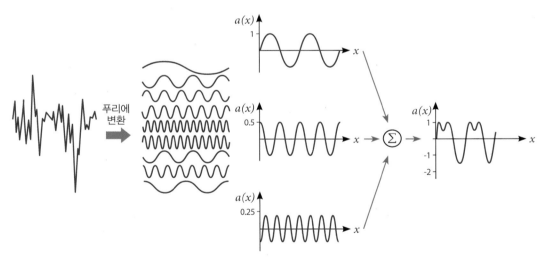

[그림 10.1]   **비사인파 곡선을 3개의 사인파를 이용하여 합성하는 예**

푸리에 변환을 수식으로 살펴보자. 일반적인 파형은 서로 다른 주파수를 갖는 사인파들의 집합으로 나타낼 수 있고 각각의 사인파는 진폭과 위상으로 나타낼 수 있다. 따라서 일반적인 신호(a)를 주파수별 진폭(α)과 위상(θ)으로 나타내는 것이 가능하다. 다음과 같이 나타낼 수 있다.

푸리에 변환	$a(x) \rightarrow \alpha(f), \theta(f)$
역푸리에 변환	$\alpha(f), \theta(f) \rightarrow a(x)$

여기서 α와 θ는 진폭과 위상을 나타낸다. 1차원 신호를 푸리에 변환을 하면 [그림 10.2]와 같은 각 주파수 성분의 진폭과 위상이 생성된다.

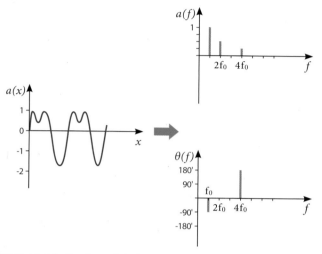

[그림 10.2] [그림 10.1]의 비사인파를 공간 영역과 공간 주파수 영역에서 표시한 예

푸리에 변환은 진폭과 위상을 동시에 표시해야 하므로 복소수를 사용하여 표시하면 편리하다. 복소수를 사용하면 진폭과 위상을 분리하지 않고 하나로 다루는 것이 가능해지기 때문이다. 복소수를 사용한 푸리에 변환과 역푸리에 변환을 다음과 같이 나타낼 수 있다.

푸리에 변환 $\qquad\qquad\qquad\qquad a(x) \rightarrow A(f)$

역푸리에 변환 $\qquad\qquad\qquad A(f) \rightarrow a(x)$

연속적인 신호에 대한 푸리에 변환과 역푸리에 변환은 다음 식에 의하여 이루어진다.

$$A(f) = \int_{-\infty}^{+\infty} a(x)e^{-\Omega\pi}dx \qquad\qquad (\text{식 } 10.1)$$

$$a(x) = \int_{-\infty}^{+\infty} A(f)e^{+\Omega\pi}df \qquad\qquad (\text{식 } 10.2)$$

그러나 우리가 취급하는 신호는 이산적인 신호이고 또 무한대의 범위가 영역이 될 수 없다. 따라서 위의 식이 이산적인 경우에 맞도록 수정되어야 한다. 이산적인 신호를 대상으로 하는 푸리에 변환을 이산 푸리에 변환^{DFT: Discrete Fourier Transform} 이라고 한다.

3

이산 푸리에 변환

푸리에 변환은 영상을 사인 및 코사인 요소로 분해한다. 즉, 영상을 공간 영역에서 주파수 영역으로 변환한다. 중심 아이디어는 어떤 함수라도 여러 개의 사인과 코사인 함수의 중첩으로 근사될 수 있다는 것이다. 앞에서 연속적인 신호에 대한 푸리에 변환식을 소개하였다. 하지만 우리가 다루는 영상은 0에서 255 사이의 이산적인 값만을 가지는 2차원 영상이므로 다음과 같은 수식을 사용하여서 푸리에 변환을 계산하게 된다. 이러한 수식은 DFT$^{\text{Discrete Fourier Transform}}$ 라고 한다.

$$F[k, l] = \frac{1}{MN} \sum_{m=0}^{M-1} \sum_{n=0}^{N-1} f[m, n] e^{-j2\pi\left(\frac{k}{M}m + \frac{l}{N}n\right)}$$

여기서 f는 공간 영역에서의 영상이고 F는 주파수 영역에서의 영상이다. 푸리에 변환의 결과는 복소수가 된다. 복소수를 표시하려면 실수부 영상과 허수부 영상으로 나누어서 표시하든지, 아니면 복소수의 절대값과 위상으로 나누어서 표시하여야 한다. 그러나 영상 처리 알고리즘에서는 일반적으로 복소수의 절대값만 있으면 된다. 복소수의 절대값에는 영상에 대한 거의 모든 정보가 포함되어 있다.

OpenCV는 푸리에 변환을 수행하는 함수 `dft()`를 제공한다. 하지만 `dft()`를 사용하는 것도 쉽지는 않다. 왜냐하면 여러 가지 고려해야 하는 사항이 많기 때문이다. DFT를 효율적으로 수행하려면 영상 크기를 최적의 크기로 변경하는 것이 좋다. 이 예제에서는 푸리에 변환을 계산하는 방법을 설명한다. 레나 영상을 DFT한 결과가 다음 그림에 나와 있다.

 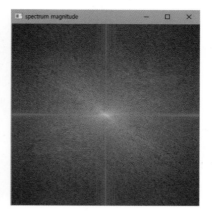

DFT는 설명할 내용이 방대하여 몇 개의 소제목을 붙여서 설명하고자 한다.

그레이스케일 영상의 DFT 계산하기

OpenCV에서 푸리에 변환을 계산하는 함수는 dft()이다. 그레이스케일 영상에 이 함수를 적용해서 DFT를 계산해보자. 다음의 프로그램을 실행하면 아무 것도 출력되지 않지만 DFT는 수행된다. DFT의 결과는 일반적으로 복소수이므로 눈으로 이것을 직접 보려면 상당한 작업이 필요하다.

Code 10.1

```
01  #include "opencv2/opencv.hpp"
02  #include <iostream>
03  using namespace std;
04  using namespace cv;
05
06  int main()
07  {
08      Mat src = imread("d:/lenna.jpg", IMREAD_GRAYSCALE);
09      Mat src_float;
10      Mat dft_image;
11
12      // ① 그레이스케일 영상을 실수 영상으로 변환한다.
13      src.convertTo(src_float, CV_32FC1, 1.0 / 255.0);
14
15      // ② DFT를 수행한다.
16      dft(src_float, dft_image, DFT_COMPLEX_OUTPUT);
17      return 1;
18  }
```

```
13  src.convertTo(src_float, CV_32FC1, 1.0 / 255.0);
```

그레이스케일 영상을 실수 영상으로 변환한다. 주파수 영역에서 값의 범위는 공간 영역에서의 화소값보다 훨씬 크다. 따라서 convertTo() 함수를 이용하여 입력 영상을 float 유형으로 변환한다.

```
16  dft(src_float, dft_image, DFT_COMPLEX_OUTPUT);
```

DFT를 수행한다. 추가 메모리를 사용하지 않는 제자리 변환이 가능하다. 즉 입력과 출력을 동일하게 할 수 있다.

dft() 함수는 다음과 같이 정의된다.

```
void dft(InputArray src, OutputArray dst, int flags=0, int nonzeroRows=0)
```

매개 변수	설명
src	입력 행렬(실수이거나 복소수)
dst	출력 행렬(플래그에 따라서 크기와 유형이 달라진다)
flags	변환 플래그. 다음과 같은 값들의 조합이다. • DFT_INVERSE 역변환 • DFT_SCALE 결과값을 스케일한다. 결과를 행렬요소의 수로 나눈다. • DFT_COMPLEX_OUTPUT 수행결과가 복소수가 된다. • DFT_REAL_OUTPUT 수행결과가 실수가 된다.

위의 프로그램을 실행하면 DFT가 성공적으로 수행된다. 그런데 DFT 결과는 복소수인데 이것을 어떻게 화면에 표시해야 할까?

DFT를 화면에 출력하기

이번에는 DFT 결과를 표시하는 코드를 중점적으로 설명해보자.

Code 10.2

```
01  #include "opencv2/opencv.hpp"
02  #include <iostream>
03  using namespace std;
04  using namespace cv;
05
06  void displayDFT(Mat& src)
07  {
08      Mat image_array[2] = { Mat::zeros(src.size(), CV_32F),
                                   Mat::zeros(src.size(), CV_32F) };
```

```
09    // ① DFT 결과 영상을 2개의 영상으로 분리한다.
10    split(src, image_array);
11
12    Mat mag_image;
13    // ② 푸리에 변환 계수들의 절대값을 계산한다.
14    magnitude(image_array[0], image_array[1], mag_image);
15
16    // ③ 푸리에 변환 계수들은 상당히 크기 때문에 로그 스케일로 변환한다.
17    // 0값이 나오지 않도록 1을 더해준다.
18    mag_image += Scalar::all(1);
19    log(mag_image, mag_image);
20
21    // ④ 0에서 255로 범위로 정규화한다.
22    normalize(mag_image, mag_image, 0, 1, CV_MINMAX);
23    imshow("DFT", mag_image);
24    waitKey(0);
25 }
26
27 int main()
28 {
29    Mat src = imread("d:/lenna.jpg", CV_LOAD_IMAGE_GRAYSCALE);
30    Mat src_float;
31
32    // 그레이스케일 영상을 실수 영상으로 변환한다.
33    src.convertTo(src_float, CV_32FC1, 1.0 / 255.0);
34    Mat dft_image;
35    dft(src_float, dft_image, DFT_COMPLEX_OUTPUT);
36    displayDFT(dft_image);
37    return 1;
38 }
```

실행결과

코드설명

```
08    Mat image_array[2] = { Mat::zeros(src.size(), CV_32F),
                                      Mat::zeros(src.size(), CV_32F) };
09    // ① DFT 결과 영상을 2개의 영상으로 분리한다.
10    split(src, image_array);
```

DFT의 결과를 2개의 영상으로 분리한다. 분리할 때는 split() 함수를 사용하는데 merge() 함수와 반대의 역할을 한다. split()는 영상의 채널을 분리하여 별도의 영상들로 만드는 함수이고 merge()는 여러 개의 영상들을 모아서 하나의 영상으로 만드는 함수이다.

```
14  magnitude(image_array[0], image_array[1], mag_image);
```

DFT의 결과는 복소수이고 복소수에는 실수부와 허수부가 있다. 복소수의 크기를 다음 식으로 계산해본다. magnitude() 함수를 사용한다.

$$M = x\sqrt{Re(\text{DFT}(I))^2 + Im(\text{DFT}(I))^2}$$

```
18  mag_image += Scalar::all(1);
19  log(mag_image, mag_image);
```

일반적으로 푸리에 계수의 범위는 상당히 커서 화면에 표시할 수가 없다(0에서 255 사이의 값이 아니다). 따라서 원래의 값으로 화면에 표시하면 높은 값은 모두 흰색으로 나타나고 작은 값은 전부 검은색으로만 나타난다. 따라서 모든 값들을 로그 스케일로 변환하는 것이 좋다. 로그값이 0이 나오지 않도록 모든 화소에 1을 더해준다.

```
22  normalize(mag_image, mag_image, 0, 1, CV_MINMAX);
23  imshow("DFT", mag_image);
```

normalize() 함수를 이용하여 DFT 결과를 [0, 255]로 범위로 정규화한다.

다음과 같은 영상을 볼 수 있다.

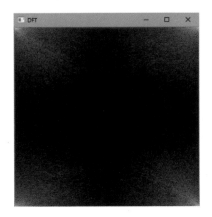

셔플링

앞에서 출력된 DFT 영상이 아무래도 이상하다. 책에서 보던 것과는 다르다. 그 이유는 고주파와
저주파가 위치가 바뀌어 있기 때문이다. 따라서 우리에게 익숙한 모습으로 DFT를 표시하려면 각
사분면을 바꾸어 주어야 한다. 이것을 셔플링^{shuffling} 이라고 한다.

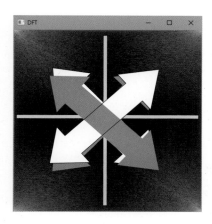

Code 10.3

```
01  #include "opencv2/opencv.hpp"
02  #include <iostream>
03  using namespace std;
04  using namespace cv;
05
06  void displayDFT(Mat& src) { ... }
07
08  void shuffleDFT(Mat& src)
09  {
10      int cX = src.cols / 2;
11      int cY = src.rows / 2;
12
13      Mat q1(src, Rect(0, 0, cX, cY));
14      Mat q2(src, Rect(cX, 0, cX, cY));
15      Mat q3(src, Rect(0, cY, cX, cY));
16      Mat q4(src, Rect(cX, cY, cX, cY));
17
18      Mat tmp;
19      q1.copyTo(tmp);
20      q4.copyTo(q1);
21      tmp.copyTo(q4);
22      q2.copyTo(tmp);
23      q3.copyTo(q2);
24      tmp.copyTo(q3);
25  }
26
27  int main()
28  {
```

```
29      Mat src = imread("d:/lenna.jpg", CV_LOAD_IMAGE_GRAYSCALE);
30      Mat src_float;
31      Mat dft_image;
32
33      // 그레이스케일 영상을 실수 영상으로 변환한다.
34      src.convertTo(src_float, CV_32FC1, 1.0 / 255.0);
35      dft(src_float, dft_image, DFT_COMPLEX_OUTPUT);
36      shuffleDFT(dft_image);
37      displayDFT(dft_image);
38      return 1;
39  }
```

실행결과

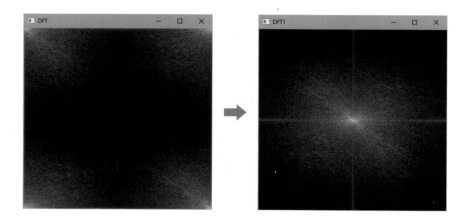

셔플링은 DFT 영상을 4개로 쪼개서 서로 바꾸어주면 된다. 이때 copyTo() 함수가 사용되었다.

코드설명

```
13 Mat q1(src, Rect(0, 0, cX, cY));
14 Mat q2(src, Rect(cX, 0, cX, cY));
15 Mat q3(src, Rect(0, cY, cX, cY));
16 Mat q4(src, Rect(cX, cY, cX, cY));
```

관심 영역 기능을 이용하여 src 영상을 4개의 사분면으로 나눈다.

```
20 q4.copyTo(q1);
   ...
```

copyTo() 기능을 이용하여 사분면 영상들을 서로 바꾼다.

copyTo() 함수는 하나의 영상(행렬)을 다른 영상으로 복사하는 함수이다.

```
    a.copyTo(b);        // 영상 a를 영상 b로 복사한다.
```

4

역변환

이번에는 위의 DFT 영상으로부터 원래의 그레이스케일 영상을 복원해보자. 약간 걱정이 되지 않는가? 그레이스케일 영상과 푸리에 변환 영상은 달라도 너무 다르다. 그러나 위대한 수학자 푸리에는 복원할 수 있다고 주장한다. 우리가 직접 확인해보자. 여기서 주의해야 할 사실이 있다. 우리는 앞에서 DFT 결과를 자연스럽게 보기 위하여 사분면을 교환하고 로그 함수를 적용하였다. 하지만 이런 과정들은 인간이 볼 때만 필요하다. 역변환을 할 때는 원래의 DFT 영상만 있으면 된다. FFT를 역변환 할 때는 idft() 함수를 사용한다.

Code 10.4

```
01  #include "opencv2/opencv.hpp"
02  #include <iostream>
03
04  using namespace std;
05  using namespace cv;
06
07  int main()
08  {
09      Mat img = imread("d:/lenna.jpg", IMREAD_GRAYSCALE);
10
11      Mat img_float, dft1, inversedft, inversedft1;
12      img.convertTo(img_float, CV_32F);
13      dft(img_float, dft1, DFT_COMPLEX_OUTPUT);
14
15      // 역변환을 수행한다.
16      idft(dft1, inversedft, DFT_SCALE | DFT_REAL_OUTPUT);
17
18      inversedft.convertTo(inversedft1, CV_8U);
19      imshow("invertedfft", inversedft1);
20
21      imshow("original", img);
22      waitKey(0);
23      return 0;
24  }
```

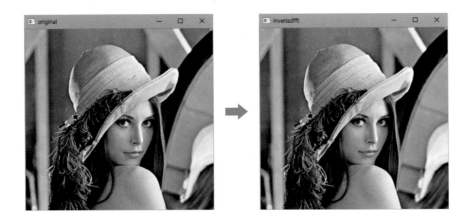

위의 코드에서 역변환할 때는 `idft()` 함수를 사용하고 있다. 플래그를 `(DFT_REAL_OUTPUT |`
`DFT_SCALE)`로 전달하고 있다.

```
idft(src, inverted_image, DFT_REAL_OUTPUT | DFT_SCALE);
```

`DFT_REAL_OUTPUT`은 출력이 실수라는 의미이다. `DFT_SCALE`는 계산 결과를 행렬 요소의 개수로
나눈다(역변환에서만 사용된다).

주파수 필터링

영상을 푸리에 변환을 사용하여 주파수 영역으로 변환하면 우리는 쉽게 저주파 부분과 고주파 부분을 분리할 수 있다. 따라서 이들 계수들을 변경하면 손쉽게 각 주파수 영역을 강화하거나 약화시킬 수 있다. 예를 들어서 고주파 부분을 제거하면 영상은 부드러워질 것이다. 반대로 고주파 부분을 강화한다면 더 날카로운 영상이 될 것이다.

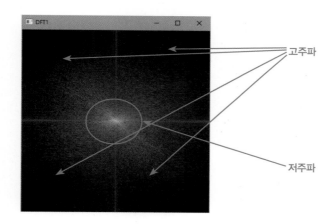

저주파 통과 필터

저주파만 통과시키는 이상적인 필터는 다음과 같은 수식으로 생성된다.

$$H(u, v) = \begin{cases} 1 & D(u, v) \leq D_0 \\ 0 & D(u, v) > D_0 \end{cases}$$

$$D(u, v) = \sqrt{u^2 + v^2}$$

이 필터를 2차원과 3차원 공간에 그리면 다음과 같다.

 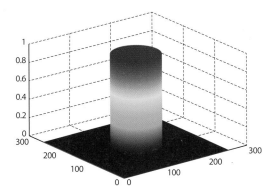

이 필터를 레나 영상에 적용하여 보자.

 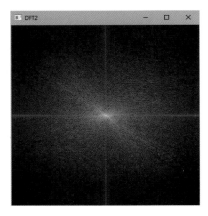

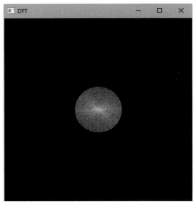 

이번 예제에서는 DFT의 결과에다가 원형 필터를 씌워서 원 안에 있는 값들은 보존하고 원 밖에 있는 값들을 없애도록 하자. 원 안에 있는 주파수 성분은 저주파가 될 것이다. 원 밖에 있는 성분

들은 고주파 성분이 된다. 따라서 결과 영상은 고주파 성분이 사라진 영상이 되어서 부드러운 영상이 될 것이다.

Code 10.5

```
01  #include "opencv2/opencv.hpp"
02  #include <iostream>
03  using namespace std;
04  using namespace cv;
05
06  void shuffleDFT(Mat& src) { ... }
07  void displayDFT(Mat& src) { ... }
08
09  // 원형 필터를 만든다.
10  Mat getFilter(Size size)
11  {
12      Mat filter(size, CV_32FC2, Vec2f(0, 0));
13      circle(filter, size / 2, 50, Vec2f(1, 1), -1);
14      return filter;
15  }
16  int main()
17  {
18      Mat src = imread("d:/lenna.jpg", IMREAD_GRAYSCALE);
19      Mat src_float;
20      imshow("original", src);
21
22      // 그레이스케일 영상을 실수 영상으로 변환한다.
23      src.convertTo(src_float, CV_32FC1, 1.0 / 255.0);
24      Mat dft_image;
25      dft(src_float, dft_image, DFT_COMPLEX_OUTPUT);
26      shuffleDFT(dft_image);
27
28      Mat lowpass = getFilter(dft_image.size());
29      Mat result;
30
31      // 원형 필터와 DFT 영상을 서로 곱한다.
32      multiply(dft_image, lowpass, result);
33      displayDFT(result);
34
35      Mat inverted_image;
36      shuffleDFT(result);
37      idft(result, inverted_image, DFT_SCALE | DFT_REAL_OUTPUT);
38      imshow("inverted", inverted_image);
39      waitKey(0);
40      return 1;
41  }
```

```
10  Mat getFilter(Size size)
11  {
12    Mat filter(size, CV_32FC2, Vec2f(0, 0));
13    circle(filter, size / 2, 50, Vec2f(1, 1), -1);
14    return filter;
15  }
```

원형 필터는 위와 같이 만들 수 있다.

동일한 크기의 영상을 만들고 영상의 중심에 반지름이 50인 원을 그리면 된다.

```
32  multiply(dft_image, lowpass, result);
```

원형 필터와 DFT 영상을 서로 곱한다. 영상과 영상을 곱할 때는 multiply() 함수를 사용한다.

실행 결과를 보면 조금 부드럽게 되었지만 여러 가지 변형이 나타났다. 이때는 버터워쓰 필터butter-worth filter를 사용하는 것이 좋다.

버터워쓰 필터 버전

버터워쓰 필터는 다음과 같은 형태를 가지는 필터이다. 가장자리가 부드럽게 되어 있어서 자연스러운 영상을 만들 수 있다.

$$H(u, v) = \frac{1}{1 + (\sqrt{2} - 1)[D(u, v)/D_0]^{2n}}$$

$$D(u, v) = \sqrt{u^2 + v^2}, n = 1, 2 \dots$$

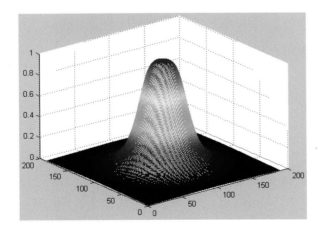

버터워쓰 필터는 다음과 같이 생성할 수 있다.

Code 10.6

```
01  // 버터워쓰 필터를 만든다.
02  Mat getFilter(Size size)
03  {
04      Mat tmp = Mat(size, CV_32F);
05      Point center = Point(tmp.rows / 2, tmp.cols / 2);
06      double radius;
07      double D = 50;
08      double n = 2;
09
10      for (int i = 0; i < tmp.rows; i++) {
11          for (int j = 0; j < tmp.cols; j++) {
12              radius = (double)sqrt(pow((i - center.x), 2.0) + pow(double)
                                                (j - center.y), 2.0));
13              tmp.at<float>(i, j) = (float)
14                  (1 / (1 + pow((double)(radius / D), (double)(2 * n))));
15          }
16      }
17      Mat toMerge[] = { tmp, tmp };
18      Mat filter;
19      merge(toMerge, 2, filter);
20      return filter;
21  }
```

실행결과

아래의 실행 결과는 버터워쓰 필터를 사용하여 고주파 부분을 제거한 영상이다.

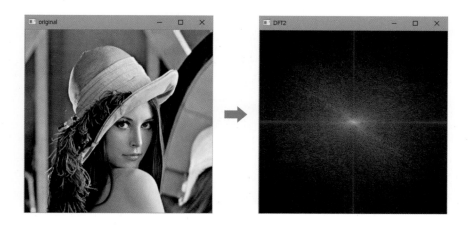

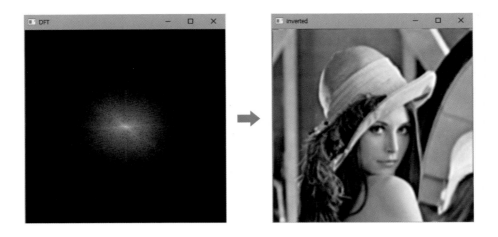

고주파 통과 필터

고주파만 통과시키는 이상적인 필터는 다음과 같은 수식으로 생성된다.

$$H(u, v) = \begin{cases} 0 & D(u, v) \le D_0 \\ 1 & D(u, v) > D_0 \end{cases}$$

$$D(u, v) = \sqrt{u^2 + v^2}$$

이 필터를 2차원과 3차원 공간에 그리면 다음과 같다.

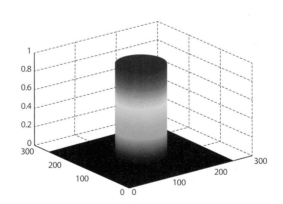

```cpp
01   #include "opencv2/opencv.hpp"
02   #include <iostream>
03   using namespace std;
04   using namespace cv;
05
06   void shuffleDFT(Mat& src) { ... }
07   void displayDFT(Mat& src) { ... }
08
09   // 원형 필터를 만든다.
10   Mat getFilter(Size size)
11   {
12       Mat filter = Mat::ones(size, CV_32FC2);
13       circle(filter, size / 2, 10, Vec2f(0, 0), -1);
14       return filter;
15   }
16   int main()
17   {
18       Mat src = imread("d:/lenna.jpg", IMREAD_GRAYSCALE);
19       Mat src_float;
20       imshow("original", src);
21
22       // 그레이스케일 영상을 실수 영상으로 변환한다.
23       src.convertTo(src_float, CV_32FC1, 1.0 / 255.0);
24       Mat dft_image;
25       dft(src_float, dft_image, DFT_COMPLEX_OUTPUT);
26       shuffleDFT(dft_image);
27
28       Mat highpass = getFilter(dft_image.size());
29       Mat result;
30
31       // 원형 필터와 DFT 영상을 서로 곱한다.
32       multiply(dft_image, highpass, result);
33       displayDFT(result);
34
35       Mat inverted_image;
36       shuffleDFT(result);
37       idft(result, inverted_image, DFT_SCALE | DFT_REAL_OUTPUT);
38       imshow("inverted", inverted_image);
39       waitKey(0);
40       return 1;
41   }
```

실행결과

에지와 유사한 영상이 얻어지는 것을 볼 수 있다.

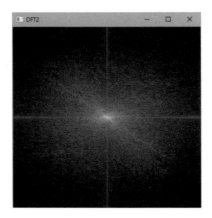

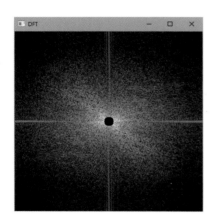

주기적인 패턴 제거

푸리에 변환을 사용하면 영상에 존재하는 주기적인 패턴을 제거할 수 있다. 예를 들어서 1966년에 촬영된 달의 표면 사진에는 통신 장비의 잡음으로 인한 주기적인 패턴이 들어 있었다. 어떻게 원본 영상을 손상하지 않으면서 주기적인 패턴을 제거할 수 있을까?

영상에 들어 있는 주파수는 푸리에 변환으로 분석이 가능하다. 주기적인 패턴도 주파수라고 볼 수 있고 이 주파수 성분만을 없애버리면 영상은 선명해질 것이다.

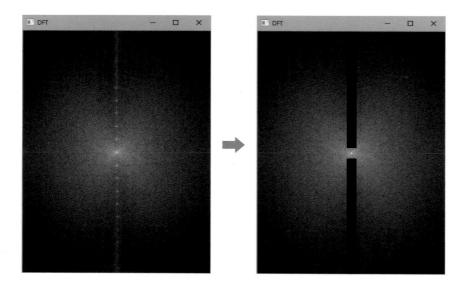

아래 프로그램에서는 원점 부근의 주파수만 남기고 수직 주파수를 제거하는 필터를 생성하여 이 문제를 해결하고 있다.

Code 10.8

```cpp
01  #include "opencv2/opencv.hpp"
02  #include <iostream>
03  using namespace std;
04  using namespace cv;
05
06  void displayDFT(Mat& src){ ... }
07  void shuffleDFT(Mat& src){ ... }
08
09  // 필터를 만든다.
10  Mat getFilter(Size size)
11  {
12      Mat tmp = Mat(size, CV_32F);
13
14      for (int i = 0; i < tmp.rows; i++) {
15          for (int j = 0; j < tmp.cols; j++) {
16              if (j>(tmp.cols/2 - 10) && j<(tmp.cols/2 + 10) && i >
                                    (tmp.rows/2 + 10)) tmp.at<float>(i, j) = 0;
17              else if (j>(tmp.cols/2 - 10) && j<(tmp.cols/2 + 10) && i <
                                    (tmp.rows/2 - 10)) tmp.at<float>(i, j) = 0;
18              else tmp.at<float>(i, j) = 1;
19          }
20      }
21      Mat toMerge[] = { tmp, tmp };
22      Mat filter;
23      merge(toMerge, 2, filter);
24      return filter;
```

```
25   }
26   int main()
27   {
28      Mat src = imread("d:/lunar.png", IMREAD_GRAYSCALE);
29      Mat src_float, dft_image;
30      imshow("original", src);
31
32      // 그레이스케일 영상을 실수 영상으로 변환한다.
33      src.convertTo(src_float, CV_32FC1, 1.0 / 255.0);
34      dft(src_float, dft_image, DFT_COMPLEX_OUTPUT);
35      shuffleDFT(dft_image);
36      displayDFT(dft_image);
37
38      Mat lowpass = getFilter(dft_image.size());
39      Mat result;
40
41      // 필터와 DFT 영상을 서로 곱한다.
42      multiply(dft_image, lowpass, result);
43      displayDFT(result);
44
45      Mat inverted_image;
46      shuffleDFT(result);
47      idft(result, inverted_image, DFT_SCALE | DFT_REAL_OUTPUT);
48      imshow("inverted", inverted_image);
49      waitKey(0);
50      return 1;
51   }
```

이 방법을 사용하면 원 영상에서 수직선이나 수평선도 제거가 가능하다. 위의 코드에서는 get-Filter()에서 원점 부근만 남기고 수직 주파수들을 제거할 수 있는 필터를 생성하고 있다.

Summary

▶ 전기 신호는 사인파들의 합으로 분해될 수 있다(푸리에 변환).

▶ 영상에서 화소값의 변화를 주파수라고 생각할 수 있다. 저주파는 화소값이 천천히 변화하는 부분이고 고주파는 화소값이 급격하게 변화되는 부분이다.

▶ 푸리에 변환은 기본식은 다음과 같다.

푸리에 변환 $a(x) \rightarrow A(f)$

역푸리에 변환 $A(f) \rightarrow a(x)$

▶ OpenCV에서는 `dft()` 함수로 이산 푸리에 변환을 수행할 수 있다. 역변환은 `idft()` 함수로 가능하다.

▶ 푸리에 변환을 인간이 눈으로 보기 위해서는 상당한 작업이 필요하다.

   ① 푸리에 변환의 결과는 복소수이기 때문에 절대값을 계산한다.
   ② 절대값들은 상당히 크기 때문에 `log()` 함수를 통과시킨다.
   ③ 최대값으로 정규화한다.
   ④ 사분면을 바꾸는 셔플링을 수행한다.

▶ 주파수 필터링이란 푸리에 변환 영상에서 저주파나 고주파를 제거하는 것이다. 일반적으로 다음과 같은 절차로 진행된다.

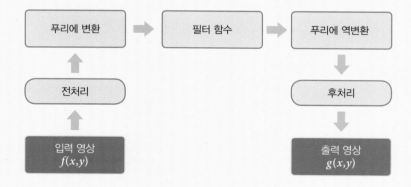

01 다음과 같은 영상을 OpenCV로 생성하고 푸리에 변환 결과를 예상해보라. 입력 영상은 수평 사인파로 생성되었다.

02 다음과 같은 영상을 푸리에 변환하면 어떻게 나타날까? 입력 영상은 수평 사인파로 생성되었다. 결과를 예상해보고 OpenCV 프로그램을 실행하여 실제 결과를 확인하라.

03 다음과 같은 영상을 푸리에 변환하면 어떻게 나타날까? 입력 영상은 수평 사인파로 생성되었다. 결과를 예상해보고 OpenCV 프로그램을 실행하여 실제 결과를 확인하라.

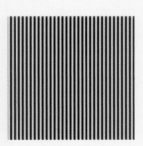

04 문제 03번의 영상에서 반복되는 세로 줄을 없애려면 어떤 주파수 필터가 필요한가? OpenCV 라이브러리를 이용하여 필터를 생성하여 적용해보자.

05 다음과 같은 영상을 OpenCV로 생성하고 푸리에 변환 결과를 화면에 표시해보자.

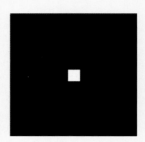

06 영상 공간에서 스무딩하는 것과 주파수 공간에서의 스무딩을 OpenCV 프로그램의 결과로 비교해보라. 어떤 차이가 있는가? 영상 공간에서의 스무딩은 5장을 참조한다. 주파수 공간에서의 스무딩은 저주파 통과 필터를 사용하면 된다.

영상 분할

단원 목표

• 영상 분할의 개념을 이해한다.

• 영상 분할의 기본적인 방법인 이진화를 이해한다.

• OpenCV가 제공하는 다양한 이진화 방법을 이해하고 사용할 수 있다.

• OpenCV가 제공하는 적응적 이진화 방법을 이해하고 사용할 수 있다.

• Otsu의 이진화 방법을 이해하고 사용할 수 있다.

• 영상에서 배경을 제거하고 전경만을 남겨둘 수 있다.

• 연결 성분 레이블링의 개념을 이해하고 사용할 수 있다.

(1) 입력 영상을 이진화해보자.

(2) 동전이 들어 있는 영상을 받아서 동전의 개수를 세어보자.

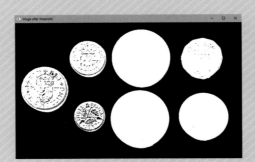 

영상 분할이란?

영상 분할^{image segmentation}이란 영상 안의 화소를 의미 있는 영역^{segment}으로 분할하는 것을 의미한다. 즉 영상의 모든 화소에 어떤 레이블을 붙이는 것이다. 예를 들면, 영상의 화소들을 자동차, 도로, 건물 등으로 분할하는 것이 영상 분할이다. 완벽한 영상 분할 처리는 아직도 어려운 공학적인 문제인데 상당한 지식이 들어가야 하기 때문이다.

출처: Nvidia dev blog

영상 분할은 에지^{edge}를 사용하여 물체의 윤곽선을 추적할 수도 있고 클러스터링을 이용하여 영역 성장법^{region growing}을 사용할 수도 있다. 아니면 히스토그램이나 무늬를 이용하여 분할하는 방법도 있다. 최근에는 딥러닝^{deep learning}을 이용해서 영상을 분할하는 방법도 많이 사용되고 있다. 이 책은 영상 처리에 관한 내용을 다루기 때문에 영상 분할 방법을 심층적으로 다루지 않는다. 여기서는 제일 간단한 방법인 히스토그램을 이용하여 이진화하는 방법을 집중적으로 살펴본다. 일단 영상 분할에서 사용되는 방법들을 개략적으로 살펴보자.

이진화

이진화[thresholding]는 가장 간단한 영상 분할 방법이다. 이 방법에서는 어떤 임계값을 정하고 이 값을 기준으로 그레이스케일 영상을 이진 영상으로 만든다. 이 방법의 핵심은 어떻게 임계값을 정하느냐이다. 많은 방법이 있지만, 최대 엔트로피 방법[maximum entropy method], 오투의 방법[Otsu's method], k-means 클러스터링 등이 많이 사용된다.

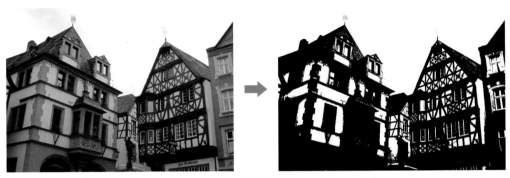

CC BY 1.0, 출처: https://commons.wikimedia.org/w/index.php?curid=10634721

클러스터링 방법(Clustering methods)

K-means 알고리즘은 영상을 K개의 클러스터로 나누는 반복적인 알고리즘이다. 알고리즘의 핵심 절차는 다음과 같다.

① 임의로 K개 클러스터의 중심을 선택한다.

② 각 화소를 화소와 클러스터 중심 사이의 거리가 최소가 되는 클러스터에 할당한다.

③ 클러스터의 모든 화소를 평균하여 클러스터 중심을 다시 계산한다.

④ 클러스터링이 수렴할 때까지 2단계와 3단계를 반복한다.

거리는 화소와 클러스터 중심 간의 제곱값이나 절대 차이값으로 계산된다. 화소 간의 거리는 일반적으로 화소의 색상, 밝기, 질감, 위치 또는 이러한 요소의 가중치 합을 기반으로 한다. K값은 수동으로 또는 무작위로 결정된다. K-means 알고리즘은 수렴하지만 최적의 솔루션을 반환하지 않을 수 있다.

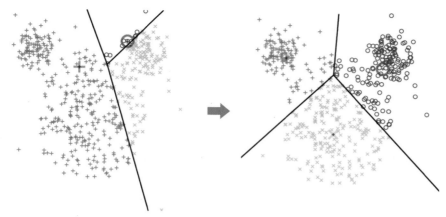

출처: 위키 백과

에지 기반 방법

에지 검출은 영상 처리에서 가장 잘 발달된 분야이다. 영역 경계와 에지는 밀접한 관련이 있다. 영역 경계에서 화소의 밝기가 급격하게 변경되기 때문이다. 따라서 에지 검출 기술은 영상 분할의 기초 자료로 사용되어 왔다. 문제는 에지 검출로 식별된 에지는 종종 연결이 끊어진다는 점이다. 영상에서 물체를 분할하려면 영역 경계가 닫혀 있어야 한다. 따라서 끊어진 에지들을 연결시키는 방법이 필요하다.

출처: https://kr.mathworks.com/discovery/edge-detection.html

이진화

이진화^{thresholding}는 가장 간단한 영상 분할^{image segmentation} 방법이다. 이진화는 기준이 되는 값을 정하고 이 값보다 낮은 화소는 전부 0으로 만들고 이 값보다 큰 화소들은 전부 1로 만드는 처리이다. 기준이 되는 값을 임계값이라고 한다. 이진화를 사용하면 영상에서 전경과 배경을 분리할 수 있다.

이진화를 수학적으로 표현해보면 다음과 같다.

$$dst(x, y) \simeq \begin{cases} 1, & src(x, y) > T\text{인 경우} \\ 0, & src(x, y) \leq T\text{인 경우} \end{cases}$$

여기서 $src(x, y)$는 그레이스케일 영상이고 $dst(x, y)$는 이진 영상이다. T는 기준이 되는 임계값이다. 화소의 값이 T보다 작으면 0으로 설정된다. 만약 화소의 값이 T보다 크면 1로 설정된다. 화면에 표시하기 위하여 255로 설정되기도 한다. 일반적으로 $dst(x, y) = 1$인 화소 집합을 물체^{object} 영역, $dst(x, y) = 0$인 화소의 집합을 배경^{background} 영역이라고 한다.

OpenCV에서의 이진화

OpenCV에서 이진화를 지원하는 함수는 threshold()이다. 다음과 같은 함수 원형을 가진다.

```
threshold(src, dst, thresh, maxval, type)
```

매개 변수	설명
src	입력 영상
dst	출력 영상
thresh	임계값
maxval	화소값이 임계값을 넘으면 부여되는 값
type	이진화 타입. 5개 중에서 하나이다. • THRESH_BINARY • THRESH_BINARY_INV • THRESH_TRUNC • THRESH_TOZERO • THRESH_TOZERO_INV

이번 절에서는 트랙바가 부착된 다음과 같은 응용 프로그램을 작성해보자. 우리는 트랙바를 이용하여 임계값을 변경할 수 있다.

Code 11.1

```cpp
01  #include "opencv2/opencv.hpp"
02  #include <iostream>
03  using namespace std;
04  using namespace cv;
05
06  int threshold_value = 128;
07  int threshold_type = 0;
08  const int max_value = 255;
09  const int max_binary_value = 255;
10  Mat src, src_gray, dst;
11
12  static void MyThreshold(int, void*)
13  {
14      threshold(src, dst, threshold_value, max_binary_value, threshold_type);
15      imshow("result", dst);
16  }
17
18  int main()
19  {
20      src = imread("d:/lenna.jpg", IMREAD_GRAYSCALE);
21      namedWindow("result", WINDOW_AUTOSIZE);
22      createTrackbar("임계값",
23          "result", &threshold_value,
24          max_value, MyThreshold);
25      MyThreshold(0, 0); // 초기화를 위하여 호출한다.
```

```
26    waitKey();
27    return 0;
28  }
```

실행결과

트랙바를 사용하기 위하여 MyThreshold() 함수가 정의되었다. 사용자가 트랙바를 움직이면 My-Threshold()가 호출된다. MyThreshold() 안에서는 threshold()를 호출하여서 이진화를 수행한다.

이진화 타입

threshold() 함수를 호출할 때, 여러 가지의 이진화 타입을 줄 수 있다. 이진화 타입이 많은 이유는 상황에 따라서 다양한 이진화가 필요하기 때문이다. OpenCV에서는 5가지 타입의 이진화가 가능하다. 여기에 대해서는 상세하게 살펴보는 것이 좋겠다. 왜냐하면 이진화는 영상 처리에서 아주 많이 사용되는 작업이기 때문이다. 설명을 위하여 입력 영상 $src(x, y)$는 다음과 같은 2차원 영상이라고 하자. 화소들의 값이 점진적으로 변화하고 있는 영상이다.

THRESH_BINARY

threshold() 함수를 호출할 때, 여러 가지의 이진화 타입을 줄 수 있다. 이진화 타입이 많은 이유는 상황에 따라서 다양한 이진화가 필요하기 때문이다. THRESH_BINARY은 임계값을 넘는 화소는 maxVal로 변경한다. 그렇지 않으면 0이 된다. 즉 물체 영역은 255, 배경은 0로 만들 수 있다.

$$dst(x, y) = \begin{cases} \text{maxVal} & \text{if } src(x, y) > \text{thresh} \\ 0 & \text{otherwise} \end{cases}$$

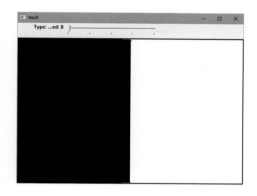

THRESH_BINARY_INV

THRESH_BINARY_INV는 앞의 THRESH_BINARY의 반대 작업을 한다. 즉 임계값을 넘는 화소는 0이 되고 그렇지 않으면 maxVal이 된다. 즉 물체 영역은 0, 배경은 255로 만들 수 있다.

$$dst(x, y) = \begin{cases} 0 & \text{if } src(x, y) > \text{thresh} \\ \text{maxVal} & \text{otherwise} \end{cases}$$

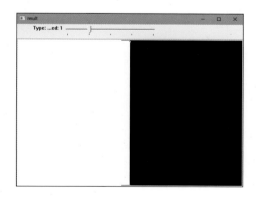

THRESH_TRUNC

이 이진화 타입은 화소들의 최대값을 thresh로 만든다. 즉 src(x, y)가 thresh보다 크면 thresh로 자른다. 그렇지 않으면 화소의 값은 변경되지 않는다. 다음 그림을 참조한다.

$$dst(x, y) = \begin{cases} \text{thresh} & \text{if } src(x, y) > \text{thresh} \\ src(x, y) & \text{otherwise} \end{cases}$$

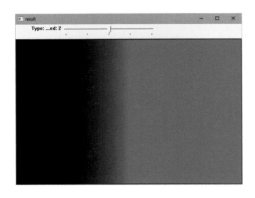

THRESH_TOZERO

src(x, y)가 thresh보다 크면 화소의 값이 유지된다. 그렇지 않으면 0으로 된다. 다음 그림을 참조한다.

$$dst(x, y) = \begin{cases} src(x, y) & \text{if } src(x, y) > \text{thresh} \\ 0 & \text{otherwise} \end{cases}$$

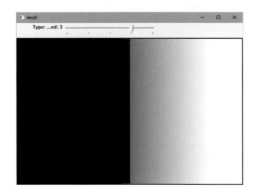

THRESH_TOZERO_INV

src(x, y)가 thresh보다 크면 0이 된다. 그렇지 않으면 화소의 값이 유지된다. 다음 그림을 참조한다.

$$dst(x, y) = \begin{cases} 0 & \text{if } src(x, y) > \text{thresh} \\ src(x, y) & \text{otherwise} \end{cases}$$

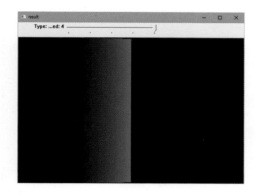

예제 11-1

트랙바를 이용하여 사용자가 이진화 타입을 선택할 수 있도록 하자.

Code 11.2

```
01  #include "opencv2/opencv.hpp"
02  #include <iostream>
03  using namespace std;
04  using namespace cv;
05
06  int threshold_value = 128;
07  int threshold_type = 0;
08  const int max_type = 4;
09  const int max_binary_value = 255;
10  Mat src, src_gray, dst;
11
12  static void MyThreshold(int, void*)
13  {
14      threshold(src, dst, threshold_value, max_binary_value, threshold_type);
15      imshow("result", dst);
16  }
17
18  int main()
19  {
20      src = imread("d:/lenna.jpg", IMREAD_GRAYSCALE);
```

```
21    imshow("src", src);
22    namedWindow("result", WINDOW_AUTOSIZE);
23    createTrackbar("Type: \n 0: Binary \n 1: Binary Inverted \n 2: Truncate
                                     \n 3: To Zero \n 4: To Zero Inverted",
24        "result", &threshold_type,
25        max_type, MyThreshold);
26
27    MyThreshold(0, 0); // 초기화를 위하여 호출한다.
28    waitKey();
29    return 0;
30 }
```

실행결과

createTrackbar()는 타입을 선택하는데도 이용할 수 있다. 이때는 max_type을 4로 주면 된다. createTrackbar()은 다음과 같은 원형을 가진다.

```
int createTrackbar(const string& trackbarname, const string& winname, int*
        value, int count, TrackbarCallback onChange=0, void* userdata=0)
```

매개 변수	설명
trackbarname	트랙바의 이름
winname	트랙바가 부착될 윈도우의 이름
value	트랙바에 연관된 변수의 주소
count	슬라이더의 최대 위치
onChange	콜백 함수
userdata	콜백 함수로 전달되는 사용자 데이터

3

적응적 이진화

앞에서는 이진화할 때, 하나의 임계값을 전체 영상에서 사용하였다. 그러나 영상 안에서도 조명 조건이 달라지는 경우에 하나의 임계값을 사용하는 것이 좋지 않을 수 있다. 이 경우 적응형 이진화 ^{adaptive thresholding} 를 사용할 수 있다. 적응적 이진화에서는 영상의 각 영역에 따라서 서로 다른 임계값을 사용한다.

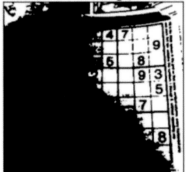

출처: OpenCV 튜토리얼

적응적 이진화 방법

영상 안의 조명이 균일하지 않은 경우에 전역적인 임계값을 사용하는 방법은 적합하지 않을 수 있다. 불균일한 조명은 그림자 때문일 수도 있고 조명의 방향에 의한 것일 수도 있다. 원인이 어디에 있던 이런 경우에는 전체 영상을 하나의 임계값으로 이진화한다는 것은 불합리하다. 적응적 이진화는 전체 영상의 히스토그램을 이용하는 것이 아니라 영상의 일부분에 대한 히스토그램을 가지고 그 일부분만을 위한 임계값을 계산한다. 제일 간단한 방법은 아래 그림과 같이 전체 영상을 $m \times m$개의 소영상으로 분할한 다음 각 소영상에 대한 히스토그램을 조사하여 그 소영상에 대한 임계값 $T_{ij}(1 \leq i, j \leq m)$을 결정하는 것이다.

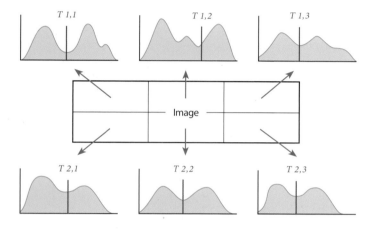

임계값을 찾는 데는 다음과 같은 2가지 접근법이 있다.

▶ Chow와 Kaneko 접근 방식
▶ 지역 임계값 방식

2가지 방법의 가정은 영상 영역이 작을수록 균일한 조명을 가질 가능성이 높으며 임계화에 더 적합하다는 것이다. Chow와 Kaneko는 영상을 하위 영상의 배열로 나눈 후에 각 하위 영상의 히스토그램을 조사하여 최적의 임계값을 찾는다. 각 단일 화소에 대한 임계값은 하위 영상의 결과를 보간하여 찾는다. 이 방법의 단점은 계산 비용이 많이 들기 때문에 실시간 응용 프로그램에 적합하지 않다.

지역 임계값 방법에서는 각 화소의 인접 화소들의 값을 통계적으로 조사하는 것이다. 입력 영상에 따라 가장 적합한 통계 모델이 달라진다. 많이 사용되는 수식은 다음과 같다.

```
T = 인접 화소들의 평균값(mean);
T = 인접 화소들의 중간값(median);
```

아니면 최소값과 최대값의 평균을 계산한다.

```
T = (max+min) / 2;
```

이웃의 크기는 충분한 전경 및 배경 화소를 덮을 수 있을 만큼 커야 하며, 그렇지 않으면 잘못된 임계값이 계산된다. 한편, 너무 큰 영역을 선택하면 균일한 조명이라는 가정을 위반할 수 있다. 이 방법은 Chow와 Kaneko 방식에 비해 계산량이 적고 일부 응용 프로그램에서는 좋은 결과를 산출한다.

OpenCV에서의 적응적 이진화

OpenCV에서는 adaptive_thresold() 함수를 지원한다.

```
void adaptiveThreshold(InputArray src, OutputArray dst, double maxValue,
        int adaptiveMethod)
```

매개 변수	설명
src	입력 영상
dst	출력 영상
maxValue	화소값이 임계값을 넘으면 부여되는 값
adaptiveMethod	적응적 이진화의 방법 선택
ADAPTIVE_THRESH_MEAN_C	임계값은 인접 지역의 평균이 된다.
ADAPTIVE_THRESH_GAUSSIAL_C	임계값은 가중치가 가우시안인 윈도우를 이웃 화소에 씌워서 계산한 가중치의 합이다.

Code 11.3

```
01  #include "opencv2/opencv.hpp"
02  #include <iostream>
03  using namespace std;
04  using namespace cv;
05
06  int main()
07  {
08      Mat src = imread("d:/book1.jpg", IMREAD_GRAYSCALE);
09      Mat img, th1, th2, th3, th4;
10      medianBlur(src, img, 5);
11      threshold(img, th1, 127, 255, THRESH_BINARY);
12      adaptiveThreshold(img, th2, 255, ADAPTIVE_THRESH_MEAN_C, THRESH_BINARY,
                                                              11, 2);
13      adaptiveThreshold(img, th3, 255, ADAPTIVE_THRESH_GAUSSIAN_C,
                                              THRESH_BINARY, 11, 2);
14
15      imshow("Original", src);
16      imshow("Global Thresholding", th1);
```

```
17      imshow("Adaptive Mean", th2);
18      imshow("Adaptive Gaussian", th3);
19      waitKey();
20      return 0;
21  }
```

실행결과

전역이진화

Adaptive Mean 방법

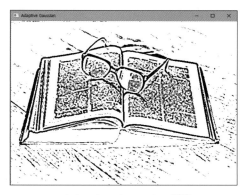

Adaptive Gaussian 방법

4

Otsu의 이진화 방법

Otsu는 이 방법을 제안한 사람 이름이다. Otsu는 히스토그램을 분석해서 임계값을 자동으로 결정할 수 있다고 주장하였다. 히스토그램에서 2개의 피크가 있는 쌍봉 영상을 고려해보자. 이런 종류의 영상인 경우에는, 임계값으로 피크 사이의 중간값을 취할 수 있다. 이것이 바로 Otsu의 이진화 방법이다. 간단히 말하자면 영상의 히스토그램으로부터 임계값을 자동으로 계산하는 방법이다. 하지만 히스토그램이 쌍봉이 아닌 경우에는 정확하지 않다.

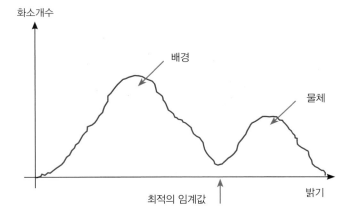

Otsu의 임계값 산출 방법은 모든 가능한 임계값에 대하여 임계값 양쪽의 화소값들의 퍼짐 정도를 계산하는 것이다. 즉 임계값을 중심으로 전경 또는 배경에 속하는 화소들의 확산 정도를 측정한다. 목표는 전경 및 배경 화소들의 퍼짐이 최소인 임계값을 찾는 것이다.

Otsu의 방법에서는 두 클래스의 가중치 합계로 정의되는 클래스 내 분산을 최소화하는 임계값을 검색한다.

$$\sigma_w^2 = W_b\sigma_b^2 + W_f\sigma_f^2$$

여기서 가중치 W_b와 W_f은 임계값 t에 의하여 분리된 배경과 전경 클래스의 가중치이다. σ_b^2와 σ_f^2 은 배경과 전경 클래스의 분산이다. 가중치는 각 클래스에 속하는 화소들의 개수를 전체 화소수로 나눈것이다.

구체적인 예를 들어보자. 다음과 같은 간단한 영상이 있다고 하자.

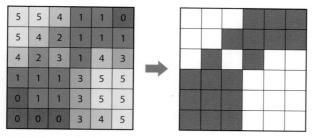

임계값 3으로 이진화하는 경우

예를 들어서 임계값을 3으로 두고 배경 클래스와 전경 클래스의 가중치, 평균값, 분산을 계산하여 보면 다음과 같다.

❶ 배경 클래스

가중치　　　$W_b = \dfrac{(5 + 11 + 2)}{36} = 0.5$

평균값　　　$\mu_b = \dfrac{((0 \times 5) + (1 \times 11) + (2 \times 2))}{18} = 0.83$

분산　　　$\sigma_b^2 = \dfrac{((0 - 0.83)^2 \times 5) + ((1 - 0.83)^2 \times 11) + ((2 - 0.83)^2 \times 2)}{18}$

　　　　　　　$= \dfrac{(3.44 + 31.79 + 2.73)}{18}$

　　　　　　　$= 2.10$

❷ 전경 클래스

가중치　　　$W_f = \dfrac{(5 + 5 + 8)}{36} = 0.5$

평균값　　　$\mu_f = \dfrac{((3 \times 5) + (4 \times 11) + (5 \times 2))}{18} = 3.83$

분산　　　$\sigma_f^2 = \dfrac{((3 - 3.83)^2 \times 5) + ((4 - 3.83)^2 \times 11) + ((5 - 3.83)^2 \times 2)}{18}$

　　　　　　　$= \dfrac{(3.44 + 0.31 + 2.73)}{18}$

　　　　　　　$= 0.36$

다음 단계는 클래스 내의 분산을 계산하는 것이다.

$$\sigma_W^2 = W_b\sigma_b^2 + W_f\sigma_f^2 = 0.5 \times 2.10 + 0.5 \times 0.36 = 1.23$$

각 임계값에 대하여 이런 계산을 되풀이하여서 가장 작은 클래스 내 분산을 가지는 임계값을 선택하는 것이 Otsu의 방법이다.

OpenCV에서 Otsu의 방법

Otsu의 방법을 사용하려면 threshold() 함수를 호출할 때, 플래그로 THRESH_OTSU를 전달한다. 임계값은 단순히 0을 전달하면 된다. 알고리즘은 스스로 최적 임계값을 찾아서 이진화한다.

아래 예제를 확인하자. 입력 영상은 레나 영상이다. 첫 번째 경우에는 전역 임계값을 127로 적용했다. 두 번째 경우에는 오투의 임계값을 적용했다. 세 번째 경우에는 잡음을 제거하기 위해 5 × 5 가우시안 마스크로 영상을 필터링한 후에 오투의 이진화 방법을 적용했다. 노이즈 필터링이 어떻게 결과를 향상시키는지 살펴보자.

Code 11.4

```cpp
01  #include "opencv2/opencv.hpp"
02  #include <iostream>
03  using namespace std;
04  using namespace cv;
05
06  int main()
07  {
08      Mat src = imread("d:/lenna.jpg", IMREAD_GRAYSCALE); // Load an image
09      Mat blur, th1, th2, th3, th4;
10      threshold(src, th1, 127, 255, THRESH_BINARY);
11      threshold(src, th2, 0, 255, THRESH_BINARY | THRESH_OTSU);
12
13      Size size = Size(5, 5);
14      GaussianBlur(src, blur, size, 0);
15      threshold(blur, th3, 0, 255, THRESH_BINARY | THRESH_OTSU);
16
17      imshow("Original", src);
18      imshow("Global", th1);
19      imshow("Ostu", th2);
20      imshow("Ostu after Blurring", th3);
21      waitKey();
22      return 0;
23  }
```

실행결과

Otsu의 방법

배경 제거

배경 제거는 많은 영상 처리 응용 프로그램의 주요 전처리 단계이다. 예를 들어 카메라를 이용하여서 방에 들어오거나 방에서 나가는 사람의 숫자를 세는 프로그램이나 차량에 대한 정보를 추출하는 교통 카메라 등과 같은 경우에는 반드시 배경 제거가 필요하다. 배경을 제거하기 위해서는 움직이지 않는 배경과 움직이는 전경을 구별할 수 있어야 한다.

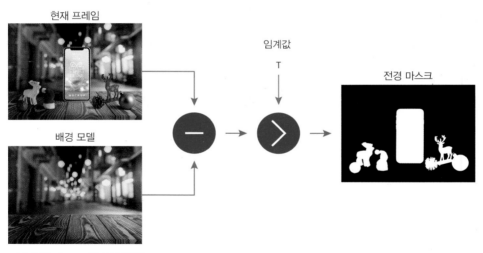

그림 출처: OpenCV 튜토리얼

사람이 없는 방의 영상, 차량이 없는 도로 영상 등이 있다면 조금 쉽게 배경을 삭제할 수 있다. 우리는 현재 영상에서 배경 영상을 빼면 된다. 그러나 대부분의 경우, 이러한 영상이 없을 수 있으므로 우리가 직접 영상에서 배경을 추출해야 한다. 만약 물체의 그림자가 있으면 더 복잡해진다. 그림자도 움직이기 때문에 간단한 빼기 연산만 가지고서는 전경을 완전하게 추출할 수 없다.

배경을 삭제하기 위하여 OpenCV에서는 매우 사용하기 쉬운 3가지 알고리즘을 구현해서 지원하고 있다. 우리는 이중에서 한가지만을 사용해보자.

BackgroundSubtractorMOG2

이것은 가우시안 혼합 기반 배경 / 전경 분할 알고리즘이다. 이 방법은 2004년도의 Z. Zivkovic, 「Improved adaptive Gausian mixture model for background subtraction」 논문과 2006년도의 「Efficient Adaptive Density Estimation per Image Pixel for the Task of Background Subtraction」 논문에서 소개되었다. 가우시안 분포의 혼합으로 각 배경 화소를 모델링하는 방법을 사용한다.

Code 11.5

```
01  #include "opencv2/opencv.hpp"
02  #include <iostream>
03  using namespace std;
04  using namespace cv;
05
06  int main()
07  {
08      Mat frame; // 현재 프레임
09      Mat result; // MOG2에 의하여 생성되는 결과 영상
10      Ptr<BackgroundSubtractor> pMOG2; //MOG2 배경 삭제 객체
11      int keyboard;
12
13      pMOG2 = createBackgroundSubtractorMOG2();
14      VideoCapture capture("d:/tennis_ball.mp4");
15      if (!capture.isOpened()) { exit(EXIT_FAILURE); }
16
17      while ((char)keyboard != 27) {
18          if (!capture.read(frame)) {
19              exit(EXIT_FAILURE);
20          }
21          pMOG2->apply(frame, result);
22          imshow("Frame", frame);
23          imshow("FG Mask MOG 2", result);
24          keyboard = waitKey(30);
25      }
26      capture.release();
27      return 0;
28  }
```

실행결과

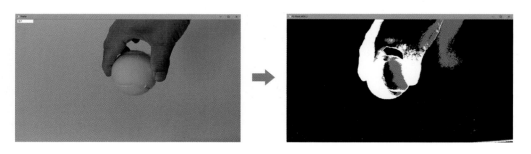

```
08  Mat frame;
09  Mat result;
```

먼저 1개의 Mat 객체가 현재 프레임을 저장하기 위해 할당되고 BS 알고리즘을 사용하여 얻어진 결과를 다른 Mat 객체가 저장한다.

```
10  Ptr<BackgroundSubtractor> pMOG2;
    ...
13  pMOG2 = createBackgroundSubtractorMOG2();
```

BackgroundSubtractor의 객체는 전경 마스크를 생성하는 데 사용된다. 이 예제에서는 기본 매개 변수가 사용되지만 create 함수에서 특정 매개 변수를 선언할 수도 있다.

```
17  while ((char)keyboard != 27) {
18    if (!capture.read(frame)) {
19        exit(EXIT_FAILURE);
20    }
21    pMOG2->apply(frame, result);
22    imshow("Frame", frame);
23    imshow("FG Mask MOG 2", result);
24    keyboard = waitKey(30);
25  }
```

비디오 파일을 반복 루프를 사용하여 처리한다. 마지막에 도달하거나 사용자가 'ESC'버튼을 누를 때까지 비디오를 읽어서 처리한다.

```
21  pMOG2->apply(frame, result);
```

모든 프레임은 전경 마스크를 계산하고 배경을 업데이트하는 데 사용된다. 배경 모델 업데이트에 사용되는 학습 속도를 변경하려면 세 번째 매개 변수를 apply() 메소드에 전달할 수 있다.

```
22  imshow("Frame", frame);
23  imshow("FG Mask MOG 2", result);
```

현재 입력 프레임과 결과 영상을 보여준다.

6

연결 성분 레이블링

우리는 앞에서 이진화 방법을 사용하여 입력 영상 안의 물체들을 어느 정도 분리하였다. 그 다음 과정은 무엇일까? 우리는 카메라를 통하여 동전의 개수를 세려고 한다. 이진화를 통하여 다음과 같은 영상이 생성되었다고 하자.

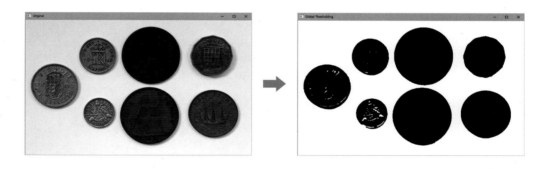

이진화를 통하여 동전과 배경은 분리가 되었지만 동전과 동전은 모두 검은색으로만 되어 있어서 동전이 몇 개인지 알 수가 없다. 항상 컴퓨터와 사람은 다르다. 사람은 금방 알 수 있지만 컴퓨터 입장에서는 동전이 전부 검은색이니 몇 개인지를 모르는 것이다. 따라서 영상에서 서로 연결된 성분이 몇 개인지를 분석하여야 한다. 이것이 바로 연결 성분 레이블링^{connected component labelling}이다.

연결 성분 레이블링은 영상을 스캔하여 화소 연결성을 기반으로 화소를 그룹화한다. 예를 들어 연결 성분의 모든 화소는 동일한 화소값을 공유하며 어떤 식으로든 서로 연결되어 있다. 같은 연결 성분에 속하는 화소에 같은 레이블(번호)을 할당하고, 다른 연결 성분에는 서로 다른 레이블을 할당한다. 영상에서 연결 성분의 추출 및 레이블링은 많은 자동화된 영상 분석 프로그램의 핵심적인 부분이다.

			1	1	1				3	3	3	3
	1	1	1									3
					2	2	2	2	2			3
	2	2	2	2	2	2	2	2	2			3
		2							2			3
		2	2						2			3
			2						2			
		2	2	2	2	2	2	2	2			

<table>
배경
전경
</table>

[그림 11.1] **연결 성분에 대한 레이블링**

연결 성분 레이블링 알고리즘은 영상 안의 모든 연결 성분을 찾고 같은 성분에 속하는 모든 화소에 유일한 레이블을 부여한다. 연결 성분 레이블링은 이진 영상 처리 시스템에서 상당한 시간이 걸리는 보틀넥^{bottleneck} 이 되어 왔다. 왜냐하면 연결 성분을 찾는 연산은 전역 연산이고 따라서 본질적으로 순차적인 알고리즘이기 때문이다. 영상 안에 하나의 물체만 있다면 연결 성분을 찾을 필요가 없을지도 모르지만, 많은 물체가 존재하고 물체의 특성과 위치가 필요하다면 연결 성분 레이블링이 수행되어야 한다. 연결 성분 레이블링에는 많은 알고리즘이 있지만 가장 많이 사용되는 알고리즘만을 살펴보자.

4-연결과 8-연결

연결 성분을 찾을 때는 이웃의 정의를 확실하게 하여야 한다. 이웃에는 4-연결과 8-연결이 있다.

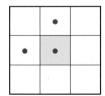 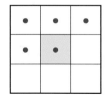

재귀 알고리즘

이 알고리즘은 간단한 방법이다. 이 방법은 그래프 탐색 방법을 기반으로 한다. 연결 성분의 첫 번째 화소를 찾으면 이 화소와 연결된 모든 화소에 레이블이 지정한다.

Algorithm 11.1

알고리즘: 재귀 연결 성분 알고리즘

① 영상을 스캔하여 레이블링되어 있지 않은 전경 화소를 찾아 새로운 레이블 L을 부여한다.

② 재귀적으로 레이블 L을 모든 이웃의 전경 화소(4-이웃 또는 8-이웃)에 부여한다.

③ 더 이상 레이블링되어 있지 않은 전경 화소가 없으면 멈춘다.

④ 단계 ①로 간다.

재귀 알고리즘은 하나의 CPU만을 가진 순차 컴퓨터에서는 매우 비효율적이지만 병렬 컴퓨터에서는 많이 쓰인다.

2-패스 알고리즘

2-패스 알고리즘 [Hoshen-Kopelman] (알고리즘이라고도 함)은 영상을 2번 스캔한다. 첫 번째 패스에서는 연결 성분에 임시 레이블을 부여한다. 화소의 이웃을 조사하여 이미 사용 중인 레이블을 부여하기 위해 노력한다. 어떤 화소의 이웃 안의 2개의 다른 레이블이 있는 경우에는 등가 테이블 [equivalence table]에 기록한다. 두 번째 패스에서는 등가 레이블의 가장 작은 레이블로 각 임시 레이블을 대체한다. 이 알고리즘은 영상의 2개 행만을 가지고 작업하므로 컴퓨터의 메모리가 작아 전체 영상을 불러올 수 없는 경우에도 사용할 수 있다.

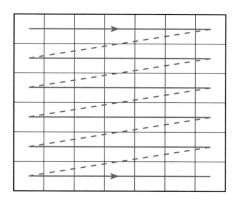

Algorithm 11.2

알고리즘: 4-연결을 이용한 2-패스 연결 성분 레이블링   4-connected

첫 번째 패스

① 영상을 위에서 아래로, 왼쪽으로 오른쪽으로 스캔한다.

② 현재 화소가 1이면

   (a) 왼쪽 화소만이 레이블을 가지면 그 레이블을 현재 화소에 부여한다.

   (b) 위쪽 화소만이 레이블을 가지면 그 레이블을 현재 화소에 부여한다.

   (c) 위쪽과 왼쪽 화소가 다른 레이블을 가지면 이 사실을 등가 테이블에 기록한다.

   (d) 위의 경우가 아니면 이 화소에 새로운 레이블을 부여한다.

③ 고려해야 할 더 이상의 화소가 없으면 멈춘다.

두 번째 패스

① 등가 테이블에서 각 등가 레이블 집합에서 최소의 레이블을 찾는다.

② 영상을 조사하여 레이블을 등가 집합의 최소 레이블로 바꾼다.

구체적인 예를 가지고 설명해보자. 예를 들어서 다음과 같은 이진 영상이 있다고 하자. 4-연결을 가정하자.

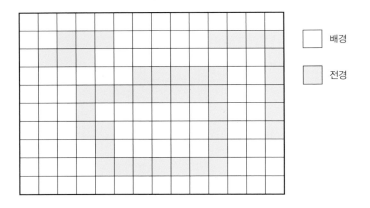

첫 번째 패스가 지나면 다음과 같은 레이블이 생성된다.

두 번째 패스가 지나면 다음과 같은 레이블이 생성된다.

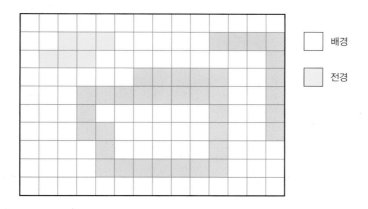

만약 이것을 다른 색상으로 칠하면 다음과 같이 될 것이다.

OpenCV에서 연결 성분 레이블링

OpenCV에서는 다음과 같은 함수를 이용하여 연결 성분을 찾을 수 있다.

```
int connectedComponentsWithStats(InputArray image, OutputArray labels,
    OutputArray stats, OutputArray centroids, int connectivity=8,
    int ltype=CV_32S)
```

매개 함수	설명
image	입력 영상
labels	레이블 영상
connectivity	8-연결성이나 4-연결성
Itype	출력 영상의 레이블 타입 CV_32S 또는 CV_16U
statsv	각 레이블에 대한 통계 자료
반환값	레이블의 개수

```
01  #include<opencv2/opencv.hpp>
02  #include <algorithm>
03  #include <iostream>
04
05  using namespace std;
06  using namespace cv;
07
08  int main() {
09      Mat img, img_edge, labels, centroids, img_color, stats;
10      img = cv::imread("d:/coins.png", IMREAD_GRAYSCALE);
11
12      threshold(img, img_edge, 128, 255, THRESH_BINARY_INV);
13      imshow("Image after threshold", img_edge);
14
15      int n = connectedComponentsWithStats(img_edge, labels, stats,
                                                          centroids);
16
17      vector<Vec3b> colors(n + 1);
18      colors[0] = Vec3b(0, 0, 0);
19      for (int i = 1; i <= n; i++) {
20          colors[i] = Vec3b(rand() % 256, rand() % 256, rand() % 256);
21      }
22      img_color = cv::Mat::zeros(img.size(), CV_8UC3);
23      for (int y = 0; y < img_color.rows; y++)
24          for (int x = 0; x < img_color.cols; x++)
25          {
26              int label = labels.at<int>(y, x);
27              img_color.at<cv::Vec3b>(y, x) = colors[label];
28          }
29
30      cv::imshow("Labeled map", img_color);
31      cv::waitKey();
32      return 0;
33  }
```

실행결과

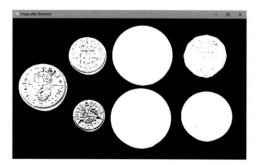

```
15  int n = connectedComponentsWithStats(img_edge, labels, stats,
                                                          centroids);
16
17  vector<Vec3b> colors(n + 1);
18  colors[0] = Vec3b(0, 0, 0);
19  for (int i = 1; i <= n; i++) {
20    colors[i] = Vec3b(rand() % 256, rand() % 256, rand() % 256);
21  }
```

위의 코드에서는 검출된 레이블의 개수를 connectedComponentsWithStats()의 반환값으로 받아서 그 개수만큼의 컬러를 랜덤하게 만들어서 벡터에 저장한다.

```
22  img_color = cv::Mat::zeros(img.size(), CV_8UC3);
23  for (int y = 0; y < img_color.rows; y++)
24    for (int x = 0; x < img_color.cols; x++)
25    {
26      int label = labels.at<int>(y, x);
27      img_color.at<cv::Vec3b>(y, x) = colors[label];
28    }
```

레이블을 보여주는 영상을 생성하고 레이블의 값에 따라서 서로 다른 컬러를 저장한다.

Summary

▶ 영상 분할$^{image\ segmentation}$이란 영상 안의 화소들을 의미 있는 영역^{segment}으로 분할하는 것이다.

▶ 이진화는 어떤 임계값을 정하고 이 값보다 낮은 화소는 전부 0으로 만들고 이 값보다 큰 화소들은 전부 1로 만드는 영상 분할 방법의 일종이다.

▶ K-means 알고리즘은 영상을 K개의 클러스터로 나누는 클러스터링 알고리즘으로 영상 분할 방법의 일종이다.

▶ OpenCV에서 threshold() 함수를 호출하여 이진화를 할 수 있다.

▶ threshold() 함수를 사용하면 5가지 이진화가 가능하다. THRESH_BINARY, THRESH_BINARY_INV, THRESH_TRUNC, THRESH_TOZERO, THRESH_TOZERO_INV가 그것이다.

▶ 적응적 이진화$^{adaptive\ thresholding}$에서는 영상의 각 영역에 따라서 서로 다른 임계값을 사용한다.

▶ Otsu는 히스토그램을 분석해서 임계값을 자동으로 결정할 수 있다고 주장하였다. 히스토그램에서 임계값으로 피크 사이의 중간값을 취한다.

▶ 연결 성분 레이블링$^{connected\ component\ labelling}$은 영상에서 서로 연결된 성분이 몇 개인지를 분석하는 처리이다.

01 영상 분할 방법을 정리해보자.

02 영상 분할이 어려운 이유는 무엇인가?

03 여러 이진화 방법의 장단점을 다양한 영상을 이용하여 실험하여 보시오.

04 이진화 임계값으로 모든 화소의 평균값과 중간값을 사용한 방법을 비교하라. 어떤 방법이 더 좋은 결과를 가져오는가?

05 화소값 중에서 최소값과 최대값을 조사하여 $q = \text{round}\left(\dfrac{\max(I) + \min(I)}{2}\right)$ 을 임계값으로 사용하여 이진화하는 프로그램을 작성해보자.

06 반복 이진화 알고리즘은 다음과 같다. 이 알고리즘을 OpenCV를 이용하여 구현해보자.

---

1. 임계값의 처음 추정치 T를 선정한다. 영상의 평균 밝기는 좋은 출발점이다.

2. 추정 임계값 T를 이용하여 영상을 2개의 영역 R_1과 R_2로 구분한다.

3. 영역 R_1과 R_2의 평균 화소값 μ_1과 μ_2를 구한다.

4. 새로운 임계값을 다음 식을 이용하여 결정한다.

$$T = \frac{1}{2}(\mu_1 + \mu_2)$$

5. 평균 화소값 μ_1과 μ_2이 더 이상 변하지 않을 때까지 절차 2에서 절차 4까지를 되풀이 한다.

---

07 에지를 이용한 영상 분할에서 가장 어려운 단계는 무엇인가?

08 다음과 같은 이진 영상에 연결 성분 분석을 수행하면 어떤 결과가 얻어지는가? 4-이웃을 가정한다. 첫 번째 패스와 두 번째 패스의 결과를 도출하라.

1	1	0	1	1	1	0	1
1	1	0	1	0	1	0	1
1	1	1	1	0	0	0	1
0	0	0	0	0	0	0	1
1	1	1	1	0	1	0	1
0	0	0	1	0	1	0	1
1	1	0	1	0	0	0	1
1	1	0	1	0	1	1	1

영상 특징 추출

단원 목표

• 영상 인식 단계를 이해한다.

• 영상에서 특징의 개념을 이해한다.

• 허프 변환을 이해하고 허프 변환을 이용하여 직선이나 원을 검출할 수 있다.

• 영상에서 코너를 검출할 수 있다.

(1) 영상에서 직선을 검출해보자.

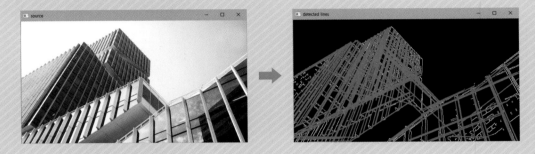

(2) 영상에서 코너를 검출해보자.

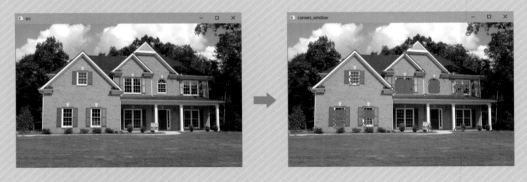

영상 인식 단계

우리가 관심을 가지는 요소들은 일반적으로 영상 안에 있는 물체이다. 컴퓨터로 영상을 판독하기 위해서는 영상 안에 들어 있는 물체들의 속성을 수치화할 필요가 있다. 물체의 속성을 수치화해야만 쉽게 물체를 인식할 수 있기 때문이다. 이를 **영상 분석**^{image analysis} 이라고 한다. 이런 물체들의 속성으로는 물체의 크기, 물체 외곽선, 직선, 원, 코너 등이 있을 것이다. 예를 들어서 현미경 영상을 분석하여 세포의 개수를 센다거나 자동차 카메라를 이용하여 장애물의 크기를 측정하는 것은 모두 영상 분석이라 할 수 있다. 우리가 앞에서 학습한 공간 필터링의 출력은 영상이었다. 하지만 영상 분석의 결과는 특정한 수치나 레이블이 된다.

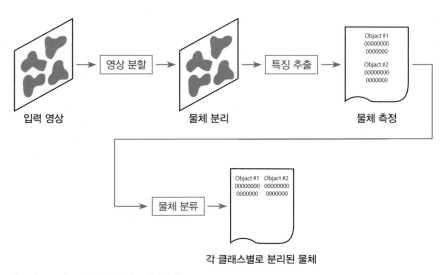

[그림 12.1] **물체 분류 시스템의 흐름도**

영상 분석은 영상 처리나 컴퓨터 비전에서 중요한 역할을 한다. 우리가 영상 안에 들어 있는 물체를 인지하려면 영상을 각각의 물체로 나누는 단계(영상 분할), 각 물체를 측정하는 단계(특징 추출), 측정값에 따라 물체를 분류하는 단계(물체 분류) 등이 필요하다. 이들의 흐름도가 [그림 12.1]에 나와 있다.

구체적으로 카메라로 얻은 영상을 이용하여 강아지와 고양이를 구별하는 시스템을 만든다고 하자. 전체 시스템은 [그림 12.2]와 같다.

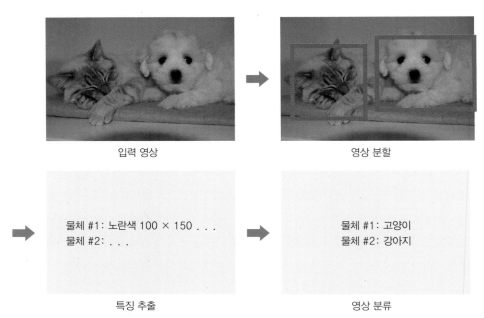

입력 영상   영상 분할

물체 #1: 노란색 100 × 150 . . .
물체 #2: . . .

물체 #1: 고양이
물체 #2: 강아지

특징 추출   영상 분류

[그림 12.2] 강아지와 고양이를 분류하는 시스템

입력 영상이 얻어지면 전처리를 통하여 잡음을 제거한다. 이어서 영상 안의 물체들을 분리하는 영상 분할이 수행된다. 분리된 각각의 물체들에 대한 특징 추출을 통하여 물체의 여러 가지 속성을 얻는다. 이들 속성을 이용하여서 물체를 분류하게 된다.

특징 추출

입력 영상에는 물체를 분류하는데 필요하지 않은 많은 정보가 들어 있다. 따라서 영상 인식의 첫 번째 단계는 영상에 포함된 중요한 정보만을 남기고 나머지 부분을 생략하여 영상을 단순화하는 것이다. 예를 들어 영상에서 자동차 타이어를 찾으려고 한다. 우리는 화소값의 변화를 이용하여 타이어를 찾을 수도 있다. 하지만 시간이 많이 걸릴 것이다. 다른 방법으로 우리는 영상의 에지를 추출할 수 있다. 에지 영상에서는 타이어의 원형 모양을 쉽게 식별할 수 있기 때문이다. 이렇게 중요하지 않은 정보를 버리고 에지와 같은 필수적인 정보를 추출하는 것을 특징 추출 feature extraction 이라고 한다. 최근에는 단순한 에지보다 훨씬 더 신뢰할 수 있는 특징들이 등장하고 있다. 직선이나 원형 모양도 식별할 수 있으며 물체의 코너와 같은 특징들도 많이 사용된다. SIFT나 SURF와 같은 특징도 많이 사용된다.

특징

특징은 영상에 존재하는 고유한 패턴이다. 영상 처리와 컴퓨터 비전에 많이 사용되는 특징은 다음과 같다.

- ▶ 에지 edge
- ▶ 직선
- ▶ 원
- ▶ 코너 corner detection
- ▶ 블로브 검출 blob detection
- ▶ 리지 검출 Ridge detection
- ▶ Haar 특징
- ▶ HOG Histogram of Oriented Gradients
- ▶ SIFT Scale-Invariant Feature Transform
- ▶ SURF Speeded Up Robust Feature

좋은 특징

특징의 종류는 많다. 어떤 특징이 좋은 특징일까? 아래 영상에서 A, B, C로 표시된 사각형을 찾는 다고 가정하자.

A는 평평한 표면이며, 많은 지역에 퍼져 있다. 따라서 이 사각형의 정확한 위치를 찾는 것은 어렵 다. B는 건물의 에지에 해당한다. 대략적인 위치를 찾을 수 있지만 정확한 위치를 찾는 것은 여전 히 어렵다. 건물의 에지는 건물의 가장자리 부근에서 동일하기 때문이다. 에지는 평평한 영역에 비해 훨씬 더 나은 특징이지만, 충분하지 않다. 마지막으로, C는 건물의 코너^{corner}이다. 코너는 영상에서 비교적 쉽게 찾을 수 있으면서 개수도 많지 않다. 따라서 코너는 좋은 특징으로 간주될 수 있다.

더 간단한 영상을 사용하여 이 개념을 설명해보자.

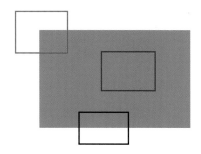

파란색 사각형은 평평한 영역이므로 유일하게 찾기 어렵다. 우리가 파란색 사각형을 움직일 때마 다 동일하게 보이기 때문이다. 검은색 사각형은 에지에 해당한다. 우리가 사각형을 수직 방향으로 이동하면 상당히 달라진다. 반면에 수평으로 이동시키면 동일하게 보일 것이다. 빨간 패치는 코너 이다. 패치를 수평이나 수직으로 이동하면 상당히 다르게 보인다. 따라서 기본적으로 코너는 영상에서 좋은 특징으로 간주된다. 코너는 객체 추적이나 영상 매칭에 많이 사용된다.

특징 추출은 상당히 복잡하다. 따라서 전부 다룰 수는 없다. 우리는 영상에서 직선이나 원을 검출하는 방법과 영상에서 코너corner를 검출하는 방법만을 살펴보자.

딥러닝에서의 특징 추출

최근의 딥러닝에서는 영상에서 특징을 추출하지 않고 입력 영상의 화소를 분류기의 입력으로 직접 사용하기도 한다. 딥러닝에서는 인공신경망이 특징을 추출하고 분류도 한다. 다음의 그림을 참조한다.

기계학습

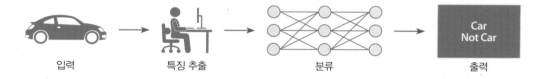

딥러닝

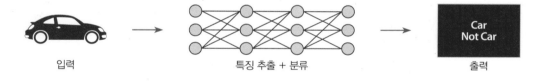

3

허프(Hough) 변환

영상에서 직선, 원, 타원, 곡선과 같은 기하학적 요소들을 검출하는 것은 상당히 중요하다. 예를 들어서 자율 주행 자동차에서는 카메라를 통하여 차선을 검출하여야 한다.

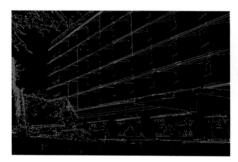

출처: OpenCV 튜토리얼

영상에서 직선을 검출하려면 에지 검출기를 사용할 수 있다. 하지만 일반적으로 에지 데이터의 불완전성으로 인해 완벽한 직선을 얻기는 상당히 힘들다. 이때 사용할 수 있는 기법이 허프 변환 Hough transform 이다.

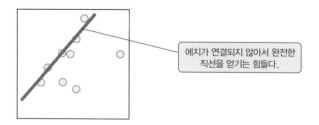

에지가 연결되지 않아서 완전한 직선을 얻기는 힘들다.

허프 변환은 영상 분석이나 컴퓨터 비전에서 아주 많이 사용되는 특징 추출 기법이다. 허프 변환은 1962년에 P. V. C. Hough에 의해 소개되었고 Duda와 Hart가 이 아이디어를 이용하여 직선상의 점들을 검출하는데 사용하였다. 이 기법의 목적은 도형의 매개변수 ^{parameter} 공간에서 투표 절차를 통해 영상 내의 도형을 찾는 것이다. 고전적인 허프 변환은 영상에서 직선만을 찾을 수 있었지만 나중에 원이나 타원, 일반적인 도형을 식별하는 데까지 확장되었다.

허프 변환 이론

가장 단순한 허프 변환은 직선을 검출하는 경우이다. 직선은 일반적으로는 다음과 같이 2차원 좌표계에서 기울기와 y-절편으로 나타낼 수 있다.

$$y = mx + b$$

우리가 영상에서 직선에 있을 것으로 추정되는 한 점 (x_0, y_0)을 발견했다고 하자. 아직 한 점만 가지고는 어떤 직선인지 파악할 수 없다. 하나의 점 (x_0, y_0)을 지나는 직선들은 많다. 점 (x_0, y_0)을 지나는 직선의 m, b는 다음과 같은 식을 만족할 것이다.

$$y_0 = mx_0 + b$$

이 점을 지나는 수많은 직선들의 (m, b)를 매개변수 공간에서 표시하면 아래의 오른쪽 그림처럼 직선이 될 것이다. 왜냐하면 $b = -x_0 m + y_0$와 같은 형태로 변경할 수 있고 이것은 (m, b) 공간에서는 직선이 된다.

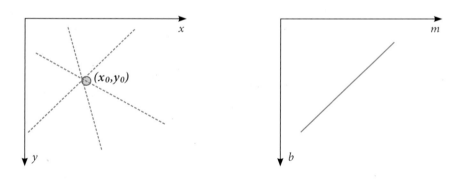

자, 이제 직선 위에 있을 것 같은 2개의 점(에지)이 발견되었다고 하자. 이 2점을 지나는 모든 직선들을 매개변수 공간에서 그리면 다음과 같다.

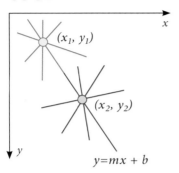

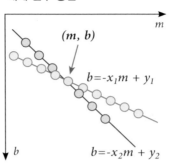

매개변수 공간에 교차점이 생기는데, 이 교차점은 영상 공간에서 2점을 연결하는 직선의 기울기와 절편에 해당한다.

우리가 더 많은 점을 발견했다고 하자. 이 점들을 지나는 모든 직선들을 매개변수 공간에 표시한 다면 다음과 같이 될 것이다.

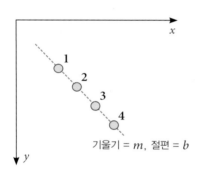

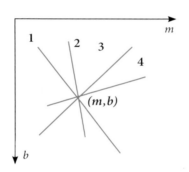

이 점들을 지나는 직선은 바로 매개변수 공간에서의 교차점이 될 것이다. 어떻게 하면 교차점을 찾을 수 있을까? 후보점이 발견될 때마다 이 점을 지나는 모든 직선의 기울기와 절편에 대하여 1표 씩 투표한다고 하자. 점들을 지나는 직선은 가장 많은 표를 얻은 기울기와 절편이 된다. 따라서 우리는 매개변수 공간을 다음과 같이 2차원 배열로 만들고 점이 발견될 때마다 점을 지나갈 수 있는 모든 직선의 (m, b)를 매개변수 공간에서 찾아서 하나씩 증가시킨다. 만약 직선상에 후보점이 10개가 있었다고 하면 위와 같이 특정한 (m, b)의 누적값이 10이 될 수 있다. 매개변수 공간에서 최대값을 찾으면 그것이 바로 후보점들로 이루어진 직선의 방정식이 된다.

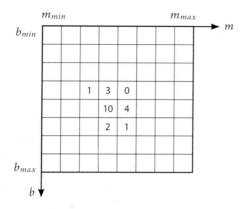

극좌표계

그런데 위와 같이 $y = mx + b$ 형태의 직선의 방정식은 결정적인 약점이 있다. 무엇일까? 바로 기울기가 무한대가 될 수 있다는 점이다. 따라서 매개변수 공간을 채우려면 어마어마한 배열이 필요하다. 어떻게 하는 것이 좋을까? 연구자들이 열심히 생각해보니 다음과 같이 원점에서부터의 수직 거리와 x축과 이루는 각도로도 직선을 나타낼 수 있다.

$$r = x \cdot \cos \theta + y \cdot \sin \theta \qquad \text{(식 12.1)}$$

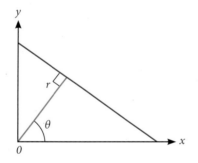

위의 방정식에서 매개변수는 r과 θ이다. r은 원점에서 직선까지의 최단 거리이며 θ는 x축과 직선 사이의 각도이다. 따라서 각 직선에 대하여 (θ, r)을 유일하게 대응시킬 수 있다. 위와 같은 직선의 방정식에서는 매개변수들이 절대로 무한대가 될 수 없다. 영상의 크기는 제한되어 있기 때문에 r값이 무한대가 될 수 없는 것이다. 또 각도는 0에서 180 사이의 값이다. 따라서 하후 변환에서는 직선을 표현하기 위하여 위의 (식 12.1)을 사용한다. 위의 식에서 θ는 $(0, \pi)$의 범위를 가지고 r은 양수값을 가질 수 있다.

하나의 직선은 r과 θ로 정해지는 좌표계에서 하나의 점으로 표시된다. 특정한 점을 지나는 직선들은 (θ, r) 좌표계에서 어떻게 표시될까? 영상에서 특정한 점을 지나는 곡선들은 (θ, r) 평면에서는 다음과 같이 곡선(싸인파)으로 나타난다.

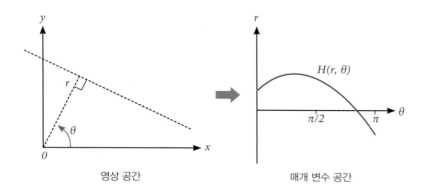

영상 공간

매개 변수 공간

직선상에 있는 2개의 점을 발견했다면 이것은 매개 변수 공간에서 각각 싸인파로 표시되고 이들 싸인파는 한 점에서 교차하게 된다. 이 점이 바로 2개의 점을 동시에 지나는 직선의 방정식에 해당한다. 극좌표계에서도 마찬가지로 곡선들이 가장 많이 교차된 점을 찾으면 된다.

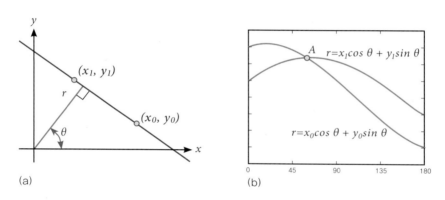

(a)

(b)

간단한 예제

허프 변환을 이해하기 위하여 간단한 예제를 살펴보자. 다음과 같이 3개의 점이 영상 위에 있다고 하자.

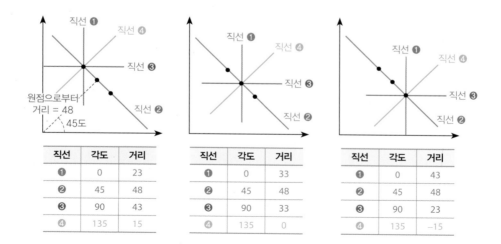

직선	각도	거리
❶	0	23
❷	45	48
❸	90	43
❹	135	15

직선	각도	거리
❶	0	33
❷	45	48
❸	90	33
❹	135	0

직선	각도	거리
❶	0	43
❷	45	48
❸	90	23
❹	135	−15

각 점을 통과하는 여러 직선이 실선으로 되어있다. 각 직선에서 원점까지의 거리는 점선으로 표시되어 있다. 각 직선마다 원점으로부터 최단거리와 각도를 표에 기록한다. 이 과정을 모든 점에 대하여 반복한 후에 각도와 길이를 매개변수 좌표에 그리면 다음과 같은 그림이 완성된다.

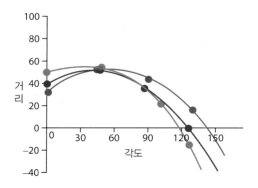

매개변수 좌표계를 보면 한 점에서 곡선들이 교차하는 것을 볼 수 있다. 이 점에 해당되는 직선이 3점을 연결하는 직선이다.

구현

앞에서 설명한 아이디어를 어떻게 구현할 것인가? 핵심적인 아이디어는 각 화소가 투표를 하게 하는 것이었다. 따라서 누적기 배열^{array of accumulator} 이 필요하다. 직선을 검출하는 경우에 누적기 배열은 단순한 2차원 배열이다. 수평축은 직선의 각도를 나타내며 수직축은 원점에서 직선까지의 거리를 나타낸다.

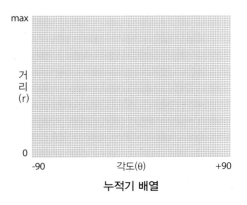

누적기 배열

누적기 배열이 만들어졌으면, 에지 영상에서 모든 에지 화소들을 반복적으로 처리한다. 하후 변환은 에지 영상이 있어야 적용할 수 있다. 만약 화소의 값이 0이면 무시하면 된다. 즉 에지가 아니므로 직선도 아니라고 생각하는 것이다. 다음 화소로 간다. 에지 영상에서 화소의 값이 1이면 매개변수 공간에서 사인파를 생성한다. $\theta = -90$부터 시작하여서 대응되는 r값을 계산한다. 누적기 배열에서 (θ, r) 셀에 투표한다. 즉 이 셀의 값을 하나 증가시킨다. 이어서 다음 θ을 취하고 여기에 해당되는 r값을 계산한 후에 (θ, r) 셀의 값을 하나 증가시킨다. 이와 같은 동작을 $\theta = +90$까지 되풀이한다.

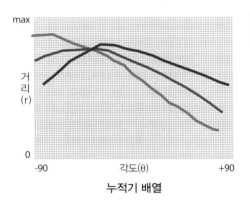

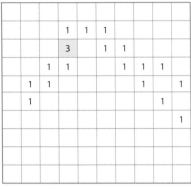

누적기 배열

이 처리를 에지 영상의 화소 전부에 대하여 실시한 다음에, $r - \theta$공간에서 누적값이 최대가 되는 점의 r, θ값을 아래의 식에 대입하면, 직선이 얻어진다.

$$r = x \cdot \cos \theta + y \cdot \sin \theta$$

하후 변환은 잡음을 많이 포함하는 영상에서 선이나 원 등의 도형을 추출하는 데에는 아주 유효한 방법이나 추출 대상 도형에 따라 거대한 매개변수 공간을 설정하지 않으면 안 되므로, 기억용량, 처리속도 등에서 불리하다. 그리고 매개변수 공간에 있어 누적이 낮은 도형, 예로 들면, 직선 추출인 경우에는 짧은 선분을 추출하는 데는 어려움이 있다. 그러므로 에지 영상에서 화소의 좌표뿐만 아니라 직선의 방향 등을 이용하여 매개변수 공간에서 차원 수를 줄이는 방법, 변환 대상 화소 수를 줄이는 방법 등 다수의 고속화 기법이 제안되었다.

OpenCV에서의 허프 변환

OpenCV에서는 2가지의 함수를 지원한다.

① HoughLines() 함수를 이용하여 표준적인 허프 변환을 수행할 수 있다. 이 함수는 (θ, r) 형태의 벡터로 결과를 반환한다. 따라서 우리가 (θ, r) 형태를 직선의 방정식으로 변환하여야 한다.

```
void HoughLines(InputArray image, OutputArray lines, double rho,
        double theta, int threshold)
```

매개 변수	설명
image	에지 검출기의 출력이다. 그리이스케일 영상이어야 한다.
lines	검출된 직선의 매개변수를 저장하는 (θ, r) 형태의 벡터이다.
rho	매개변수 r의 해상도를 화소로 나타낸 것이다. 우리는 1을 사용한다.
theta	매개변수 θ의 해상도를 나타낸 것이다. 우리는 1도를 사용한다(CV_PI/180).
threshold	직선을 검출하는데 필요한 교차점의 최소 개수이다.

② HoughLinesP() 함수를 이용하여 확률적인 허프 직선 변환을 수행할 수 있다. 이 함수는 (x_0, y_0, x_1, y_1) 형태의 벡터로 결과를 반환한다.

```
void HoughLinesP(InputArray image, OutputArray lines, double rho,
        double theta, int threshold, double minLineLength=0,
        double maxLineGap=0 )
```

매개 변수	설명
image	에지 검출기의 출력이다. 그레이스케일 영상이어야 한다.
lines	검출된 직선의 매개변수를 저장하는 (x_0, y_0, x_1, y_1) 형태의 벡터이다.
rho	매개변수 r의 해상도를 화소로 나타낸 것이다. 우리는 1을 사용한다.
theta	매개변수 θ의 해상도를 나타낸 것이다. 우리는 1도를 사용한다(CV_PI/180).
threshold	직선을 검출하는데 필요한 교차점의 최소 개수이다.
minLineLength	직선의 최소 길이
maxLineGap	하나의 직선으로 간주되는 점들 사이의 최대 거리

여기서는 HoughLinesP() 함수를 이용해보자.

Code 12.1

```
01  #include "opencv2/highgui/highgui.hpp"
02  #include "opencv2/imgproc/imgproc.hpp"
03  #include <iostream>
04
05  using namespace cv;
06  using namespace std;
07
08  int main()
09  {
10      Mat src = imread("d:/building.jpg", 0);
11      if (src.empty()) { cout << "can not open " << endl; return -1; }
12
13      Mat dst, cdst;
14      Canny(src, dst, 100, 200);
15      imshow("edge", dst);
```

```
16      cvtColor(dst, cdst, CV_GRAY2BGR);
17
18      vector<Vec4i> lines;
19      HoughLinesP(dst, lines, 1, CV_PI / 180, 50, 100, 20);
20      for (size_t i = 0; i < lines.size(); i++) {
21          Vec4i l = lines[i];
22          line(cdst, Point(l[0], l[1]), Point(l[2], l[3]), Scalar(0, 0, 255), 3,
                                                                CV_AA);
23      }
24
25      imshow("source", src);
26      imshow("detected lines", cdst);
27      waitKey();
28      return 0;
29  }
```

실행결과

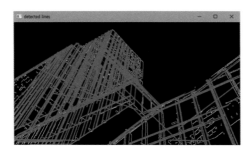

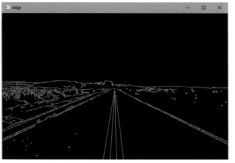

코드설명

```
10  Mat src = imread("d:/building.jpg", 0);
```

영상을 읽는다.

```
14  Canny(src, dst, 100, 200);
```

캐니 에지 검출기를 적용한다.

```
18  vector<Vec4i> lines;
19  HoughLinesP(dst, lines, 1, CV_PI / 180, 50, 100, 20);
```

확률적인 허프 변환을 적용한다.

특히 minLineLength와 maxLineGap의 값을 신중하게 설정한다.

```
20  for (size_t i = 0; i < lines.size(); i++) {
21      Vec4i l = lines[i];
22      line(cdst, Point(l[0], l[1]), Point(l[2], l[3]), Scalar(0, 0, 255), 3,
                                                          CV_AA);
23  }
```

결과를 영상 위에 표시한다.

4

원형 허프 변환

앞에서 직선을 찾는 허프 변환을 학습하였다. 허프 변환의 개념을 응용하여 영상에서 원을 검출할 수 있다. 원형 물체는 영상에서 아주 흔하게 나타난다. OpenCV에서도 `HoughCircles()` 함수를 제공하고 있다.

허프 변환으로 직선을 검출할 때는 2개의 매개 변수 (θ, r)를 이용하여 직선을 정의하였다. 원은 3개의 매개 변수 (a, b, R)를 이용하여 정의할 수 있다. 여기서 (a, b)는 원의 중심을 나타내고 R은 원의 반지름이다. 따라서 이들 매개 변수가 결정되면 하나의 원이 대응된다.

$$x = a + R\cos(\theta)$$
$$y = b + R\sin(\theta)$$

여기서 각도 θ는 0에서 360도까지 변화되고, (x, y)는 원의 둘레를 따라 움직이게 된다.

반지름이 고정된 원을 찾는 경우

만약 영상에 원의 둘레에 있는 점들이 발견되었다면 이것을 이용하여 원을 정의하는 (a, b, R)을 찾으면 된다. 매개변수 공간이 3차원이라서 직선보다는 더 계산시간이 많이 걸리게 된다. 먼저 반지름이 고정된 원을 찾는 경우를 생각해보자.

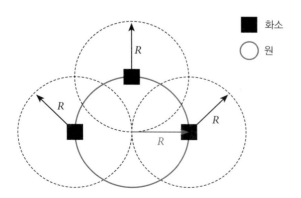

위의 그림과 같이 원 위에 존재하는 화소(네모형태)들이 발견되었다고 하자. 영상에 있는 한 점은 매개변수 공간에서 원을 생성한다. 각 화소들을 통과하는 원은 점선과 같이 그릴 수 있다. 이 원들은 (a, b)에서 교차하게 되고 이것이 바로 영상에 존재하는 원의 중심이 된다. 이것을 영상공간과 매개변수 공간을 분리해서 그리면 다음과 같다.

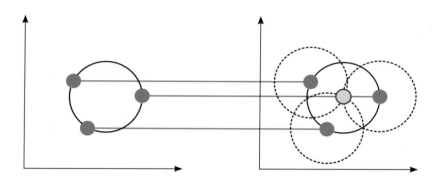

일반적인 원을 찾는 경우

앞에서는 반지름이 고정된 원을 찾았다. 만약 반지름이 변경되는 원이라면 어떻게 찾아야 할까? 이때는 반지름을 최소값에서부터 최대값까지 변경하면서 위의 알고리즘을 적용하면 된다. 영상 위에서 한 점은 매개변수 공간에서는 아래 그림과 같이 깔때기 모양이 된다.

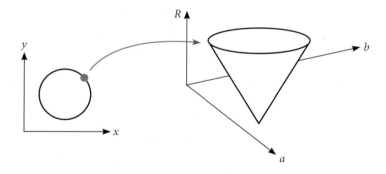

알고리즘

매개변수 공간이 3차원이므로 누적기 행렬도 3차원이어야 한다. 가능한 반지름에 대하여 반복하게 된다. 각 반지름마다 우리는 앞의 기술을 사용한다. 마지막으로 3차원 누적기 행렬에서 최대값을 찾는다. 누적기 배열을 A[a, b, r]이라고 하자. 투표는 각 위치, 반지름에 대해 이루어져야 한다.

```
A[a, b, r] + = 1
```

전체 알고리즘은 다음과 같다.

Algorithm 12.1

1. 모든 A[a, b, r]을 0으로 초기화한다.
2. 가우시안 블러링을 수행한다.
3. 캐니 에지 연산자를 이용하여 에지를 추출한다.
4. 모든 에지에 대하여 누적기 배열에 투표를 한다.
5. 누적기 값 중에서 최대값을 계산한다.

누적기 배열에 투표하는 알고리즘은 다음과 같다.

Algorithm 12.2

```
01  for each pixel(x,y)
02     for each radius r = 10 to r = 60 // 가능한 반지름 값
03        for each theta t = 0 to 360 // 가능한 세타 값(0부터 360)
04           a = x - r * cos(t * PI / 180); // 원의 중심 좌표 계산
05           b = y - r * sin(t * PI / 180); // 원의 중심 좌표 계산
06           A[a, b, r] +=1; // 투표, 누적기 배열을 증가시킨다.
07        end
08     end
09  end
```

OpenCV 구현

OpenCV에서도 `HoughCircles()` 함수를 제공하고 있다. 허프 원 변환 함수는 다음과 같은 매개변수를 가진다.

```
void HoughCircles(InputArray image, OutputArray circles, int method,
     double dp, double minDist, double param1=100, double param2=100,
     int minRadius=0, int maxRadius=0 )
```

매개 변수	설명
image	입력 영상(그레이스케일)
clrcles	3개의 요소를 저장하는 벡터
method	감지 방법을 정의하는 상수
dp	영상 해상도와 감지기 해상도의 비율의 역수. 만약 dp=1이면 감지기와 영상의 해상도는 같다.
minDist	감지된 원 중심 간의 최소 거리
param1	캐니 에지 연산자의 상위 임계값
param2	원 감자의 임계값. 이 값이 적으면 더 많은 원이 감지된다.
minRadius	최소 원 반지름
maxRadius	최대 원 반지름

전체 프로그램은 다음과 같다.

```cpp
01  #include "opencv2/highgui/highgui.hpp"
02  #include "opencv2/imgproc/imgproc.hpp"
03  #include <iostream>
04  #include <stdio.h>
05
06  using namespace cv;
07  using namespace std;
08
09  int main()
10  {
11      Mat src, src_gray;
12
13      src = imread("d:/plates.jpg", 1);
14      imshow("src", src);
15      // 그레이스케일로 변환한다.
16      cvtColor(src, src_gray, CV_BGR2GRAY);
17
18      // 가우시안 블러링 적용
19      GaussianBlur(src_gray, src_gray, Size(9, 9), 2, 2);
20
21      vector<Vec3f> circles;
22
23      // 원을 검출하는 허프 변환
24      HoughCircles(src_gray, circles, CV_HOUGH_GRADIENT, 1, src_gray.rows /
                                                    8, 200, 50, 0, 0);
25
26      // 원을 영상 위에 그린다.
27      for (size_t i = 0; i < circles.size(); i++) {
28          Point center(cvRound(circles[i][0]), cvRound(circles[i][1]));
29          int radius = cvRound(circles[i][2]);
30          circle(src, center, 3, Scalar(0, 255, 0), -1, 8, 0);
                                                        // 원의 중심을 그린다.
31          circle(src, center, radius, Scalar(0, 0, 255), 3, 8, 0);
                                                        // 원을 그린다.
32      }
33
34      imshow("Hough Circle Transform", src);
35      waitKey(0);
36      return 0;
37  }
```

실행결과

코드설명

```
19 GaussianBlur(src_gray, src_gray, Size(9, 9), 2, 2);
```

잡음을 줄이고 잘못된 감지를 막기 위하여 영상에 가우시안 블러링을 적용한다.

```
21 vector<Vec3f>  circles;
24 HoughCircles( src_gray, circles, CV_HOUGH_GRADIENT, 1, src_gray.rows/
                                              8, 200, 50, 0, 0 );
```

허프 원 변환을 적용한다.

```
27 for (size_t i = 0; i < circles.size(); i++) {
28     Point center(cvRound(circles[i][0]), cvRound(circles[i][1]));
29     int radius = cvRound(circles[i][2]);
30     circle( src, center, 3, Scalar(0,255,0), -1, 8, 0 );
31     circle( src, center, radius, Scalar(0,0,255), 3, 8, 0 );
32 }
```

감지된 원들을 영상 위에 그린다.

5

코너 검출

영상 처리나 컴퓨터 비전에서 여러 프레임 사이에서 일치하는 지점을 찾아야 한다. 왜냐하면 두 영상이 서로 어떻게 관련되는지 알면 두 영상을 사용하여 어떤 정보를 추출할 수 있기 때문이다. 예를 들어서 좌우 영상을 이용하여 장면의 깊이 정보를 추출하려면 좌영상과 우영상들을 매치시켜야 한다. 3차원 영상 재구성, 영상 매칭, 객체 인식 등의 작업에서 우리는 특징점들을 필요로 한다. 우리가 매칭점을 말할 때 일반적인 의미에서 우리가 쉽게 인식할 수 있는 특성을 말한다. 특징들은 고유하게 인식할 수 있어야 한다.

우리가 자주 사용하는 특징에는 다음과 같은 것들이 있다.

- ▶ 에지^{Edges}
- ▶ 코너^{Corners}
- ▶ 블로브^{Blobs}

에지는 앞에서 많이 언급되었으므로 이번 절에서는 코너에 대하여 살펴보자. 많이 사용되는 특징점 중의 하나가 바로 코너^{corner} 이다. 코너는 영상에서 비교적 쉽게 찾아낼 수 있는 지역 특징이다. 벽이나 창문에서 우리는 코너를 찾을 수 있다. 코너는 두 에지의 교차점이다. 코너에서는 에지의 방향이 바뀌게 된다. 따라서 영상의 기울기가 심하게 변하는 지점을 찾으면 코너일 것이다.

해리스 코너 검출은 각종 코너 검출 방법 중에서도 아주 고전적인 방법이다. 이 코너를 찾기 위한 초기 시도 중 하나는 Chris Harris & Mike Stephens가 1988년 「Combined Corner and Edge Detector」라는 논문에서 해리스 코너 탐지기라고 불렀던 것이다. 코너에서는 밝기의 변화가 심한데 그는 다음과 같은 수식을 이용하여 밝기 변화율을 계산하였다. 즉 우리가 양방향 그라디언트의 변화가 심한 곳을 찾으면 거기가 바로 코너일 것이다.

그레이스케일 영상 I를 가정하자. 우리가 영상을 $w(x, y)$ 원도우를 이용하여 스캔한다고 하면 우리는 밝기 변화율을 다음과 같이 계산할 수 있다.

$$E(u, v) = \sum_{x, y} \omega(x, y)[I(x + u, y + v) - I(x, y)]^2$$

위의 수식은 기본적으로 모든 방향의 변위에 대한 밝기 차이를 계산하여 합한다.

- ▶ u와 v는 Δx와 Δy에 해당한다.
- ▶ $w(x, y)$는 (x, y) 위치에서의 윈도우의 가중치이다.
- ▶ $I(x, y)$는 (x, y)에서의 영상의 밝기이다.
- ▶ $I(x + u, y + v)$는 이동된 위치 $(x + u, y + v)$에서의 밝기이다.

코너에서는 밝기 변화가 심하므로 우리가 코너를 찾으려면 위의 값이 큰 곳을 찾아야 한다. 즉 우리는 코너 감지를 위해 이 함수 중에서 다음과 같은 항을 최대화해야 한다.

$$\sum_{x, y}[I(x + u, y + v) - I(x, y)]^2$$

위의 방정식에 테일러의 확장$^{\text{Taylor Expansion}}$을 적용하면 다음과 같은 수식을 얻을 수 있다. u와 v는 Δx와 Δy로 생각하면 이해하기 쉽다.

$$E(u, v) \approx \sum_{x, y}[I(x, y) + uI_x + vI_y - I(x, y)]^2$$

여기서, I_x 및 I_y은 영상에서의 X 및 Y 방향의 미분값이다. 미분값은 Sobel() 함수를 사용하면 쉽게 찾을 수 있다. 위의 식을 풀어서 정리하면 다음과 같다.

$$E(u, v) \approx \sum_{x, y} u^2I_x^2 + 2uvI_xI_y + v^2I_y^2$$

위의 식을 행렬식으로 바꾸어 정리하면 다음과 같이 최종 방정식을 얻을 수 있다.

$$E(u, v) \approx [u \;\; v] \left(\sum_{x, y} \omega(x, y) \begin{bmatrix} I_x^2 & I_xI_y \\ I_xI_y & I_y^2 \end{bmatrix} \right) \begin{bmatrix} u \\ v \end{bmatrix}$$

여기서 M은 다음과 같이 정의된다.

$$M = \sum_{x, y} \omega(x, y) \begin{bmatrix} I_x^2 & I_xI_y \\ I_xI_y & I_y^2 \end{bmatrix}$$

수식은 최종적으로 다음과 같이 나타난다.

$$E(u, v) \approx [u \;\; v] \, M \begin{bmatrix} u \\ v \end{bmatrix}$$

각 윈도우에 대하여 다음과 같은 점수를 얻을 수 있다. 이 점수를 이용하여 코너인지 아닌지를 구별할 수 있다.

$$R = det(M) - k[trace(M)]^2$$

여기서 다음과 같이 가정한다.

$$det(M) = \lambda_1 \lambda_2$$
$$trace(M) = \lambda_1 + \lambda_2$$

λ_1과 λ_2은 행렬의 고유값^{eigenvalue}이다. R값이 크면 코너라고 판단할 수 있다. λ_1과 λ_2 값에 따라서 다음과 같은 관계가 있다고 한다.

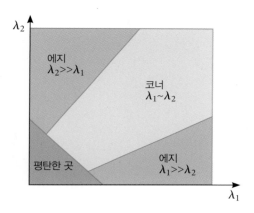

OpenCV에서 해리스 코너 검출기

OpenCV는 이 목적으로 cv2.cornerHarris () 함수를 가지고 있다.

```
void cornerHarris(InputArray src, OutputArray dst, int blockSize, int ksize,
    double k)
```

매개 변수	설명
src	입력 영상. 그레이스케일 및 float32 유형이어야 한다.
dst	출력 영상. CV_32FC1 타입이다.
blockSize	코너 감지에 사용되는 커널의 크기
Ksize	소벨 연산자를 계산하는데 사용되는 커널 크기
k	$R = det(M) - k[trace(M)]^2$ 수식에 사용되는 k값

```
01   #include "opencv2/highgui/highgui.hpp"
02   #include "opencv2/imgproc/imgproc.hpp"
03   #include <iostream>
04   #include <stdio.h>
05   #include <stdlib.h>
06
07   using namespace cv;
08   using namespace std;
09
10   int main()
11   {
12       Mat src, gray;
13       int thresh = 150;
14       int blockSize = 2;
15       int apertureSize = 3;
16       double k = 0.04;
17
18       src = imread("d:/chessboard.jpg", 1);
19       cvtColor(src, gray, CV_BGR2GRAY);
20       imshow("src", src);
21
22       Mat dst, dst_norm, dst_norm_scaled;
23       dst = Mat::zeros(src.size(), CV_32FC1);
24
25       cornerHarris(gray, dst, blockSize, apertureSize, k);
26
27       normalize(dst, dst_norm, 0, 255, NORM_MINMAX, CV_32FC1, Mat());
28       convertScaleAbs(dst_norm, dst_norm_scaled);
29
30       for (int j = 0; j < dst_norm.rows; j++) {
31           for (int i = 0; i < dst_norm.cols; i++) {
32               if ((int)dst_norm.at<float>(j, i) > thresh) {
33                   circle(src, Point(i, j), 5, Scalar(0, 0, 255), 2, 8, 0);
34               }
35           }
36       }
37
38       imshow("corners_window", src);
39       waitKey(0);
40       return(0);
41   }
```

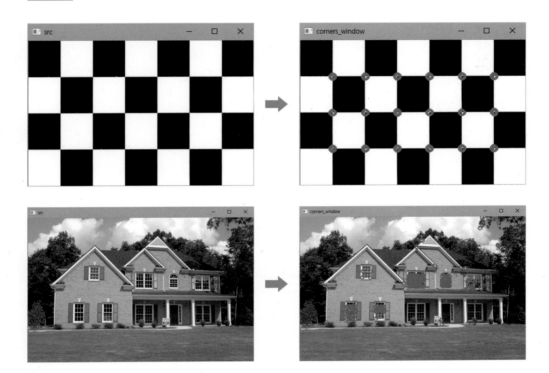

Shi-Tomasi 코너 감지기

이전 절에서 Harris 코너 감지기의 결과를 보았다. 1994년 J. Shi와 C. Tomasi는 Harris 코너 감지기와 더 나은 결과를 보여주는 논문을 발표하였다. Harris 코너 감지기에서 사용한 정수는 다음과 같다.

$$R = \lambda_1\lambda_2 - k(\lambda_1 + \lambda_2)^2$$

Shi-Tomasi는 다음과 같이 제안했다.

$$R = min(\lambda_1, \lambda_2)$$

R값이 임계값보다 크면 코너로 간주된다. 우리가 Harris 코너 감지기에서 했던 것처럼 λ_1과 λ_2을 2차원 공간에 그려 보면 아래와 같은 그림을 얻을 수 있다.

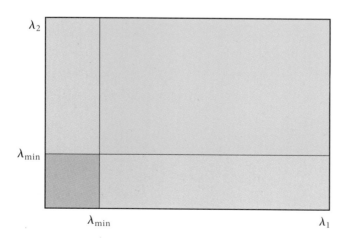

위의 그림에서처럼 λ_1과 λ_2이 최소값보다 높으면 코너(녹색 영역)로 간주된다.

OpenCV 코드

OpenCV에는 goodFeaturesToTrack() 함수가 있다. 이 함수는 Shi-Tomasi 코너 감지기 방법을 사용하여 영상에서 N개의 가장 강한 코너를 찾는다. 일반적으로 입력 영상은 그레이스케일 영상이어야 한다. 이어서 사용자가 원하는 코너의 개수를 지정한다. 품질 수준을 지정하는데 품질 수준은 0~1 사이의 값으로, 이 값 아래의 코너는 거부된다. 감지된 코너 사이의 최소 거리도 제공하여야 한다.

```
void goodFeaturesToTrack(InputArray image, OutputArray corners,
    int maxCorners, double qualityLevel, double minDistance,
    InputArray mask=noArray(), int blockSize=3,
    bool useHarrisDetector=false, double k=0.04 )
```

매개 변수	설명
image	입력 영상
corners	감지된 코너들
maxCorners	최대 코너 개수
qualityLevel	코너의 품질 수준. 0부터 1 사이의 값
minDistance	코너 사이의 최소 거리
mask	마스크(선택 사항)
blockSize	기울기를 계산하는 블록의 크기
useHarrisDetector	해리스 코너 감지기 사용 여부
k	해리스 코너 감지기의 매개 변수

이 모든 정보를 통해 함수는 영상의 코너를 찾는다. 품질 수준 이하의 모든 코너는 거부된다. 그런 다음 코너의 품질에 따라 내림차순으로 코너들을 정렬한다. 그런 다음 가장 강한 코너를 가져와서 최소 거리의 범위에서 있는 가까운 모든 코너들을 버리고 N개의 가장 강한 코너를 반환한다.

아래 예에서 우리는 25개의 최고의 모서리를 찾으려고 노력할 것이다.

Code 12.4

```
01  #include "opencv2/highgui/highgui.hpp"
02  #include "opencv2/imgproc/imgproc.hpp"
03  #include <iostream>
04  #include <stdio.h>
05  #include <stdlib.h>
06
07  using namespace cv;
08  using namespace std;
09
10  int main()
```

```
11   {
12       vector<Point2f> corners;
13       double qualityLevel = 0.01;
14       double minDistance = 10;
15       int blockSize = 3;
16       bool useHarrisDetector = false;
17       double k = 0.04;
18       Mat src, src_gray;
19       int maxCorners = 23;
20
21       src = imread("d:/house.jpg", 1);
22       cvtColor(src, src_gray, CV_BGR2GRAY);
23       imshow("src", src);
24
25       goodFeaturesToTrack(src_gray,
26           corners,
27           maxCorners,
28           qualityLevel,
29           minDistance,
30           Mat(),
31           blockSize,
32           useHarrisDetector,
33           k);
34
35       int r = 4;
36       for (int i = 0; i < corners.size(); i++)
37       {
38           circle(src, corners[i], r, Scalar(0, 0, 255), -1, 8, 0);
39       }
40
41       imshow("src1", src);
42       waitKey(0);
43       return(0);
44   }
```

실행결과

▶ 허프 변환^{Hough Transform}은 영상 안에 있는 직선이나 원 등을 감지할 수 있는 알고리즘이다.

▶ 영상에서 직선을 검출하는 허프 변환은 에지 영상을 받아서 극좌표계 직선 방정식을 이용하여 직선의 매개 변수을 찾는다.

▶ 영상에서 원을 검출하는 허프 변환은 에지 영상을 받아서 극좌표계 원 방정식을 이용하여 원의 매개 변수을 찾는다.

▶ 코너^{corner}는 영상 처리에서 중요하게 간주되는 특징이다. 영상에서 코너는 회전이나 약간의 왜곡에도 변하지 않는 특징을 가지고 있다.

▶ 코너를 계산하는 대표적인 알고리즘은 해리스 코너 검출 방법이다.

▶ Shi-Tomasi 코너 감지기는 해리스 코너 감지기를 개선한 것이다.

01 허프 변환에서 $y = mx + b$ 방정식 대신에 극좌표계 방정식 $x\cos\theta + y\sin\theta = r$을 사용하는 이유는 무엇인가?

02 아래의 그림처럼 에지 영상이 주어져 있다고 하자. 오른쪽 그림이 누적기 배열이라고 하자. 누적기 배열을 채워보자.

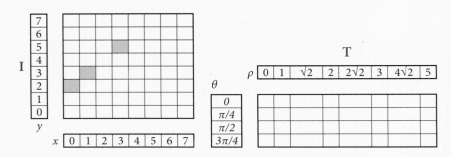

03 원을 검출하는 허프 변환을 실습해보자. (0, 2), (2, 0), (4, 2)를 지나는 원을 검출하는 허프 변환을 다음과 같은 누적기 행렬을 이용하여 진행해보자. 반지름은 2라고 가정한다. 즉 원의 방정식은 $(x - a)^2 + (y - b)^2 = 2^2$이다.

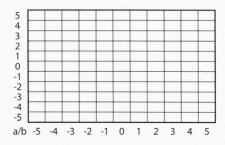

04 OpenCV에서 허프 변환을 수행하는 함수는 HoughLinesP()이다. HoughLinesP()을 호출할 때, 매개 변수 min_dist, param_1, param_2, min_radius, max_radius의 값을 변경할 때 실행 결과가 어떻게 달라지는지 관찰해보자.

Chapter **13**

영상 분류

단원 목표

• 영상을 분류(인식)하는 단계를 이해한다.

• kNN 방법을 이해하고 사용할 수 있다.

• kNN 방법을 사용하여 필기체 숫자를 분류할 수 있다.

• K-means 클러스터링 방법을 이해하고 사용할 수 있다.

(1) kNN을 이용하여 필기체 숫자를 인식하여 보자.

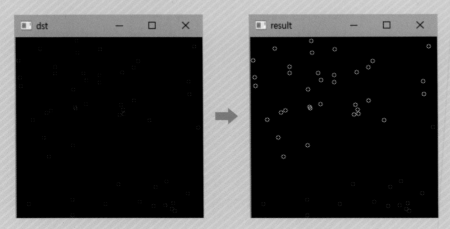

```
C:\WINDOWS\system32\cmd.exe                              ─   □   ×
테스트 샘플4986의  라벨 = 9
테스트 샘플4987의  라벨 = 9
테스트 샘플4988의  라벨 = 9
테스트 샘플4989의  라벨 = 9
테스트 샘플4990의  라벨 = 9
테스트 샘플4991의  라벨 = 9
테스트 샘플4992의  라벨 = 9
테스트 샘플4993의  라벨 = 9
테스트 샘플4994의  라벨 = 9
테스트 샘플4995의  라벨 = 9
테스트 샘플4996의  라벨 = 9
테스트 샘플4997의  라벨 = 9
테스트 샘플4998의  라벨 = 9
테스트 샘플4999의  라벨 = 9
계속하려면 아무 키나 누르십시오 . . .
```

(2) 2차원 점들을 2개의 클러스터로 분리해보자.

영상 분류

인간은 아주 쉽게 다른 사람의 얼굴을 인식하고, 언어를 이해하고, 필기체를 읽을 수 있다. 인간은 생존을 위해, 수백만 년 동안 진화를 통하여 영상(또는 패턴)을 인식할 수 있게 되었다. 영상 인식 image recognition 이나 영상 분류 image classification 란 영상 안의 물체를 인식하거나 분류하는 것이다. 컴퓨터가 자동으로 영상 안의 물체들을 인식할 수 있다면 얼마나 편리할까? 그러나 안타깝게도 아직까지 컴퓨터는 영상 인식은 잘하지 못한다. 하지만 최근에 많은 연구들이 활발하게 진행되고 있기 때문에 가까운 미래에 컴퓨터가 인간처럼 영상을 인식할 수 있을 날이 올 것이다.

우리는 이번 장과 다음 장에서 영상을 분류하거나 인식하는 기법들을 살펴볼 것이다. 이번 장에서는 고전적인 방법을 중심으로 살펴보고 다음 장에서는 인공신경망을 살펴본다.

우리는 어떻게 영상을 분류할 수 있을까? 영상을 분류하기 위한 절차를 설명하기 위하여 강아지와 고양이를 분류하는 문제를 예로 들어보자. 우리는 카메라를 통하여 샘플 영상을 찍어서 강아지와 고양이의 특징(키, 길이, 색상 등)을 파악한 후에 이것을 이용하여 분류할 것이다.

먼저 카메라가 동물의 영상을 캡처한다. 잡음을 없애고 후속 작업을 단순화하기 위하여 캡처된 영상은 전처리preprocess 된다. 이어서 영상 분할 기법을 사용하여 동물들을 배경에서 분리한다. 추출된 동물의 정보는 특징 추출기feature extractor 로 보내지며 동물들의 특징값을 측정한다. 이들 특징값들이 분류기classifier 로 보내져서 최종 판단을 내리게 된다.

우리도 알고 있듯이 "강아지"는 일반적으로 "고양이"보다 크다. 특히 키가 크다. 따라서 여기서 동물의 키는 좋은 특징이 된다. 따라서 우리는 입력된 동물의 키가 특정한 값보다 크면 "강아지"라고 판단하고 특정한 값보다 작으면 "고양이"라고 판단할 수 있다. 하지만 절대적인 것은 아니다. 강아지 중에 키가 작은 종도 있고 키가 큰 고양이도 얼마든지 있기 때문이다. 강아지와 고양이의 키를 알기 위하여 우리는 강아지 몇 마리와 고양이 몇 마리를 골라서 실제로 측정할 필요가 있다. 실제로 측정해보니 다음과 같은 결과가 나왔다고 하자(이것은 실제 데이터가 아니고 설명을 위한 가상적인 데이터이다).

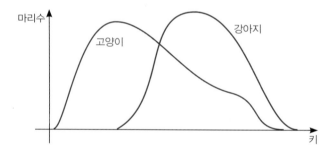

안타깝게도 키만 가지고는 강아지와 고양이를 신뢰성 있게 분류할 수 없다. 어떻게 하면 좋을까? 이때는 특징을 하나 더 추가하여야 한다. 이번에는 전체적인 밝기를 특징으로 사용해보자.

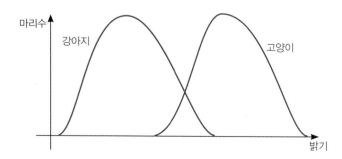

이번 결과는 훨씬 만족스럽다. 강아지와 고양이들은 훨씬 더 잘 분리되어 있다. 하지만 아직도 완벽하지는 않다. 어떻게 하는 것이 좋을까? 우리는 분류기의 성능을 향상하기 위하여 2개의 특징을 동시에 사용할 수 있다.

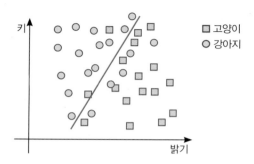

위의 그림에서는 키와 밝기를 특징으로 사용하고 있다. 이것을 x_1, x_2라고 하자. 특징 추출기는 입력 영상을 다음과 같은 특징 벡터^{feature vector} 로 변환한다. 특징 벡터들이 존재하는 공간을 특징 공간^{feature space} 이라고 한다.

$$x = \begin{bmatrix} x_1 \\ x_2 \end{bmatrix}$$

우리의 문제는 이제 특징 공간을 두 개의 영역으로 분할하는 것이다. 한 지역의 패턴은 "강아지"이고 다른 지역의 모든 점은 "고양이"이면 좋다. 우리가 샘플의 특징 벡터를 측정한 결과, 앞의 그림과 같은 점의 분포를 얻었다고 하자. 가장 간단한 분류 방법은 특징 공간에서 판단 경계선^{decision boundary} 을 그어서 특징 벡터가 직선의 왼쪽에 있으면 강아지라고 판단하고 특징 벡터가 직선의 오른쪽에 있으면 고양이라고 판단하는 것이다. 이 규칙은 강아지와 고양이를 분리하는 방법으로 적절해 보인다.

어떻게 하면 분류기의 성능을 향상할 수 있을까? 아마도 더 많은 특징을 사용하는 것이 바람직할 것이다. 예를 들면 다리의 길이와 같은 특징을 사용할 수도 있다. 또 우리가 판단 경계선을 복잡하게 할 수 있다면 좀 더 분류를 잘 할 수 있을 것이다. 하지만 이들 판단 경계선은 학습에서 사용한 샘플은 완벽하게 분류하지만 새로운 샘플에 대해서는 좋지 않은 성능을 나타낼 수도 있다.

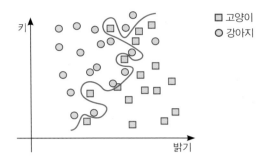

성능과 분류기의 단순성을 적절하게 조합한 다음과 같은 판단 경계선이 바람직할 수도 있다.

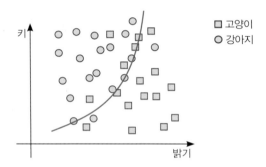

샘플에서 여러 가지 특징값을 측정하는 과정을 우리는 "학습 learning"이라고 부른다. 학습이 완료되면 새로운 샘플을 가지고 '테스팅 testing' 과정을 거치게 된다. 우리는 이번 장에서 가장 고전적인 기법만을 살펴본다.

kNN 알고리즘

k-Nearest Neighbor[kNN] 알고리즘은 가장 간단하고 이해하기 쉬운 분류기 알고리즘이다. 아래 그림을 보면서 설명해보자. 특징 공간은 2개의 특징(x_1과 x_2)으로 이루어져 있다. 이 특징 공간에 학습 데이터를 표시하면 이것이 kNN 알고리즘 학습 과정이 된다.

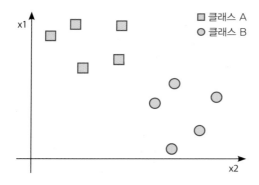

위의 그림에는 파란색 사각형과 빨간색 원이 있다. 이 도형들은 학습에 사용된 샘플 데이터를 표시한 것이다. 우리는 서로 다른 종류의 도형들을 클래스[class] 라고 부른다. 도형들은 우리가 특징 공간[feature space] 이라고 부르는 좌표상에 나타난다. 특징 공간은 모든 데이터가 투영되는 공간으로 간주할 수 있다. 예를 들어 2차원 좌표 공간을 고려해보자. 2차원 공간에서는 x좌표와 y좌표 방향으로 2가지 특징을 표시할 수 있다. 만약 데이터에 3가지 특징이 있다면 3차원 공간이 필요하다. N개의 특징을 나타내려면 N차원 공간이 필요하다. 우리는 2가지의 특징을 가지는 사례만 살펴볼 것이다.

이제 새로운 데이터가 입력되어서 그래프상에 별표로 표시되었다고 하자. 별표는 파란색 사각형과 빨간색 원 중에서 한 곳에 추가되어야 한다. 우리는 그 과정을 분류[classification] 라고 부른다. 어떻게 해야 하는가?

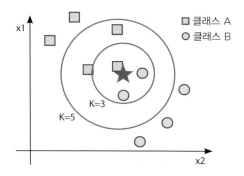

가장 간단한 방법은 별표와 가장 가까운 이웃을 확인하는 것이다. 위의 영상에서 가장 가까운 이웃은 파란색 사각형이다. 따라서 별표는 파란색 사각형 클래스로 분류된다. 이것이 바로 kNN 방법이다. 이 분류 방법은 가장 가까운 이웃에만 의존하기 때문에 최근접 이웃 ^{Nearest Neighbour} 방법이라고 불린다.

하지만 문제가 있을 수 있다. 파란색 사각형이 가장 가깝지만 근처에 많은 빨간색 원이 있다면 어떻게 될까? 위의 그림에서 범위를 조금 확대하면 파란색 사각형보다 빨간색 원이 많다. 따라서 가장 가까운 것을 확인하는 것만으로는 충분하지 않다. 대신에 우리는 가장 가까운 k개의 도형을 확인한다. 그런 다음 그들 중 다수인 쪽으로 새로운 데이터를 속하게 한다. 만약 $k = 3$이라면 가장 가까운 3개의 도형을 취한다. 3개의 도형 중에서 2개는 빨간색 원이고 1개는 파란색 사각형이다. 이 경우에 녹색 원은 빨간색 원에 추가되어야 한다. 그러나 만약 $k = 5$라면 3개의 파란색 사각형과 2개의 빨간색 원이 속하게 된다. 따라서 새로운 도형은 파란색 사각형에 추가되어야 한다. k의 값에 따라 결과는 상당히 달라진다. 더 재미있는 것은, 만약 $k = 4$이면 2개의 파란색 사각형과 2명의 빨간색 원을 가지고 있게 되어서 동점이 된다. 따라서 k를 홀수로 취하는 것이 좋다. 이것이 바로 최근접 이웃 분류기 ^{k-Nearest Neighbor} 방법이다. kNN 알고리즘은 다음에 학습할 K-means 방법과는 아무 관련이 없으므로 혼동하지 않아야 한다.

kNN에서 k개의 이웃을 고려하는 것은 사실이지만 모든 도형에게 동등한 중요성을 부여한다. 예를 들어, $k = 4$인 경우를 생각해 보자. 우리는 동점이라고 판정하였다. 그러나 2개의 빨간색 원은 다른 2개의 파란색 사각형보다 더 가까이 있다. 따라서 그는 빨간색 원에 추가하는 것이 합리적이다. 이것을 어떻게 수학적으로 추가할 것인가? 우리는 신입 멤버와의 거리에 따라 각 도형에게 약간의 가중치를 준다. 즉 신입 멤버와 가까운 도형들은 더 높은 가중치를 얻고, 다른 도형들은 더 낮은 가중치를 갖는다. 그런 다음 모든 도형의 가중치를 전부 합한다. 가장 큰 가중치를 얻은 도형이 새로운 멤버의 클래스가 된다. 이것을 수정된 kNN이라고 한다.

kNN 방법의 장점과 단점은 무엇일까?

▶ 특징 공간에 있는 모든 데이터에 대한 정보가 필요하다. 왜냐하면 가장 가까운 이웃을 찾기 위해 새로운 데이터에서 모든 기존 데이터까지의 거리를 확인해야 하기 때문이다. 데이터와 클래스가 많이 있다면, 많은 메모리 공간과 계산 시간이 필요하다.

▶ 어떤 종류의 학습이나 준비 시간이 필요 없다.

3

OpenCV에서의 kNN

OpenCV에서는 kNN을 지원한다. kNN은 학습 단계와 테스트 단계로 나누어진다.

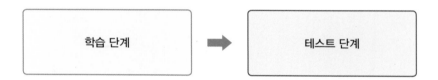

학습 단계

kNN을 학습시키려면 다음과 같은 3줄의 코드만 있으면 된다.

```
Ptr <ml::KNearest> knn = ml::KNearest::create();
Ptr <ml::TrainData> trainData = ml::TrainData::create(train_features,
                                          ROW_SAMPLE, labels);
knn->train (trainData);
```

OpenCV의 버전이 3.0으로 변경되면서 위와 같이 포인터를 사용하는 방식으로 변경되었다.

- ▶ train_features: 각 특징 벡터를 행으로 포함하는 Mat 객체이다. train_features는 학습 샘플이고, column의 크기는 하나의 특징 벡터의 크기이다.
- ▶ ROW_SAMPLE: 영상의 행에 샘플이 저장된다는 의미이다.
- ▶ labels: 각 학습 샘플의 레이블이 들어있는 Mat 객체이다. labels은 N×1 행렬이고 여기서 N은 학습샘플의 개수이다. 각 행의 값은 해당되는 샘플의 레이블이다. labels은 반드시 CV_32S 타입이어야 한다.

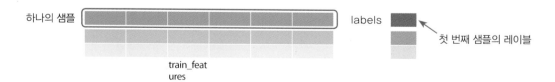

예를 들어서 다음과 같은 학습 데이터가 있다고 하자.

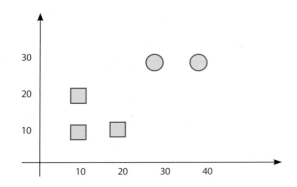

학습 데이터와 레이블은 다음과 같이 영상에 저장된다.

train_features		
10	10
10	20
20	10
30	30
40	30

1
1
1
2
2

테스트 단계

테스트 단계도 아주 간단하다. 테스트 데이터를 findNearest() 함수로 넘기고 레이블을 얻으면
된다.

```
Mat predictedLabels;
knn->findNearest(sample, k, predictedLabels);
```

첫 번째 매개 변수 sample이 테스트 데이터이다. 두 번째 매개 변수가 가장 중요한 매개 변수이다.
이것이 바로 k에 해당되는 것으로 분류에 사용하는 이웃 개수이다. 이론상으로는 무한한 수의 샘
플이 있다면, k를 크게 하여서 분류를 향상시킬 수 있다. 하지만 우리 예제의 경우, 학습 샘플들이
제한되어 있기 때문에 $k = 2$를 사용한다.

예측된 레이블은 predictedLabels 변수에 저장된다. 예를 들어서 다음과 같이 얻을 수 있다.

```
float prediction = predictedLabels.at<float>(0, 0);
```

아래 그림처럼 2차원 공간에 5개의 점들이 있고 이들은 2개의 클래스로 분류된다고 하자. 이 예제를 OpenCV로 만들어보자.

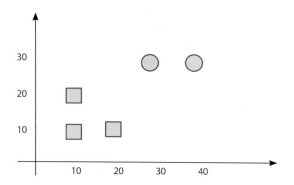

Code 13.1

```
01  #include "opencv2/core.hpp"
02  #include "opencv2/imgproc.hpp"
03  #include "opencv2/ml.hpp"
04  #include "opencv2/highgui.hpp"
05
06  using namespace std;
07  using namespace cv;
08  using namespace cv::ml;
09
10  int main()
11  {
12      Mat train_features(5, 2, CV_32FC1);
13      Mat labels(5, 1, CV_32FC1);
14
15      // 점의 좌표를 train_features에 입력한다.
16      train_features.at<float>(0, 0) = 10, train_features.at<float>(0, 1) = 10;
17      train_features.at<float>(1, 0) = 10, train_features.at<float>(1, 1) = 20;
18      train_features.at<float>(2, 0) = 20, train_features.at<float>(2, 1) = 10;
19      train_features.at<float>(3, 0) = 30, train_features.at<float>(3, 1) = 30;
20      train_features.at<float>(4, 0) = 40, train_features.at<float>(4, 1) = 30;
21
22      // 원하는 레이블을 labels에 입력한다.
23      labels.at<float>(0, 0) = 1;
24      labels.at<float>(1, 0) = 1;
25      labels.at<float>(2, 0) = 1;
26      labels.at<float>(3, 0) = 2;
27      labels.at<float>(4, 0) = 2;
28
29      // 학습 과정
30      Ptr<ml::KNearest> knn = ml::KNearest::create();
```

```
31      Ptr<ml::TrainData> trainData = ml::TrainData::create(train_features,
                                                            ROW_SAMPLE, labels);
32      knn->train(trainData);
33
34      // 테스트 과정
35      Mat sample(1, 2, CV_32FC1);
36      Mat predictedLabels;
37
38      // 테스트 데이터를 입력한다.
39      sample.at<float>(0, 0) = 28, sample.at<float>(0, 1) = 28;
40      knn->findNearest(sample, 2, predictedLabels);
41
42      float prediction = predictedLabels.at<float>(0, 0);
43      cout << "테스트 샘플의 라벨 = " << prediction << endl;
44      return 0;
45  }
```

실행결과

```
C:\WINDOWS\system32\cmd.exe                          —    □    ×
테스트 샘플의 라벨 = 2
계속하려면 아무 키나 누르십시오 . . . ■
```

kNN을 이용한 숫자 인식

이 절에서는 kNN에 대한 지식을 바탕으로 간단한 숫자 인식 프로그램을 작성해보자. 이를 위해서는 학습 데이터와 테스트 데이터가 필요하다. 우리는 OpenCV와 함께 제공되는 필기체 데이터를 사용할 것이다. OpenCV는 5000 글자가 들어 있는 영상 digits.png을 제공한다. digits.png 영상은 opencv/samples/data 폴더에 있다. 각 숫자들은 20 × 20 크기이다. 따라서 첫 번째 단계는 digits.png 영상을 5000개의 조각 영상으로 분리하는 것이다. kNN을 사용하려면 이 조각 영상의 크기가 400 × 1이어야 한다. 필기체 숫자를 인식할 때는 영상에서 어떤 특징을 추출하지 않고 화소값 자체를 특징으로 사용한다.

전체 소스는 다음과 같다.

Code 13.2

```
01  #include "opencv2/core.hpp"
02  #include "opencv2/imgproc.hpp"
03  #include "opencv2/ml.hpp"
04  #include "opencv2/highgui.hpp"
05
06  using namespace std;
07  using namespace cv;
08  using namespace cv::ml;
09
10  int main()
11  {
12      Mat img;
13      img = imread("d:/digits.png", IMREAD_GRAYSCALE);
14      namedWindow("original", WINDOW_AUTOSIZE);
15      imshow("original", img);
16      waitKey(0);
17
18      Mat train_features(5000, 400, CV_32FC1);
19      Mat labels(5000, 1, CV_32FC1);
20
21      // 각 숫자 영상을 행 벡터로 만들어서 train_feature에 저장한다.
22      for (int r = 0; r < 50; r++) {
23          for (int c = 0; c < 100; c++) {
24              int i = 0;
25              for (int y = 0; y < 20; y++) {
26                  for (int x = 0; x < 20; x++) {
27                      train_features.at<float>(r * 100 + c, i++) = img.at<uchar>
                                                        (r * 20 + y, c * 20 + x);
28                  }
29              }
30          }
31      }
32
33      // 각 숫자 영상에 대한 레이블을 저장한다.
34      for (int i = 0; i < 5000; i++) {
35          labels.at<float>(i, 0) = (i / 500);
36      }
37
38      // 학습 과정
39      Ptr<ml::KNearest> knn = ml::KNearest::create();
40      Ptr<ml::TrainData> trainData = ml::TrainData::create(train_features,
                                                    ROW_SAMPLE, labels);
41      knn->train(trainData);
42
43      // 테스트 과정
44      Mat predictedLabels;
45      for (int i = 0; i < 5000; i++) {
```

```
46    Mat test = train_features.row(i);
47    knn->findNearest(test, 3, predictedLabels);
48    float prediction = predictedLabels.at<float>(0);
49    cout << "테스트 샘플" << i << "의 라벨 = " << prediction << '\n';
50    }
51  }
```

실행결과

```
C:\WINDOWS\system32\cmd.exe                                    —    □    ×
테스트 샘플4986의 라벨 = 9
테스트 샘플4987의 라벨 = 9
테스트 샘플4988의 라벨 = 9
테스트 샘플4989의 라벨 = 9
테스트 샘플4990의 라벨 = 9
테스트 샘플4991의 라벨 = 9
테스트 샘플4992의 라벨 = 9
테스트 샘플4993의 라벨 = 9
테스트 샘플4994의 라벨 = 9
테스트 샘플4995의 라벨 = 9
테스트 샘플4996의 라벨 = 9
테스트 샘플4997의 라벨 = 9
테스트 샘플4998의 라벨 = 9
테스트 샘플4999의 라벨 = 9
계속하려면 아무 키나 누르십시오 . . .
```

코드설명

```
12  Mat img;
13  img = imread("d:/digits.png", IMREAD_GRAYSCALE));
14  namedWindow("original", WINDOW_AUTOSIZE);
15  imshow("original", img);
16  waitKey(0);
```

d 드라이브에 있는 digits.png 파일을 적재하여 화면에 표시한다.

```
18  Mat train_features(5000, 400, CV_32FC1);
19  Mat labels(5000, 1, CV_32FC1);
```

kNN을 사용하기 위해서는 하나의 샘플이 하나의 행이 되어야 한다. 따라서 5000개의 행을 가지고 각 행마다 20 × 20개의 픽셀을 가지는 Mat 객체를 생성한다. 마찬가지로 레이블을 위하여 5000 × 1 크기의 Mat 객체를 생성한다.

```
22  for (int r = 0; r < 50; r++) {
23      for (int c = 0; c < 100; c++) {
24          int i = 0;
25          for (int y = 0; y < 20; y++) {
26              for (int x = 0; x < 20; x++) {
```

```
27                  train_features.at<float>(r*100+c, i++) = img.at<uchar>
                                                         (r*20+y, c*20+x);
28              }
29          }
30      }
31  }
```

입력 영상에서 20 × 20 크기로 각 글자들을 잘라서 train_features 객체에 400 × 1 영상으로
저장한다. at() 함수를 사용하여서 작업을 한다.

```
34  for (int i = 0;i < 5000; i++) {
35          labels.at<float>(i, 0) = (i/500);
36  }
```

labels 객체에 0부터 9까지의 값을 저장한다. 처음 500개는 0, 그 다음 500개는 1, … , 마지막 500
개는 9가 될 것이다. 정수 나눗셈을 이용한다.

```
39  Ptr<ml::KNearest> knn = ml::KNearest::create();
40  Ptr<ml::TrainData> trainData = ml::TrainData::create(train_features,
                                                     ROW_SAMPLE, labels);
41  knn->train(trainData);
```

kNN을 사용하여 학습을 수행한다.

```
45  for (int i = 0; i < 5000; i++) {
46      Mat test = train_features.row i ;
47      knn->findNearest(test, 3, predictedLabels);
48      float prediction = predictedLabels.at<float>(0);
49      cout << "테스트 샘플" << i << "의 라벨 = " << prediction << '\n';
50  }
```

학습시킨 데이터에 대하여 올바르게 인식되는지를 테스트해본다. 올바르게 인식되지 않는 숫자들
도 있다. 몇 퍼센트나 되는지도 계산해보자.

5

K-means 알고리즘

앞에서 살펴본 kNN 알고리즘은 학습할 때 선생님이 있는 알고리즘이다. 선생님은 학습 샘플이 어떤 레이블에 속하는지를 알려준다. 이러한 방법을 지도 학습 supervised learning 이라고 한다. 학습에는 자율 학습도 있다. 즉 가르쳐주는 선생님이 없는 경우를 자율 학습 unsupervised learning 이라고 한다.

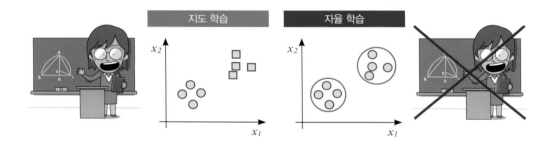

자율 학습 중에서 가장 대표적인 것이 K-means 알고리즘이다. K-means 알고리즘 K-means algorithm 은 주어진 n개의 관측값을 k개의 클러스터로 분할하는 알고리즘으로, 관측값들은 거리가 최소인 클러스터로 분류된다. K-means 알고리즘은 자율 학습의 일종으로, 레이블이 달려 있지 않은 입력 데이터에 레이블을 붙여주는 역할을 수행한다. K-means 알고리즘의 문제는 계산 시간이 많이 걸린다는 점이다 NP-hard. 그러나 효율적인 휴리스틱 알고리즘이 존재한다.

K-means 알고리즘을 설명하는 예제로 셔츠를 만들어서 판매하는 회사를 생각해보자. 회사는 시장에 새로운 셔츠 모델을 공개하여야 한다. 다양한 신체 치수를 가진 사람들을 만족시키기 위해서는 다양한 크기의 셔츠를 만들어야 한다. 회사가 사람들의 키와 체중을 조사하여 그래프로 그려보았다고 하자.

회사는 모든 크기의 셔츠를 만들 수 없으므로 사람들을 S, M, L로 분류하여서 3가지 크기만 생산한다. 문제는 어떻게 S, M, L을 정의하느냐이다. 사람들의 키와 체중 데이터를 받아서 3개의 그룹으로 나누는 것을 K-means 클러스터링으로 수행할 수 있으며 알고리즘은 대부분의 사람들을 만족시킬 수 있는 최상의 3가지 크기를 제공한다.

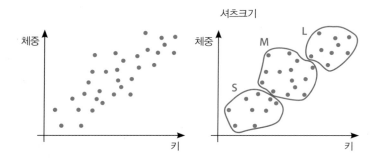

K-means 클러스터링 알고리즘은 분할법에 속한다. 분할법은 주어진 데이터를 여러 파티션(그룹)으로 나누는 방법이다. 예를 들어 n개의 데이터를 입력받았다고 가정하자. 분할법은 입력 데이터를 k개의 그룹으로 나누는데, 이 때 각 군집은 클러스터를 형성하게 된다. 이 때 클러스터를 나누는 과정은 거리 기반의 비용 함수$^{cost\ function}$를 최소화하는 방식으로 이루어지며, 이 과정에서 같은 클러스터 내 데이터끼리의 유사도는 증가하고, 다른 클러스터에 있는 데이터와의 유사도는 감소하게 된다. K-means 알고리즘은 각 클러스터의 중심^{centroid}과 클러스터 내의 데이터와의 거리의 제곱합을 비용 함수로 정하고, 이 함수값을 최소화하는 방향으로 각 데이터의 소속 클러스터를 업데이트 해줌으로써 클러스터링을 수행하게 된다.

K-means 알고리즘은 반복적인 과정으로 다음과 같다.

Algorithm 13.1

입력값

① k: 클러스터 수

② D: n개의 데이터를 포함하는 집합

출력값: k개의 클러스터

알고리즘

① 집합 D에서 k개의 데이터를 임의로 추출하고, 이 데이터들을 각 클러스터의 중심^{centroid}으로 설정한다(초기값 설정).

② 집합 D의 각 데이터에 대해 k개의 클러스터 중심과의 거리를 계산하고, 각 데이터가 어느 중심점^{centroid}과 가장 유사도가 높은지 알아낸다. 그리고 그렇게 찾아낸 중심점으로 각 데이터들을 할당한다.

③ 클러스터의 중심점을 다시 계산한다. 즉, 2에서 재할당 된 클러스터들을 기준으로 중심점을 다시 계산한다.

④ 각 데이터의 소속 클러스터가 바뀌지 않을 때까지 ②, ③ 과정을 반복한다.

알고리즘을 설명하기 위하여 다음과 같이 데이터들이 주어졌다고 하자. 우리는 데이터를 2개의 그룹으로 나누어야 한다. 즉 $k = 2$이다.

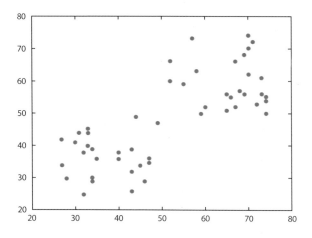

❶ Step 1

알고리즘은 무작위로 2개의 중심점을 선택한다. 이것을 C1과 C2라고 하자.

❷ Step 2

각 점으로부터 2개의 중심점까지의 거리를 계산한다. 점이 C1에 더 가깝다면 그 점은 '1'로 표시된다. C2에 더 가깝다면 '2'로 분류된다. 작업 후에는 다음과 같은 영상을 얻는다.

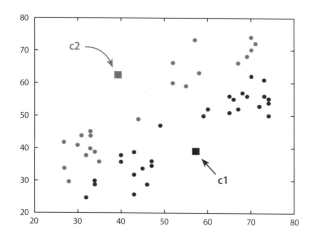

❸ Step 3

모든 파란색 점과 빨간색 점의 평균을 따로 계산한다. 이 점이 클러스터의 새로운 중심이 된다.

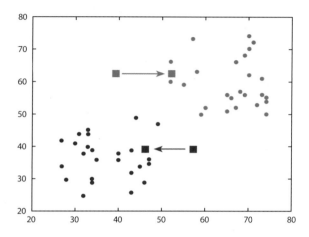

다시 새로운 중심점과 데이터를 이용하여 2단계를 수행한다.

❹ Step 4

2개의 중심점의 위치가 변하지 않을 때까지 2단계와 3단계를 반복한다. 최대 반복 횟수 또는 특정 정확도에 도달하면 반복이 중단될 수 있다. 최종 결과는 다음과 같다.

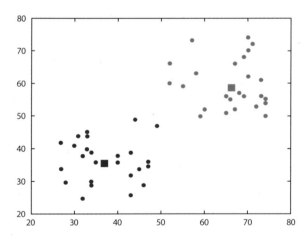

6

K-means 클러스터링 예제

OpenCV에서는 다음 함수를 이용하여 K-means 클러스터링을 지원한다.

```
double kmeans(InputArray samples, int K, InputOutputArray labels,
        TermCriteria criteria, int attempts, int flags,
        OutputArray centers=noArray())
```

매개 변수	설명
samples	샘플 데이터 행렬. 행렬의 행에 샘플이 저장되어 있다.
K	우리가 원하는 클러스터의 개수
labels	각 클러스터의 레이블이 저장될 행렬
criteria	알고리즘을 종료하는 조건을 기술한다.
attempts	알고리즘이 수행되는 횟수
flags	알고리즘 초기화 플래그. KMEANS_PP_CENTERS는 Arthur and Vassilvitskii이 주장한 클러스터 초기화 방법을 의미한다. KMEANS_RANDOM_CENTERS은 랜덤으로 클러스터의 중심점을 잡는 것이다.
centers	클러스터의 중심이 저장된 출력 행렬

위의 함수를 어떻게 사용할 것인지 예제를 통하여 살펴보자. 2개의 특징을 가지는 데이터를 분류하는 K-means 클러스터링을 구현해보자. 하나의 예로 2차원 공간에서 점들을 나타내는 좌표값들을 생성한 후에 이들 점을 2개의 클러스터로 나누어보자.

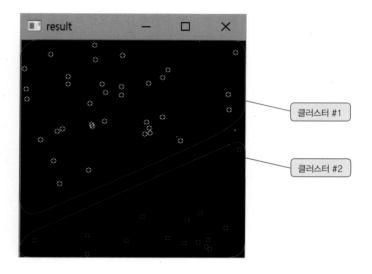

전체 소스는 다음과 같다.

Code 13.3

```
01  #include "opencv2/highgui/highgui.hpp"
02  #include "opencv2/imgproc/imgproc.hpp"
03  #include <iostream>
04  #include <stdio.h>
05  #include <stdlib.h>
06
07  using namespace cv;
08  using namespace std;
09
10  int main()
11  {
12      Mat samples(50, 2, CV_32F);
13
14      for (int y = 0; y < samples.rows; y++) {
15          samples.at<float>(y, 0) = (rand() % 255);
16          samples.at<float>(y, 1) = (rand() % 255);
17      }
18      Mat dst(256, 256, CV_8UC3);
19
20      for (int y = 0; y < samples.rows; y++) {
21          float x1 = samples.at<float>(y, 0);
22          float x2 = samples.at<float>(y, 1);
23          circle(dst, Point(x1, x2), 3, Scalar(255, 0, 0));
24      }
25      imshow("dst", dst);
26
27      Mat result;
28      Mat labels(50, 1, CV_8UC1);
29
```

```
30    Mat centers;
31    result = Mat::zeros(Size(256, 256), CV_8UC3);
32    kmeans(samples, 2, labels, TermCriteria(CV_TERMCRIT_ITER |
                                            CV_TERMCRIT_EPS, 10000, 0.0001),
33        3, KMEANS_PP_CENTERS, centers);
34
35    for (int y = 0; y < samples.rows; y++) {
36        float x1 = samples.at<float>(y, 0);
37        float x2 = samples.at<float>(y, 1);
38        int cluster_idx = labels.at<int>(y, 0);
39        if (cluster_idx == 0)
40            circle(result, Point(x1, x2), 3, Scalar(255, 0, 0));
41        else
42            circle(result, Point(x1, x2), 3, Scalar(255, 255, 0));
43    }
44    imshow("result", result);
45    waitKey(0);
46    return(0);
47 }
```

실행결과

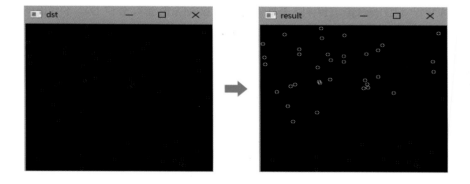

코드설명

```
12 Mat samples(50, 2, CV_32F);
13
14 for (int  y = 0; y < samples.rows; y++){
15    samples.at<float>(y, 0) = (rand() % 255);
16    samples.at<float>(y, 1) = (rand() % 255);
17 }
```

샘플 데이터를 만들어야 한다. 샘플의 개수는 50개로 하자. 샘플마다 2개의 좌표값을 저장한다.
좌표값들은 난수를 이용하여 생성하자. 샘플들을 행렬에 행벡터로 저장한다.

```
18  Mat dst(256, 256, CV_8UC3);
19
20  for (int y = 0; y < samples.rows; y++) {
21    float x1 = samples.at<float>(y, 0); // x좌표
22    float x2 = samples.at<float>(y, 1); // y좌표
23    circle(dst, Point(x1, x2), 3, Scalar(255, 0, 0));   // 원을 그린다.
24  }
25  imshow("dst", dst);
```

256 × 256 영상을 만들어서 각 샘플들을 원으로 나타낸다.

```
28  Mat labels(50, 1, CV_8UC1);
29
30  Mat centers;
32  kmeans(samples, 2, labels, TermCriteria(CV_TERMCRIT_ITER |
                                            CV_TERMCRIT_EPS, 10000, 0.0001),
33    3, KMEANS_PP_CENTERS, centers);
```

K-means 클러스터링을 수행하자.

kmean() 함수의 입력은 샘플들이 저장된 행렬 samples와 k값이다. 출력은 labels 행렬과 centers 행렬이다. 반복을 종료하는 조건은 TermCriteria(CV_TERMCRIT_ITER | CV_TERMCRIT_EPS, 10000, 0.0001)으로 주어진다. 즉 10000번에 한 번씩 오차를 계산하여서 0.0001보다 작으면 종료한다.

```
35  for (int y = 0; y < samples.rows; y++) {
36    float x1 = samples.at<float>(y, 0);          // 첫 번째 특징값
37    float x2 = samples.at<float>(y, 1);          // 두 번째 특징값
38    int cluster_idx = labels.at<int>(y, 0);      // 샘플 y에 대하여 레이블을 꺼낸다.
39    if(cluster_idx==0)    // 레이블에 따라서 색상을 다르게 한다.
40      circle(result, Point(x1, x2), 3, Scalar(255, 0, 0));     // 파란색
41    else
42      circle(result, Point(x1, x2), 3, Scalar(255, 255, 0));   // 녹색
43  }
44  imshow("result", result);
```

클러스터링 결과를 2차원 공간에 표시하자. 클러스터링의 결과는 labels 행렬에 들어 있다. 즉 각 샘플에 대하여 샘플의 레이블이 저장되어 있다. 우리는 $k = 2$로 하였으므로 레이블은 0 또는 1이 된다. 이것을 새로운 영상을 하나 만들어서 이 영상에 원으로 색상을 다르게 하여 그린다.

7

영상의 색상을 줄이는 예제

K-means 클러스터링을 이용하여서 색상의 개수를 줄여보자. 영상에 색상에 너무 많으면 처리 과정이 복잡해지는 경우도 많다. K-means 클러스터링을 이용하여 색상을 개수를 15개로 줄여보자.

전체 소스는 다음과 같다.

Code 13.4

```
01  #include "opencv2/imgproc/imgproc.hpp"
02  #include "opencv2/highgui/highgui.hpp"
03
04  using namespace cv;
05
06  int main()
07  {
08      Mat src = imread("d:/lenna.jpg", 1);
09
10      // 학습 데이터를 만든다.
11      Mat samples(src.rows * src.cols, 3, CV_32F);
12      for (int y = 0; y < src.rows; y++)
13          for (int x = 0; x < src.cols; x++)
14              for (int z = 0; z < 3; z++)
15                  samples.at<float>(y + x * src.rows, z) = src.at<Vec3b>(y, x)[z];
16
17      // 클러스터의 개수는 15가 된다.
18      int clusterCount = 15;
19      Mat labels;
20      int attempts = 5;
21      Mat centers;
22      kmeans(samples, clusterCount, labels, TermCriteria(CV_TERMCRIT_ITER |
         CV_TERMCRIT_EPS, 10000, 0.0001), attempts, KMEANS_PP_CENTERS, centers);
23
24      Mat new_image(src.size(), src.type());
25      for (int y = 0; y < src.rows; y++)
26          for (int x = 0; x < src.cols; x++)
27          {
```

```
28              int cluster_idx = labels.at<int>(y + x * src.rows, 0);
29              new_image.at<Vec3b>(y, x)[0] = centers.at<float>(cluster_idx, 0);
30              new_image.at<Vec3b>(y, x)[1] = centers.at<float>(cluster_idx, 1);
31              new_image.at<Vec3b>(y, x)[2] = centers.at<float>(cluster_idx, 2);
32          }
33      imshow("clustered image", new_image);
34      waitKey(0);
35  }
```

실행결과

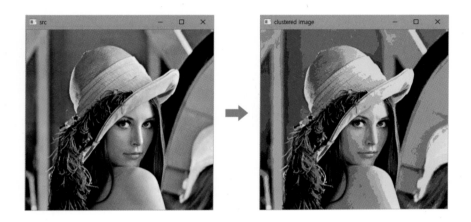

코드설명

```
11      Mat samples(src.rows * src.cols, 3, CV_32F);
12      for (int y = 0; y < src.rows; y++)
13        for (int x = 0; x < src.cols; x++)
14          for (int z = 0; z < 3; z++)
15            samples.at<float>(y + x * src.rows, z) = src.at<Vec3b>(y, x)[z];
```

학습 데이터를 만든다.

OpenCV에서 샘플은 항상 행벡터로 주어져야 한다. src.rows*src.cols×3 크기의 행렬을 생성하여서 여기에 샘플 데이터를 저장한다. 여기서 샘플 데이터는 각 화소의 색상이다. 색상은 BGR 형식으로 저장되어 있으므로 열의 크기가 3이 된다.

```
18      int clusterCount = 15;
19      Mat labels;
20      int attempts = 5;
21      Mat centers;
22      kmeans(samples, clusterCount, labels, TermCriteria(CV_TERMCRIT_ITER |
        CV_TERMCRIT_EPS, 10000, 0.0001), attempts, KMEANS_PP_CENTERS, centers);
```

K-means 알고리즘을 이용하여 클러스터링을 수행한다. 클러스터의 개수는 15가 된다. 각 화소의 색상들을 모아서 15개의 색상으로 클러스터링을 하면 된다.

labels에 결과값이 저장된다. centers에는 각 클러스터의 중심점이 저장된다. 알고리즘을 끝내기 위한 조건으로는 반복 횟수 10000마다 오차를 새로 계산하여서 0.0001 이하이면 종료한다.

```
24      Mat new_image(src.size(), src.type());
25      for (int y = 0; y < src.rows; y++)
26        for (int x = 0; x < src.cols; x++)
27        {
28            int cluster_idx = labels.at<int>(y + x * src.rows, 0);
29            new_image.at<Vec3b>(y, x)[0] = centers.at<float>(cluster_idx, 0);
30            new_image.at<Vec3b>(y, x)[1] = centers.at<float>(cluster_idx, 1);
31            new_image.at<Vec3b>(y, x)[2] = centers.at<float>(cluster_idx, 2);
32        }
```

입력 영상과 동일한 크기의 출력 영상을 생성하여 여기에 새로운 색상을 저장한다. 새로운 색상을 찾으려면 labels 행렬에서 인덱스를 추출한 후에 이것을 가지고 centers에서 색상 값을 얻는다.

▶ 영상 분류란 영상 안의 어떤 특징을 이용하여 영상 안의 물체를 분류하는 것이다. 영상 인식이라고도 한다.

▶ 영상을 분류할 때는 먼저 카메라가 영상을 캡처한 후에 전처리^{preprocess}하고 이어서 영상 분할 기법을 사용하여 각 물체를 분류한다. 이들 물체의 특징값을 측정하고 이것이 분류기^{classifier}로 보내져서 최종 판단을 내리게 된다.

▶ kNN은 테스트 샘플이 입력되면 인접한 k개의 학습 데이터를 선택하여 k개 중에서 가장 많이 들어 있는 클래스로 테스트 샘플을 분류하는 알고리즘이다.

▶ OpenCV에서는 kNN을 위하여 KNearest 클래스를 제공한다. 포인터 참조 방법을 사용하여 객체를 생성하며, train() 함수로 학습을 시킨다. 학습이 종료되면 findNearest() 함수를 이용하여 분류를 수행한다.

▶ K-means 클러스터링은 선생님이 없어도 분류를 할 수 있는 알고리즘이다. 입력 데이터를 몇 개로 분류할 것인지만 주어지면 각 클래스의 유사도는 증가시키고 다른 클래스와의 유사도는 감소시키는 방식으로 분류가 진행된다.

▶ OpenCV에서는 K-means 클러스터링을 위하여 kmeans() 함수를 제공한다.

01 어떤 사람이 양장점을 하고 있다. 한 고객의 성별을 잊어버렸는데 다행이 키와 허리 사이즈는 적어두었다. 키는 165cm, 허리는 28인치이다. kNN 분류기를 이용하여 이 고객의 성별을 판단해보자. 학습 데이터는 다음과 같다. $K = 3$으로 하자.

성별	키(cm)	허리(인치)	거리 계산
남성	175	33	
남성	180	35	
여성	160	27	
여성	170	31	

02 OpenCV에서는 kNN 알고리즘을 지원하기 위하여 어떤 클래스와 함수들을 지원하는지 조사해보자.

03 kNN 알고리즘에서 사용되는 유클리디언 거리를 계산하는 함수를 작성해보자.

```
double cal_dist( int x , int y )
{
    double distance ;
    _____;
    return ( distance )
}
```

04 "kNN 알고리즘에서 학습 시간보다 새로운 데이터를 테스트하는 시간이 더 많이 걸린다"는 말은 맞는가?

05 kNN 알고리즘에서 사용할 수 있는 거리 척도를 조사해보자. 어떤 것들이 있는가?

06 다음과 같은 학습 데이터들이 2차원 공간에 있다고 하자. kNN 알고리즘을 사용하여 새로운 데이터를 구분한다고 하자. (1, 1)은 어떤 클래스에 속하게 되는가? $k = 3$으로 하라.

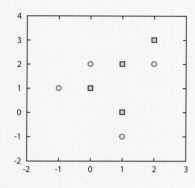

07 다음과 같은 데이터가 있다고 하자. k = 2이고 첫 번째 클러스터의 초기중심은 P2, 두 번째 클러스터의 초기중심은 P8로 한다. K-means 알고리즘의 한 단계만을 수행해보자.

PT.	X	Y
P1	2	3
P2	3	1
P3	4	2
P4	11	5
P5	12	4
P6	12	6
P7	7	5
P8	8	4
P9	8	6

08 본문의 K-means 예제에서 초기 중심값을 변경하여서 실행해보자. 어떤 영향을 미치는가?

DIGITAL IMAGE PROCESSING Using OpenCV

Chapter **14**

기계학습과 딥러닝

단원 목표

- 기계 학습의 개념과 종류를 이해한다.
- 지도 학습, 자율 학습, 강화 학습의 개념을 이해한다.
- 신경 회로망의 개념을 이해한다.
- 퍼셉트론을 이해하고 한계점을 알아본다.
- 다층 퍼셉트론의 기본 개념을 이해한다.
- 딥러닝의 기본 개념을 이해한다.
- 딥러닝으로 필기체 숫자를 인식하는 코드를 사용할 수 있다.

(1) OpenCV로 AND 연산을 학습시켜 보자.

```
C:\WINDOWS\system32\cmd.exe                                          —    □    ×
[0, 0] -> [2.9685298e-08]
[0, 1] -> [1]
[1, 0] -> [1]
[1, 1] -> [2.4843358e-08]
계속하려면 아무 키나 누르십시오 . . . ■
```

(2) 신경 회로망을 이용하여 필기체 숫자를 인식해보자.

```
C:\WINDOWS\system32\cmd.exe                                          —    □    ×
[-0.40310526, -0.40310526, -0.40310526, -0.40310526, -0.40310526, -0.40310526, -0.40310526, -0
526, -0.40310526, 1.4031053]
[-0.40310526, -0.40310526, -0.40310526, -0.40310526, -0.40310526, -0.40310526, -0.40310526, -0
526, -0.40310526, 1.4031053]
[-0.40310526, -0.40310526, -0.40310526, -0.40310526, -0.40310526, -0.40310362, -0.40310526, -0
526, -0.40310526, 1.4031053]
[-0.40310526, -0.40310526, -0.40310526, -0.40310526, -0.40310526, -0.40310526, -0.40310526, -0
526, -0.40310526, 1.389703]
계속하려면 아무 키나 누르십시오 . . .
```

1

기계 학습이란?

컴퓨터가 사람처럼 스스로 배울 수 있다면 어떤 세상이 올까? 현재의 컴퓨터는 스스로 학습할 수 없기 때문에 우리가 컴퓨터에게 어떤 작업을 시키려면 반드시 프로그램을 작성하여 작업을 지시해야 한다. 하지만 컴퓨터가 스스로 학습할 수 있다면 컴퓨터는 프로그램 없이도 여러 가지 일을 할 수 있을 것이다. 예를 들어서 "알파고"처럼 컴퓨터한테 바둑 경기의 규칙만 알려주면, 컴퓨터가 스스로 바둑의 원리를 학습하여 바둑을 둘 수 있을 것이다(물론 학습 알고리즘은 프로그램으로 작성하여야 한다).

기계 학습 machine learning 은 인공지능의 한 분야로, 컴퓨터에 학습 기능을 부여하기 위한 연구 분야이다. "기계 학습"이란 용어는 1959년에 아서 사무엘 Arthur Samuel 에 의해 만들어졌다. 패턴 인식 및 계산 학습 이론에서 진화한 기계 학습은 컴퓨터가 주어진 데이터를 학습하는 알고리즘을 연구한다. 학습할 수 있는 데이터가 많아지면 알고리즘 성능이 향상된다. 이들 알고리즘은 항상 고정적인 의사 결정을 하는 프로그램의 명령어와는 다르게, 데이터 중심의 예측 또는 결정을 내릴 수 있다. 기계 학습은 어떤 문제에 대하여 명시적 알고리즘을 설계하고 프로그래밍 하는 것이 어렵거나 불가능한 경우에 주로 사용된다. 예를 들어서 스팸 이메일 필터링, 네트워크 침입자 작동 검출, 광학 문자 인식OCR, 컴퓨터 비전 등의 분야에서 활발하게 사용된다.

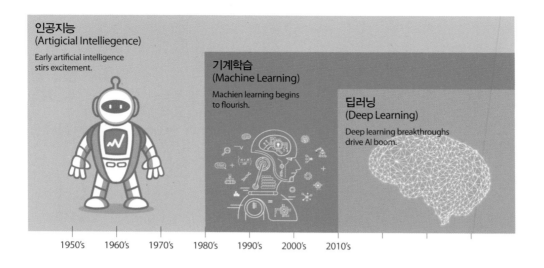

기계 학습이 중요하게 사용되는 분야

기계 학습은 빅데이터[big data]와 아주 밀접한 관계가 있다. 학습을 시키려면 많은 데이터가 필수적이기 때문이다. 최근 빅데이터가 부상하면서 다음과 같은 영역에서 문제를 해결하는데 기계 학습이 특히 중요해졌다.

- ▶ 컴퓨터를 사용한 금융: 신용 평가, 주식 거래
- ▶ 컴퓨터 비전: 얼굴 인식, 움직임 감지, 객체 감지
- ▶ 생명 공학: 종양 감지, 신약 발견, DNA 염기 서열 분석
- ▶ 자연어 처리: 음성 인식 응용 분야
- ▶ 광고: 동영상, 뉴스, 상품 추천
- ▶ 자율 주행 자동차: 물체 인식
- ▶ 보안 시스템: 침입 탐지

기계 학습은 언제 사용해야 하는가?

기계 학습은 공식을 만들어서 처리할 수 없는 복잡한 문제에 적합하다.

- ▶ 영상 인식, 음성 인식처럼 프로그램으로 작성하기에는 규칙과 공식이 너무 복잡할 때
- ▶ 보안 시스템에서 침입을 탐지하거나 신용 카드 거래 기록에서 사기를 감지하는 경우처럼 작업 규칙이 지속적으로 바뀌는 상황일 때
- ▶ 주식 거래나 에너지 수요 예측, 쇼핑 추세 예측의 경우처럼 데이터 특징이 계속 바뀌고 프로그램을 계속해서 변경해야 하는 상황일 때

기계 학습의 분류

기계 학습은 일반적으로 가르쳐주는 "교사"의 존재 여부에 따라 크게 지도 학습과 자율 학습으로 나누어진다.

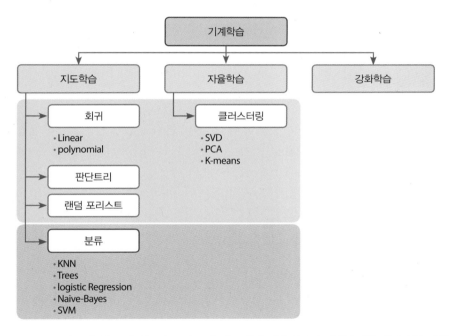

- ▶ 지도 학습^{Supervised Learning}: 컴퓨터는 "교사"에 의해 주어진 예제와 정답(레이블)을 제공받는다. 지도 학습의 목표는 입력을 출력에 매핑하는 일반적인 규칙을 학습하는 것이다. 예를 들어서 강아지와 고양이를 구분하는 문제라면 강아지와 고양이에 대한 영상을 제공한 후에, 교사가 어떤 영상이 강아지인지, 어떤 영상이 고양이인지를 알려주는 것이다.
- ▶ 자율 학습^{Unsupervised learning}: 외부에서 정답(레이블)이 주어지지 않고 학습 알고리즘이 스스로 입력에서 어떤 구조를 발견하는 학습이다. 자율 학습을 사용하면 데이터에서 숨겨진 패턴을 발견할 수 있다.
- ▶ 강화 학습^{reinforcement Learning}: 보상 및 처벌의 형태로 학습 데이터가 주어진다. 주로 차량 운전이나 상대 방과의 경기 같은 동적인 환경에서 프로그램의 행동에 대한 피드백만 제공되는 경우이다. 예를 들어서 바둑에서 어떤 수를 두어서 승리하였다면 보상이 주어지는 식이다. 강화 학습에서는 이것을 통하여 학습이 이루어진다.

2

지도 학습

지도 ^{supervised} 학습은 주어진 입력-출력 쌍을 학습한 후에 새로운 입력값이 들어왔을 때, 합리적인 출력값을 예측하는 것이다. 즉 지도 학습은 입력(x)과 출력(y)이 주어질 때, 입력에서 출력으로의 매핑 함수를 학습하는 것이라 할 수 있다.

$$y = f(x)$$

지도 학습의 목표는 새로운 입력 데이터(x)가 있을 때 해당 데이터에 대한 출력 변수값(y)을 예측할 수 있도록 적절한 매핑 함수를 만드는 것이다.

간단한 예를 들어보자. 입력 데이터로 직선 $y = 10x$ 위에 있는 점 (1, 10), (2, 20), (3, 30), (4, 40)들이 주어져 있다고 하자. 컴퓨터는 이 직선의 방정식을 모르는 상태이다. 컴퓨터는 주어진 데이터만을 학습한다. 학습이 끝난 후에 $x = 5$를 입력하면 컴퓨터가 $y = 50$이라는 답을 할 수 있도록 만드는 것이 지도 학습이다. 이 경우 우리가 함수를 프로그래밍하지 않았지만 컴퓨터가 스스로 함수를 찾아냈다. 이것이 지도 학습이다.

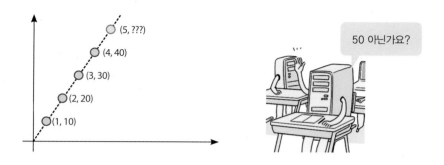

지도 학습은 회귀 regression 와 분류 classification 로 나눌 수 있다. 하지만 이러한 분류가 절대적인 것은 아니다. 인공지능 분야는 아주 복잡하기 때문에 연구자들에 따라서 분류가 달라진다.

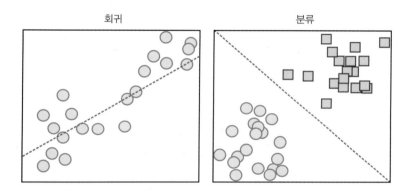

회귀

회귀 regression 란 일반적으로 데이터들을 2차원 공간에 찍은 후에 이들 데이터들을 가장 잘 설명하는 직선이나 곡선을 찾는 문제라고 할 수 있다. 즉 $y = f(x)$에서 출력 y가 실수이고 입력과 출력을 보면서 함수 $f(x)$를 예측하는 것을 회귀 기법이라고 한다. 즉 예를 들어서 출력이 "달러"이거나 "무게"가 될 수 있다. 회귀 기법은 온도 변화 또는 전력 수요 변동 등의 연속적인 응답을 예측하는 데 사용된다.

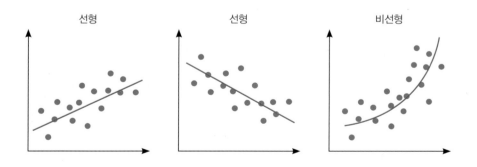

전통적인 선형 회귀$^{linear\ regression}$는 "기계 학습"으로 생각하기에는 너무 단순하여 "통계"적 방법이라고 생각하는 사람들도 있다. 하지만 회귀 문제도 $y = f(x)$에서 입력(x)에 대응되는 실수(y)들이 주어지고 함수 $f()$를 학습하는 것이므로 일종의 기계 학습 문제로 생각할 수 있다. 회귀 알고리즘에는 선형 모델, 비선형 모델, 정규화, 단계적 회귀, 의사 결정 트리, 신경망, 뉴로 퍼지 학습 등이 포함된다.

분류

식 $y = f(x)$에서 출력 y가 이산적^{discrete}인 경우에 이것을 분류^{classification} 문제(또는 인식 문제)라고 부른다. 분류에서는 입력을 2개 이상의 클래스로 나누는 것이다. 분류 문제는 우리가 일상에서 가장 많이 접하는 문제 중의 하나이다. 음성 인식이나 영상 인식도 모두 분류 문제에 속한다. 예를 들어서 사진을 보고 "강아지" 또는 "고양이"로 분류하는 것도 분류 문제이다. 또 이메일에서 스팸 메일을 찾아내는 것도 분류 문제에 속한다. 이 경우, 입력은 이메일 메시지이고 출력은 "spam" 또는 "no spam" 중의 하나이다. 병원에서는 기계 학습을 이용하여 종양이 악성인지 또는 양성인지를 판단할 수 있다("disease" 또는 "no disease").

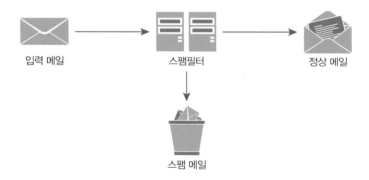

분류는 지도 학습의 형태로 이루어지는 것이 일반적이다. 즉 교사가 만들어놓은 학습 데이터를 가지고 컴퓨터가 지도 학습을 수행한다. 이후에 새로운 데이터가 컴퓨터에 주어지고 컴퓨터는 학습을 바탕으로 분류를 수행한다. 분류를 수행하기 위한 일반적인 알고리즘에는 kNN$^{K\text{-}Nearest\ Neighbor}$, SVM$^{Support\ Vector\ Machine}$, 의사 결정 트리, 신경 회로망 등이 포함된다. 우리는 이미 13장에서 kNN 알고리즘에 대하여 살펴본 바 있다.

3

자율 학습

자율 학습^{unsupervised Learning}은 "교사" 없이 컴퓨터가 스스로 입력들을 분류하는 것을 의미한다. 식 $y = f(x)$에서 레이블 y가 주어지지 않는 것이다. 어떻게 컴퓨터가 스스로 입력을 분류할 수 있을까? 처음에는 불가능할 것처럼 생각되는데 기계 학습 알고리즘에는 자율 학습 알고리즘이 존재한다. 자율 학습은 정답이 없는 문제를 푸는 것과 같으므로 학습이 맞게 되었는지 확인할 수는 없다. 하지만 데이터들의 상관도를 분석하여 유사한 데이터들을 모을 수는 있다.

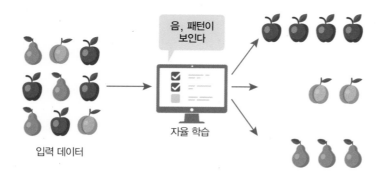

가장 대표적인 자율 학습이 클러스터링^{clustering}(군집화)이다. 클러스터링이란 데이터간 거리를 계산하여 몇 개의 군집으로 나누는 방법이다. K-means 클러스터링이 가장 고전적인 클러스터링 방법이다. 분포 추정은 데이터들이 어떤 확률 분포에서 생성되었는지를 추정하는 기법이다. 우리는 이미 13장에서 K-means 클러스터링 알고리즘을 학습한 바 있다.

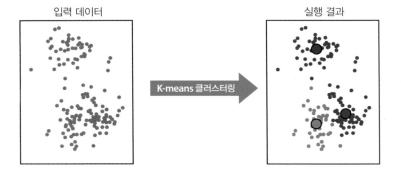

입력 데이터   K-means 클러스터링 →   실행 결과

4

강화 학습

강화 학습^{Reinforcement Learning}에서는 컴퓨터가 어떤 행동을 취할 때마다 외부에서 보상이 주어진다. 컴퓨터는 이 보상을 최대화 하는 방향으로 학습을 진행시킨다.

가장 최신 버전의 알파고도 강화학습을 사용한다. 최신 버전의 알파고에서는 예전의 기보를 학습하는 것이 아니라 바둑의 규칙만을 알려준 다음, 2대의 알파고끼리 바둑을 두게 한다. 좋은 바둑 수를 둔 알파고한테는 보상이 주어진다. 이 보상을 이용하여 학습이 진행되는 것이다.

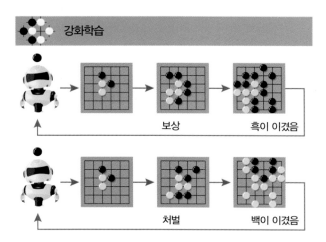

강화 학습에서 어려운 점은 컴퓨터가 행동을 취했다고 해서 그 결과가 즉시 나타나지 않을 수도 있다는 점이다. 이것을 "지연 보상" 문제라고 한다. 이것은 바둑에서 "소탐대실"이라는 용어로 설명된다. 지역적으로는 좋은 착수이지만 크게 보면 악수일 수도 있기 때문이다. 반대로 지역적으로는 악수이지만 크게 보면 좋은 착수일 수도 있다. 따라서 강화 학습에서는 당장의 보상값도 고려해야하지만 나중에 얻을 이익까지도 계산에 넣어야 한다.

신경 회로망

인공지능은 1950년대부터 연구자들을 사로잡은 매력적인 주제였다. 그 당시에는 신경망을 이용한 인공지능이 쉽게 구현될 것으로 생각하였다. 하지만 인공지능은 결코 쉽지 않았다. 1980년대까지는 답보상태를 이루었고 많은 연구자들이 신경망 기반의 인공지능 연구를 포기하였다. 1990년대 중반에 새로운 학습 알고리즘의 발견으로 인공신경망이 다시 각광을 받기 시작하였지만 또 다시 침체기가 왔다. 이 당시 연구제안서에 "인공신경망"이라는 단어만 들어가도 무조건 퇴짜를 맞았다고 한다. 이런 냉소적인 반응 속에서도 묵묵히 연구를 이어

제프리 힌튼

온 일부 과학자(제프리 힌튼 등)들이 있었는데 이들에 의하여 정말 기적처럼 다시 빛을 보게 된 것이 바로 딥러닝^{deep learning}이다. 딥러닝은 인공신경망의 일종이다. 우리는 여기서 인공 신경망의 기초에 대하여 살펴보자.

인공신경망^{neural network}은 1950년대부터 연구되어 온 연구 주제였다. "생각하는 기계"는 항상 인간의 꿈이었고 사람들은 인간의 두뇌를 본떠서 기계로 만들려고 하였다. 인간의 뉴런(신경세포)은 다음과 같이 입력을 받아서 출력을 내보내는 구조로 되어 있다.

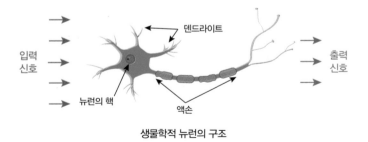

생물학적 뉴런의 구조

인간의 뉴런은 굉장히 단순한 계산만을 하지만, 수백만 개를 모아 놓으면 복잡한 작업을 할 수 있

다. 이것은 현대 컴퓨터와는 완전히 반대의 개념인데, 현대 컴퓨터는 강력한 계산 기능을 가지는 CPU를 1~20개 정도를 포함한다. 인공신경망은 기능은 약하지만 개수를 늘린 컴퓨터이다.

퍼셉트론

뉴런을 분석해보면 다음과 같은 수학적인 모델로 만들 수 있다. 입력에 가중치가 곱해지고 이것들이 전부 합쳐진 후에 어떤 값 이상이 되면 활성화되어서 출력(1)이 나가게 된다.

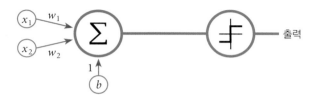

퍼셉트론은 1957년에 프랭크 로젠블라트가 고안한 인공신경망이다. 이 퍼셉트론은 현재의 딥러닝의 기초가 된다. 1950년대에는 위의 모델을 직접 하드웨어로 구현하려고 시도하였다. 인공 신경망은 상당한 인기를 끌었으며 생각하고 말하는 컴퓨터를 만드는 것은 시간문제로 보였다. 그러나 우리가 알다시피 딥러닝이 부활한 것은 60년 후의 일이다.

위의 기계는 간단한 개념을 학습할 수 있을까? 예를 들어서 논리합(OR)나 논리곱(AND)과 같은 개념을 학습할 수 있을까? 여기서 간단히 확인해보자. 입력이 2개인 다음과 같은 구조를 생각한다.

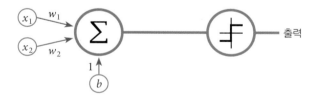

x_1과 x_2는 입력 신호이고 w_1, w_2는 가중치이다. b는 바이어스라고 불리는 임계값이다. 입력 신호가 뉴런으로 전달될 때는 가중치가 곱해진다. 뉴런은 입력신호의 가중치 합이 정해진 임계값을 넘는 경우에만 활성화되어서 1을 출력한다. 그렇지 않으면 0을 출력한다. 이상 설명한 내용을 수식으로 표현하면 다음과 같다.

$$y = \begin{cases} 1 & (w_1 x_1 + w_2 x_2 \geq b) \\ 0 & (w_1 x_1 + w_2 x_2 < b) \end{cases}$$

x와 y가 주어진 상태에서 가중치 값 w_1과 w_2를 구하는 것이 학습이다. 위의 퍼셉트론이 다음과 같은 논리적인 AND 연산을 학습하려면 w_1, w_2는 어떤 값이어야 할까?

x_1	x_2	y	w_1	w_2
0	0	0	?	?
1	0	0	?	?
0	1	0	?	?
1	1	1	?	?

인공신경망에서 학습이라고 하면 입력과 출력이 결정된 상태에서 가중치 값과 바이어스 값을 구하는 것이다. 퍼셉트론도 학습 알고리즘이 있지만 여기서는 생략하도록 하자. 학습 과정을 통하여 가중치와 바이어스가 결정된다면 퍼셉트론은 AND 연산을 학습한 것이다. 나중에 자세히 분석되었지만 퍼셉트론은 선형으로 분리할 수 있는 문제만 학습할 수 있었다. 아래는 AND 연산을 학습한 퍼셉트론이다. 가중치 값과 바이어스값은 학습 절차를 통하여 다음과 같이 결정되었다.

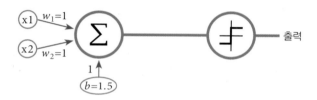

왜 그런지는 다음의 표를 채우면서 알아보자.

x_1	x_2	$w_1x_1 + w_2x_2$	b	출력
0	0	0×1+0×1=0	1.5	0
1	0	1×1+0×1=1	1.5	0
0	1	0×1+1×1=1	1.5	0
1	1	1×1+1×1=2	1.5	1

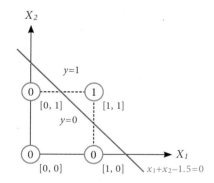

w_1과 w_2를 1로 설정하고 바이어스 값을 1.5로 설정하면 AND 연산을 학습한 것처럼 동작한다.

퍼셉트론의 문제점

퍼셉트론은 논리적인 AND, OR은 학습할 수 있었지만 논리적인 XOR과 같이 선형으로 분리가 불가능한 문제는 아무리 가중치와 바이어스를 변경하여도 학습이 불가능하였다.

x_1	x_2	y
0	0	0
1	0	1
0	1	1
1	1	0

선형 분리 가능 문제란 특징 공간에서 직선을 그어 분류할 수 있는 문제이다. 논리적인 AND와 OR과 같은 문제는 모두 선형 분리 가능 문제이다.

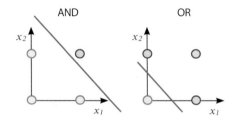

하지만 논리적인 XOR과 같은 문제는 하나의 직선을 그려서 분리가 불가능하다.

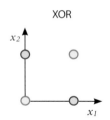

마빈 민스키[Marvin Minsky] 와 시모어 페퍼트[Seymour Papert] 는 《Perceptrons(1969)》에서 1개의 계층[layer] 으로 구성된 퍼셉트론이 XOR 문제를 해결할 수 없다는 것을 수학적으로 증명하였다. Minsky 와 Papert는 더 많은 계층을 가진 인공신경망이 이 문제를 해결할 수 있지만 적절하게 학습할 수 없을 것이라고 생각했다. 이 충격적인 발표로 인하여 당시에 진행되던 모든 인공신경망 연구는 중단되었다. 인공신경망의 첫 번째 암흑기가 온 것이다.

6

다층 퍼셉트론

1980년대에 다시 인공신경망에 대한 관심이 살아났다. 1980년대 중반에 다음과 같은 다층 퍼셉트론 multilayer perceptron 을 위한 학습 알고리즘이 개발된 것이다. 다층 퍼셉트론이란 입력층과 출력층 사이에 은닉층 hidden layer 이라고 하는 계층을 하나 더 가진 인공신경망이다.

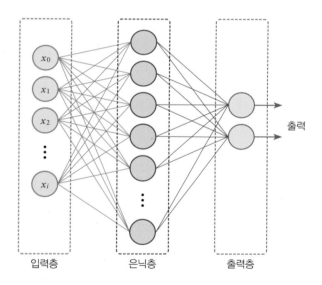

이 학습 알고리즘을 역전파 알고리즘 back-propagation 이라고 한다. 역전파 알고리즘은 입력이 주어지면 순방향으로 계산하여 출력을 계산한 후에 출력과 우리가 원하는 출력 간의 오류를 계산한다. 이 오류를 역방향으로 전파하면서 오류를 줄이는 방향으로 가중치를 변경한다.

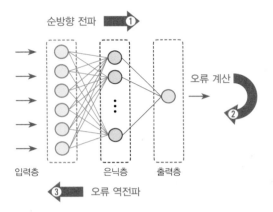

순방향 전파 ①

오류 계산 ②

입력층   은닉층   출력층

③ 오류 역전파

역전파 알고리즘[back-propagation] 을 의사코드로 작성하면 다음과 같다. 여기서는 1개의 은닉층만을 가진 것으로 가정한다.

Algorithm 14.1

인공신경망의 가중치를 작은 난수로 초기화한다.
    do 각 학습샘플 sample에 대하여 다음을 반복한다.
        prediction = calculate_network(sample) // 순방향 패스
        actual = desired_output(sample)
        각 출력 노드에서 오류(prediction-actual)를 계산한다.
        은익층에서 출력층으로의 가중치 변경값을 계산한다. // 역방향 패스
        입력층에서 은닉층으로의 가중치 변경값을 계산한다. // 역방향 패스
        전체 가중치를 업데이트한다.
until 모든 샘플이 올바르게 분류될 때까지

역전파 알고리즘은 오류를 줄이는 문제를 최적화 문제[optimization] 로 접근한다. 예를 들어서 학습 샘플이 (x_1, x_2, t)라고 하자. 여기서 x_1, x_2는 입력이고 t는 올바른 출력이다. 실제 출력을 y라고 하면 예상 출력 t와 실제 출력 y간의 오차(오류)를 계산하는 함수는 다음과 같이 정의할 수 있다.

$$E = \frac{1}{2}(t - y)^2$$

우리는 여기서 이 오차값을 줄이는 가중치 w_1, w_2를 찾으면 된다. 오차값을 최소화하는 가중치를 찾는 데 일반적으로 사용되는 알고리즘 중 하나가 그라디언트 강하[gradient descent] 이다. 그라디언트 강하는 현재 위치에서 오차값의 그라디언트값을 계산하여서 그라디언트의 반대 방향으로 움직이는 최적화 알고리즘이다. 역전파 알고리즘의 자세한 유도는 https://en.wikipedia.org/wiki/Back-propagation에서 찾을 수 있다.

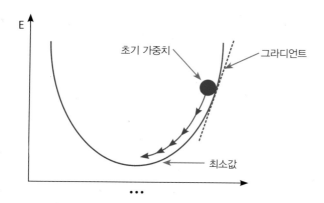

초기 가중치 그라디언트

최소값

Minsky와 Papert가 불가능하다고 생각했던 다층 퍼셉트론에 대한 학습 알고리즘이 개발된 것이다. 다층 퍼셉트론은 1980년대에 굉장한 인기를 얻으면서 인공신경망이 화려하게 재기에 성공하는듯 보였다. 1989년에 얀 르쿤 Yann Lecun 교수와 그의 동료들은 역전파 알고리즘에 기반하여 우편물에 손으로 쓰여진 우편번호를 인식하는 인공 신경망을 소개했다. 알고리즘이 성공적으로 동작했음에도 불구하고, 신경망 학습에 소요되는 시간(10개의 숫자를 인식하기 위해 학습하는 시간)이 거의 3일이나 걸렸다. 이 당시 컴퓨터는 느렸고 학습에 필요한 데이터 집합은 많았으므로 역전파 학습 알고리즘이 다른 분야에 일반적으로 적용되기에는 비현실적인 것으로 여겨졌다. 결과적으로 21세기 초반에는 많은 인공신경망 연구들이 취소되었고 기계 학습 분야에서 사라졌다. 다시 인공신경망 연구에 암흑기가 왔다.

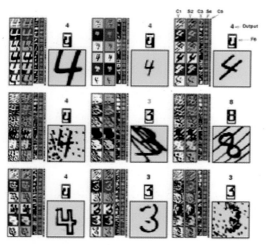

출처: http://yann.lecun.com/ex/research/

많은 요소들이 느린 속도에 원인을 제공했는데, 그 중 하나는 1991년 셉 호흐라이터 Sepp Hochreiter 에 의해 분석된 "vanishing gradient problem(그라디언트가 사라지는 문제)"이었다. 또한 시뮬

레이션에서 초기 상태를 어떻게 선택하느냐에 따라 수렴이 안 되고 진동 또는 발산하는 문제, 학습 데이터에 너무 가깝게 맞추어 학습되는 과적합 문제, 원론적으로 생물학적 신경망과는 다르다는 이슈들이 끊임없이 제기되면서 인공신경망은 관심에서 멀어졌고 1990년대와 2000년대에는 SVM(서포트 벡터 머신) 같은 기계학습 기법들이 각광받게 된다.

딥러닝

인공신경망을 사용한 성공적인 음성인식 연구가 2009년에 발표되었다. 2012년에는 인공신경망을 이용한 컴퓨터 비전 발표가 있었다. 2014년도에는 기계번역이 각광을 받았다. 인공신경망에서 무엇이 변화된 것인가?

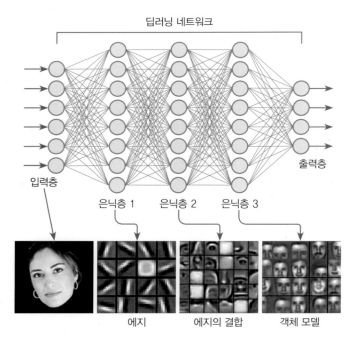

출처: 위키미디어

인공 신경망의 구조가 DNN$^{\text{Deep Neural Network}}$으로 변경되고 새로운 학습 알고리즘인 딥러닝^{deep} ^{learning}이 발표되었다. DNN에서는 은닉층이 여러 계층으로 이루어진다. "딥^{deep}"이라는 용어는 인공신경망에서 은닉층이 많다는 것을 나타낸다. 각 은닉층들은 추상적인 개념을 학습하게 된다.

본격적으로 딥러닝이란 용어를 사용한 것은 2000년대 딥러닝의 중흥기를 이끌어간다고 평가할 수 있는 제프리 힌턴Geaffrey Hinton과 러스 살락허트디놉Ruslan Salakhutdinov에 의해서이며, 기존 신경망의 과적합 문제를 해결하기 위해 이들은 unsupervised RBMRestricted Boltzmann Machine을 통해, 학습시킬 DNN의 각 층을 효과적으로 사전훈련pre-trainning하여 과적합을 방지할 수 있는 수준의 초기값을 잡았고, 이 초기값을 이용하여 역전파 알고리즘을 사용하는 형태로 학습을 진행한다.

DNN의 학습 속도는 상당히 느리고 계산 집약적이기 때문에 학습에 시간과 자원이 많이 소모되었다. 따라서 최근까지 은닉층의 개수를 최소로 할 수밖에 없었고 인공신경망의 크기는 사용 가능한 계산 리소스에 의해 제한되었다. 하지만 최근에 GPUGraphic Processor Unit 기술이 크게 발전하였다. GPU는 기술적으로 화소들을 빠르게 처리하기 위하여 조그마한 CPU들을 아주 많이 사용하는데 이 구조가 인공 신경망과 아주 유사하다. 따라서 연구자들은 GPU를 사용하여 학습을 빠르게 수행할 수 있었다. 딥러닝의 부활에는 게이머들의 도움이 컸다.

DNN은 여러 경진대회(영상 인식 대회)에서 다른 알고리즘을 물리치고 우수한 성능을 객관적으로 증명하였다. 따라서 여러분들이 빅데이터 분석, 데이터 예측과 관련된 문제를 해결하려면 최우선적으로 DNN을 고려하는 것을 권장한다.

컨볼루션 신경망

컨볼루션 신경망CNN은 인공신경망의 일종이다. 컨볼루션 신경망CNN에서 뉴런 사이의 연결 패턴은 동물의 조직에서 영감을 얻었다. 시각 피질 뉴런들은 전체를 보는 것이 아니라 제한된 공간에서 나오는 자극에만 반응한다. 이것은 우리가 앞에서 학습한 공간 필터링의 컨볼루션 연산과 아주 흡사하다. 또 뉴런의 입력 범위는 다른 뉴런들과 약간 겹치게 설정된다. 컨볼루션 신경망은 영상 및 비디오 인식, 추천 시스템 및 자연 언어 처리 분야에서 폭넓게 응용되고 있다.

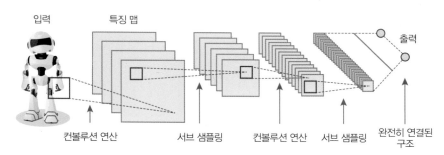

출처: 위키미디어

CNN은 영상 처리에 특히 적합한 신경망이다. CNN은 숫자, 얼굴, 번호판 인식과 같은 영상을 입력으로 사용하는 모든 종류의 작업에 적용된다.

출처: Google research

바둑 두는 인공지능인 알파고도 다음 수를 결정하기 위하여 CNN을 사용한다고 한다. 알파고는 정책 네트워크 2개와 가치 네트워크 1개로 구성된다. 이들 2가지 유형의 네트워크는 영상으로 표현되는 현재 게임 상태를 입력으로 사용한다.

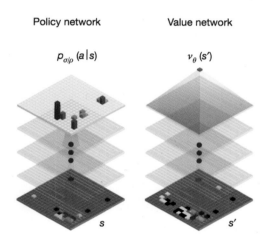

가치 네트워크는 현재 게임 상태의 가치에 대한 추정치를 제공한다. 즉 현재 상태에서 흑을 든 경기자가 궁극적으로 게임에서 이기는 확률은 얼마일까를 추정한다. 가치 네트워크에 대한 입력은 게임 보드 전체이며, 출력은 승리할 확률을 나타내는 단일 숫자이다. 정책 네트워크는 게임의 현재 상태를 고려하여 선택할 액션에 대한 지침을 제공한다. 출력은 각 가능한 합법적인 이동에 대한 확률값이다. 보다 높은 확률값을 갖는 동작은 승리로 이어질 가능성이 더 높은 행동에 해당된다.

8

XOR 학습시키기

OpenCV에서는 기본적인 인공신경망이 제공된다. 학습 데이터와 레이블은 kNN이나 K-means 클러스터링과 유사하게 주어져야 한다. 즉 학습 데이터들은 행벡터로 영상 안에 저장되어야 한다. 예를 들어서 XOR 문제에 대한 학습 데이터와 레이블은 다음과 같이 저장되어야 한다.

train_features			labels
0.0	0.0		0.0
1.0	0.0		1.0
0.0	1.0		1.0
1.1	1.1		0.0

다음과 같은 절차를 사용하여 인공신경망을 생성하여 학습시킬 수 있다.

① 인공신경망은 다음과 같이 Ptr 클래스를 이용하여서 생성한다.

```
Ptr<ANN_MLP> mlp = ANN_MLP::create();
```

② 인공신경망의 각 계층은 영상으로 정의된다. 예를 들어서 입력층의 뉴런 개수가 2이고, 은닉층의 뉴런 개수는 5, 출력 노드 개수는 1인 인공신경망은 다음과 같이 설정할 수 있다.

```
Mat layersSize = Mat(3, 1, CV_16U);
layerSize.at<int>(0) = 2;   // 입력층의 뉴런 개수
layerSize.at<int>(1) = 4;   // 은닉층의 뉴런 개수
layerSize.at<int>(2) = 1;   // 출력층의 뉴런 개수
mlp->setLayerSizes(layerSize);
```

③ 인공신경망에는 다양한 활성화 함수를 사용할 수 있다. 활성화 함수란 뉴런이 입력을 받았을 때 어떤 출력을 생성하는지를 결정하는 함수이다.

```
mlp->setActivationFunction(ANN_MLP::SIGMOID_SYM, 1, 1);
```

많이 사용하는 함수는 시그모이드 ^{sigmoid} 함수로 지정한다. 여기서도 시그모이드 함수를 사용한다.

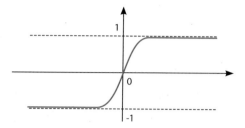

④ 언제 인공신경망의 학습을 종료할 것인지를 지정하여야 한다. 여러 가지 방법이 있지만 최대 반복 횟수와 오차 한계로 지정하는 것이 일반적이다.

```
mlp->setTermCriteria(TermCriteria(TermCriteria::MAX_ITER+TermCriteria::EPS,
    300, FLT_EPSILON));
```

⑤ 인공신경망의 학습 알고리즘을 BACKPROP(역전파 알고리즘)으로 설정한다.

```
mlp->setTrainMethod(ANN_MLP::BACKPROP, 0.001);
```

⑥ 학습을 시작한다.

```
mlp->train(tdata);
```

전체 소스

전체 소스는 다음과 같다.

Code 14.1

```
01  #include "opencv2/opencv.hpp"
02  #include <iostream>
03
04  using namespace cv;
05  using namespace ml;
06  using namespace std;
07
08  int main()
09  {
10      const int hiddenLayerSize = 4;
11      float trainingInput[4][2] = {
12          { 0.0, 0.0 },
13          { 0.0, 1.0 },
14          { 1.0, 0.0 },
```

```cpp
            { 1.0, 1.0 }
        };
        Mat trainingInputData = Mat(4, 2, CV_32F, trainingInput);

        float trainingOutput[4][1] = {
            { 0.0 },
        { 1.0 },
        { 1.0 },
        { 0.0 }
        };
        Mat trainingOutputData = Mat(4, 1, CV_32F, trainingOutput);

        Ptr<ANN_MLP> mlp = ANN_MLP::create();

        Mat layersSize = Mat(3, 1, CV_16U);
        layersSize.row(0) = Scalar(trainingInputData.cols);
        layersSize.row(1) = Scalar(hiddenLayerSize);
        layersSize.row(2) = Scalar(trainingOutputData.cols);

        mlp->setLayerSizes(layersSize);
        mlp->setActivationFunction(ANN_MLP::ActivationFunctions::SIGMOID_SYM);

        TermCriteria term = TermCriteria(
            TermCriteria::Type::COUNT + TermCriteria::Type::EPS,
            100000000,
            0.00000000000000001
        );
        mlp->setTermCriteria(term);
        mlp->setTrainMethod(ANN_MLP::TrainingMethods::BACKPROP);

        Ptr<TrainData> trainingData = TrainData::create(
            trainingInputData,
            SampleTypes::ROW_SAMPLE,
            trainingOutputData
        );

        mlp->train(trainingData);

        for (int i = 0; i < trainingInputData.rows; i++) {
            Mat sample = Mat(1, trainingInputData.cols, CV_32F, trainingInput[i]);
            Mat result;
            mlp->predict(sample, result);
            cout << sample << " -> ";
            cout << result << endl;
        }

        return 0;
}
```

```
C:\WINDOWS\system32\cmd.exe                                    —   □   ×
[0, 0] -> [2.9685298e-08]
[0, 1] -> [1]
[1, 0] -> [1]
[1, 1] -> [2.4843358e-08]
계속하려면 아무 키나 누르십시오 . . . ■
```

코드설명

```
11    float trainingInput[4][2] = {
12      { 0.0, 0.0 },
13      { 0.0, 1.0 },
14      { 1.0, 0.0 },
15      { 1.0, 1.0 }
16    };
17    Mat trainingInputData = Mat(4, 2, CV_32F, trainingInput);
18
19    float trainingOutput[4][1] = {
20      { 0.0 },
21      { 1.0 },
22      { 1.0 },
23      { 0.0 }
24    };
25    Mat trainingOutputData = Mat(4, 1, CV_32F, trainingOutput);
```

위와 같은 코드를 이용하여서 XOR 학습 문제의 입력과 출력을 만들어준다. OpenCV에서 기계학습을 사용하려면 모든 학습 샘플이 행벡터로 표현되어야 한다. 즉 영상에서 하나의 행이 하나의학습 샘플이다.

```
27    Ptr<ANN_MLP> mlp = ANN_MLP::create();
28
29    Mat layersSize = Mat(3, 1, CV_16U);
30    layersSize.row(0) = Scalar(trainingInputData.cols);
31    layersSize.row(1) = Scalar(hiddenLayerSize);
32    layersSize.row(2) = Scalar(trainingOutputData.cols);
33
34    mlp->setLayerSizes(layersSize);
35    mlp->setActivationFunction(ANN_MLP::ActivationFunctions::SIGMOID_SYM);
```

위와 같은 코드를 이용하여 인공신경망 객체를 생성하고 이 객체를 mlp라는 포인터로 가리킨다.

인공신경망은 3개의 계층으로 이루어져 있으며 layersSize는 각 계층에서 뉴런의 개수를 저장한다.

```
37    TermCriteria term = TermCriteria(
38      TermCriteria::Type::COUNT + TermCriteria::Type::EPS,
39      100000000,
40      0.000000000000000001
41    );
42    mlp->setTermCriteria(term);
43    mlp->setTrainMethod(ANN_MLP::TrainingMethods::BACKPROP);
```

신경회로망은 반복하여 학습을 진행하게 된다. 따라서 언제 반복을 종료할 것인지를 지정하여야 한다.

여기서는 반복 횟수와 오차로 종료 조건을 주었다. 즉 반복 횟수가 100000000번을 넘거나 오차가 0.000000000000000001 이하가 되면 학습이 종료된다. 학습 알고리즘으로는 역전파 알고리즘(BACKPROP)을 선택하였다.

```
45    Ptr<TrainData> trainingData = TrainData::create(
46      trainingInputData,
47      SampleTypes::ROW_SAMPLE,
48      trainingOutputData
49    );
50
51    mlp->train(trainingData);
```

학습 데이터를 객체로 생성하고 mlp의 train() 함수를 호출하여서 학습을 시작한다. 학습이 종료되면 함수가 복귀된다.

```
53    for (int i = 0; i < trainingInputData.rows; i++) {
54      Mat sample = Mat(1, trainingInputData.cols, CV_32F, trainingInput[i]);
55      Mat result;
56      mlp->predict(sample, result);
57      cout << sample << " -> ";
58      cout << result << endl;
59    }
```

학습이 종료되면 테스트를 진행한다. 학습 데이터에서 각각의 행을 분리하여서 인공신경망에 넣어본다. 올바른 출력을 생성하는지 화면에 출력해본다. predict()를 사용하여서 테스트할 수 있다.

여기서는 간단한 신경 회로망을 OpenCV로 작성해보았지만 전문적으로 딥러닝을 사용하고자 하는 개발자들은 CAFFE와 같은 라이브러리를 사용하여야 한다. CAFFE Convolutional Architecture for Fast Feature Embedding 는 미국 버클리 대학에서 개발된 딥러닝 프레임워크이다. CAFFE는 오픈 소스이고 C++로 작성되었으며 파이썬 인터페이스를 가지고 있다. 2017년 8월에 출시된 OpenCV 3.3의 "deep neural networks dnn 모듈"은 Caffe, TensorFlow 및 Torch/PyTorch를 비롯한 여러 가지 딥러닝 프레임워크를 지원한다.

2차원 점들의 분류

OpenCV 디렉토리에는 사용자가 2차원 공간에서 점을 입력하고 이것을 2개의 클래스로 분류하는 예제가 들어 있다. 인공신경망 뿐만 아니라 kNN 등의 알고리즘과 비교할 수 있게 예제가 구성되어 있다. 따라서 초보 사용자는 반드시 보아야 하는 소스이다. 이 절에서는 간단히 소개한다. 전체 소스는 /opencv/opencv-3.4.3/samples/cpp/points_classifier.cpp를 보면 된다.

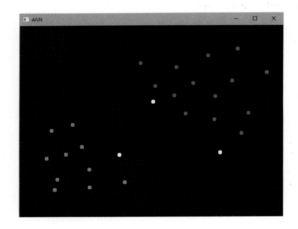

필요 없는 부분을 생략한 소스는 다음과 같다. 소스의 설명은 주석을 참조한다.

Code 14.2

```
01  ...
02  const Scalar WHITE_COLOR = Scalar(255, 255, 255);
03  const string winName = "points";
04  const int testStep = 5;
05
06  Mat img, imgDst;
07  RNG rng;
08
```

```
09   vector<Point> trainedPoints;        // 학습된 점들이 저장된다.
10   vector<int> trainedPointsMarkers;   // 학습된 점들의 클래스가 저장된다.
11   const int MAX_CLASSES = 2;
12   vector<Vec3b> classColors(MAX_CLASSES);
13   int currentClass = 0;
14   vector<int> classCounters(MAX_CLASSES);
15   ...
16
17   static void on_mouse(int event, int x, int y, int /*flags*/, void*)
18   {
19       if (img.empty())        return;
20
21       int updateFlag = 0;
22       // 버튼이 눌리면 현재 위치를 벡터에 저장한다.
23       if (event == EVENT_LBUTTONUP) {
24           trainedPoints.push_back(Point(x, y));
25           trainedPointsMarkers.push_back(currentClass);
26           classCounters[currentClass]++;
27           updateFlag = true;
28       }
29       // 점을 영상 위에 그린다.
30       if (updateFlag){
31           img = Scalar::all(0);
32           for (size_t i = 0; i < trainedPoints.size(); i++)  {
33               Vec3b c = classColors[trainedPointsMarkers[i]];
34               circle(img, trainedPoints[i], 5, Scalar(c), -1);
35           }
36           imshow(winName, img);
37       }
38   }
39
40   // 입력된 점들을 행벡터 형식의 샘플 데이터로 만든다.
41   static Mat prepare_train_samples(const vector<Point>& pts)
42   {
43       Mat samples;
44       Mat(pts).reshape(1, (int)pts.size()).convertTo(samples, CV_32F);
45       return samples;
46   }
47
48   // 입력된 점들과 점들의 레이블을 묶어서 학습 데이터를 생성한다.
49   static Ptr<TrainData> prepare_train_data()
50   {
51       Mat samples = prepare_train_samples(trainedPoints);
52       return TrainData::create(samples, ROW_SAMPLE,
53                                                   Mat(trainedPointsMarkers));
54   }
55
56   // 영상 안의 모든 위치를 생성하여서 테스트 데이터로 사용한다.
57   // 예측된 레이블을 화면에 색상으로 표시한다.
58   static void predict_and_paint(const Ptr<StatModel>& model, Mat& dst)
59   {
60       Mat testSample(1, 2, CV_32FC1);
```

```
60      for (int y = 0; y < img.rows; y += testStep) {
61        for (int x = 0; x < img.cols; x += testStep)    {
62            testSample.at<float>(0) = (float)x;
63            testSample.at<float>(1) = (float)y;
64
65            int response = (int)model->predict(testSample);
66            dst.at<Vec3b>(y, x) = classColors[response];
67        }
68      }
69  }
70  ...
71
72  // 인공신경망을 사용하는 코드
73  #if _ANN_
74  static void find_decision_boundary_ANN(const Mat& layer_sizes)
75  {
76      // 학습 데이터에 대한 레이블을 0으로 초기화한다.
77      Mat trainClasses = Mat::zeros((int)trainedPoints.size(),
                                    (int)classColors.size(), CV_32FC1);
78
79      // trainedPointsMarkers[i]의 값이 0이면 첫 번째 화소가 1.0이 된다.
80      // trainedPointsMarkers[i]의 값이 1이면 두 번째 화소가 1.0이 된다.
81      for (int i = 0; i < trainClasses.rows; i++)   {
82          trainClasses.at<float>(i, trainedPointsMarkers[i]) = 1.f;
83      }
84
85      Mat samples = prepare_train_samples(trainedPoints);
86      Ptr<TrainData> tdata = TrainData::create(samples, ROW_SAMPLE,
                                                    trainClasses);
87      Ptr<ANN_MLP> ann = ANN_MLP::create();
88      ann->setLayerSizes(layer_sizes);
89      ann->setActivationFunction(ANN_MLP::SIGMOID_SYM, 1, 1);
90      ann->setTermCriteria(TermCriteria(TermCriteria::MAX_ITER
                                    + TermCriteria::EPS, 300, FLT_EPSILON));
91      ann->setTrainMethod(ANN_MLP::BACKPROP, 0.001);
92      ann->train(tdata);
93      predict_and_paint(ann, imgDst);
94  }
95  #endif
96  ...
97
98  int main()
99  {
100     cout << "Use:" << endl
101         << " key '0' .. '1' - switch to class #n" << endl
102         << " left mouse button - to add new point;" << endl
103         << " key 'r' - to run the ML model;" << endl
104         << " key 'i' - to init (clear) the data." << endl << endl;
105
106     cv::namedWindow("points", 1);
107     img.create(480, 640, CV_8UC3);
```

```
108     imgDst.create(480, 640, CV_8UC3);
109
110     imshow("points", img);
111     setMouseCallback("points", on_mouse);
112
113     classColors[0] = Vec3b(0, 255, 0);
114     classColors[1] = Vec3b(0, 0, 255);
115
116     for (;;) {
117         char key = (char)waitKey();
118         if (key == 27) break;
119         if (key == 'i') {
120             img = Scalar::all(0);
121             trainedPoints.clear();
122             trainedPointsMarkers.clear();
123             classCounters.assign(MAX_CLASSES, 0);
124             imshow(winName, img);
125         }
126
127         if (key == '0' || key == '1') {
128             currentClass = key - '0';
129         }
130
131         if (key == 'r') {
132             double minVal = 0;
133             minMaxLoc(classCounters, &minVal, 0, 0, 0);
134             if (minVal == 0)  {
135                 printf("each class should have at least 1 point\n");
136                 continue;
137             }
138             img.copyTo(imgDst);
139 #if _ANN_
140             Mat layer_sizes1(1, 3, CV_32SC1);
141             layer_sizes1.at<int>(0) = 2;   // 입력층의 개수: 2
142             layer_sizes1.at<int>(1) = 5;   // 은닉층의 개수: 5
143             layer_sizes1.at<int>(2) = (int)classColors.size();
                                                    // 출력층의 개수: 2
144             find_decision_boundary_ANN(layer_sizes1);
145             imshow("ANN", imgDst);
146 #endif
147
148         }
149     }
150
151     return 0;
152 }
```

실행결과

프로그램을 실행하면 위와 같은 실행 창에 생성된다. '0'을 누르고 몇 개의 점을 입력한 후에 '1'을 누르고 몇 개의 점을 입력한다.

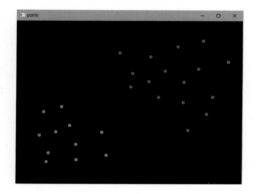

이어서 'r'을 누르면 다양한 알고리즘으로 학습이 시작된다. 학습이 끝나면 각 알고리즘에 대하여 판단 경계선을 보여준다. 즉 어떤 점이 입력되면 어디로 소속되는지를 컬러로 보여준다. kNN 알고리즘과 ANN 알고리즘의 판단 경계선을 비교해보자.

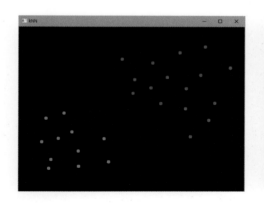
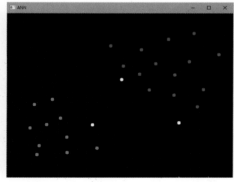

10

OpenCV로 숫자 인식하기

13장에서 kNN 기법을 이용하여서 필기체 숫자를 인식하였다. 여기서는 인식 방법을 신경회로망으로 변경하여 다시 작성해보자. 신경 회로망은 상당한 시간이 걸리기 때문에 학습 반복 횟수를 상당히 제한하였다. 따라서 출력 결과가 상당한 오차를 가지게 된다. 이점 많은 양해 부탁드린다.

13장과 마찬가지로 OpenCV와 함께 제공되는 필기체 데이터를 사용하였다. OpenCV는 5000 글자(각 숫자당 500 글자)가 들어 있는 숫자 영상을 제공한다. digits.png 이미지는 opencv/samples/data 폴더에 있다. 각 숫자 영상은 20 × 20 크기이다. 따라서 첫 번째 단계는 이 이미지를 5000개의 조각 영상으로 분리하는 것이다. 신경회로망을 사용하여 숫자를 학습시키려면 하나의 숫자 영상을 400 화소짜리 한 행으로 만들어야 한다. 여기서는 영상에서 어떤 특징을 추출하지 않는다. 화소값 자체를 특징으로 사용한다.

신경 회로망의 출력은 0, 1, 2, ..., 9가 아니다. 뉴런의 출력은 0.0에서 1.0까지의 실수이다. 따라서

0부터 9까지를 나타내려면 10개의 뉴런이 필요하다. 만약 인식 결과가 0이라면 첫 번째 뉴런의 값이 1.0이 되고 나머지 뉴런의 값은 0.0이 되면 제일 좋다. 다음 그림을 참조하자.

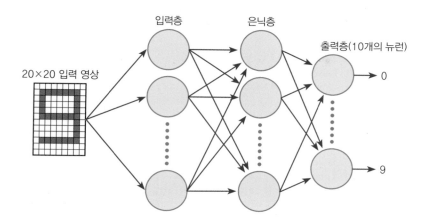

전체 소스는 다음과 같다.

Code 14.3

```
01  #include "opencv2/core.hpp"
02  #include "opencv2/imgproc.hpp"
03  #include "opencv2/ml.hpp"
04  #include "opencv2/highgui.hpp"
05
06  using namespace std;
07  using namespace cv;
08  using namespace cv::ml;
09
10  int main()
11  {
12      Mat img;
13      img = imread("d:/digits.png", IMREAD_GRAYSCALE);
14      namedWindow("original", WINDOW_AUTOSIZE);
15      imshow("original", img);
16      waitKey(0);
17
18      Mat train_features(5000, 400, CV_32F);    // 400×1 영상 5000개
19      Mat labels = cv::Mat::zeros(5000, 10, CV_32F);
20
21      // 20×20 영상을 400×1 영상으로 변환하여 저장한다.
22      for (int r = 0; r < 50; r++) {
23          for (int c = 0; c < 100; c++) {
24              int i = 0;
25              for (int y = 0; y < 20; y++) {
26                  for (int x = 0; x < 20; x++) {
27                      train_features.at<float>(r * 100 + c, i++) = img.at<uchar>
                                                (r * 20 + y, c * 20 + x);
```

```cpp
28                  }
29              }
30          }
31      }
32
33      // 학습 데이터에 대한 레이블 저장
34      for (int i = 0; i < 5000; i++) {
35          if (i < 500) labels.at<float>(i, 0) = 1.0;
36          else if (i < 1000) labels.at<float>(i, 1) = 1.0;
37          else if (i < 1500) labels.at<float>(i, 2) = 1.0;
38          else if (i < 2000) labels.at<float>(i, 3) = 1.0;
39          else if (i < 2500) labels.at<float>(i, 4) = 1.0;
40          else if (i < 3000) labels.at<float>(i, 5) = 1.0;
41          else if (i < 3500) labels.at<float>(i, 6) = 1.0;
42          else if (i < 4000) labels.at<float>(i, 7) = 1.0;
43          else if (i < 4500) labels.at<float>(i, 8) = 1.0;
44          else if (i < 5000) labels.at<float>(i, 9) = 1.0;
45      }
46      Ptr<ANN_MLP> mlp = ANN_MLP::create();
47
48      Mat layersSize = Mat(3, 1, CV_16U);
49      layersSize.row(0) = Scalar(400); // 입력층의 뉴런 개수
50      layersSize.row(1) = Scalar(100); // 은닉층의 뉴런 개수
51      layersSize.row(2) = Scalar(10);  // 출력층의 뉴런 개수
52
53      mlp->setLayerSizes(layersSize);
54      mlp->setActivationFunction(ANN_MLP::ActivationFunctions::SIGMOID_SYM);
55
56      // 10000번만 반복, 오차가 0.0001 이하이면 종료
57      TermCriteria term = TermCriteria(
58          TermCriteria::Type::COUNT + TermCriteria::Type::EPS,
59          10000,
60          0.0001
61      );
62      mlp->setTermCriteria(term);
63      mlp->setTrainMethod(ANN_MLP::TrainingMethods::BACKPROP);
64
65      Ptr<TrainData> trainingData = TrainData::create(
66          train_features,
67          SampleTypes::ROW_SAMPLE,
68          labels
69      );
70
71      mlp->train(trainingData);
72
73      Mat predictedLabels;
74
75      // 학습 데이터를 가지고 테스트해본다.
76      for (int i = 0; i < 5000; i++) {
77          Mat test = train_features.row(i);
78          Mat result;
79          mlp->predict(test, result);
```

```
80        cout << result << endl;
81    }
82 }
```

실행결과

코드설명

```
12   Mat img;
13   img = imread("d:/digits.png", IMREAD_GRAYSCALE);
14   namedWindow("original", WINDOW_AUTOSIZE);
15   imshow("original", img);
16   waitKey(0);
```

d 드라이브에 있는 digits.png 파일을 적재하여 화면에 표시한다.

```
18   Mat train_features(5000, 400, CV_32F);      // 400×1 영상 5000개
19   Mat labels = cv::Mat::zeros(5000, 10, CV_32F);
```

학습을 시키기 위해서는 하나의 샘플이 행렬에서 하나의 행이 되어야 한다. 따라서 5000개의 행을 가지고 각 행마다 20 × 20개의 화소를 가지는 Mat 객체를 생성한다. 마찬가지로 레이블을 위하여 5000 × 1 크기의 Mat 객체를 생성한다.

```
22   for (int r = 0; r < 50; r++) {
23    for (int c = 0; c < 100; c++) {
24       int i = 0;
25       for (int y = 0; y < 20; y++) {
26          for (int x = 0; x < 20; x++) {
27             train_features.at<float>(r * 100 + c, i++) = img.at<uchar>
                                            (r * 20 + y, c * 20 + x);
28          }
29       }
30    }
31 }
```

입력 영상에서 20 × 20 크기로 각 글자들을 잘라서 train_features 객체에 행벡터로 저장한다.

```
34    for (int i = 0; i < 5000; i++) {
35      if (i < 500) labels.at<float>(i, 0) = 1.0;
36      else if (i < 1000) labels.at<float>(i, 1) = 1.0;
37      else if (i < 1500) labels.at<float>(i, 2) = 1.0;
38      else if (i < 2000) labels.at<float>(i, 3) = 1.0;
39      else if (i < 2500) labels.at<float>(i, 4) = 1.0;
40      else if (i < 3000) labels.at<float>(i, 5) = 1.0;
41      else if (i < 3500) labels.at<float>(i, 6) = 1.0;
42      else if (i < 4000) labels.at<float>(i, 7) = 1.0;
43      else if (i < 4500) labels.at<float>(i, 8) = 1.0;
44      else if (i < 5000) labels.at<float>(i, 9) = 1.0;
45    }
```

숫자 0이면 labels의 첫 번째 열의 값만 1.0이고 나머지 열은 전부 0.0이어야 한다. 숫자 1이면 labels의 두 번째 열의 값만 1.0이고 나머지 열은 전부 0.0이어야 한다. 이런 식으로 labels 행렬의 값을 지정한다.

```
65    Ptr<TrainData> trainingData = TrainData::create(
66      train_features,
67      SampleTypes::ROW_SAMPLE,
68      labels
69    );
70
71  mlp->train(trainingData);
```

인공신경망을 이용하여 학습을 수행한다.

```
73    Mat predictedLabels;
74
75    // 학습 데이터를 가지고 테스트해본다.
76    for (int i = 0; i < 5000; i++) {
77      Mat test = train_features.row(i);
78      Mat result;
79      mlp->predict(test, result);
80      cout << result << endl;
81    }
```

학습시킨 데이터에 대하여 올바르게 인식되는지를 테스트해본다. 올바르게 인식되지 않는 숫자들도 있다.

우리는 새로운 테스트 데이터 파일을 읽어서 행벡터로 변경한 후에 올바르게 인식되는지를 테스트할 수 있다. 이때는 다음과 같은 코드를 사용하면 된다.

```
Mat test = imread("d:/digit_test.png", IMREAD_GRAYSCALE);
Mat test1=test.reshape(1, 1);
Mat result;
mlp->predict(test1, result);
cout << result << endl;
```

reshape() 함수가 영상의 열을 1로 만든다. 즉 영상을 읽어서 행벡터로 만든다.

11

Caffe로 영상 인식하기

이번 절에서는 OpenCV 안에 포함되어 있는 Caffe를 이용하여 영상을 인식하여 보자. 많은 영상을 이미 학습시켜 놓은 가중치 파일이 있다. 이 가중치 파일을 이용하여 영상을 올바르게 인식하는지만 테스트해보자. opencv_dnn 모듈을 사용하면 된다. 이 코드는 OpenCV 튜토리얼에 나와 있는 내용을 일부 수정한 것이다.

Code 14.4

```
01  #include <opencv2/dnn.hpp>
02  #include <opencv2/imgproc.hpp>
03  #include <opencv2/highgui.hpp>
04  #include <opencv2/core/utils/trace.hpp>
05  #include <fstream>
06  #include <iostream>
07  #include <cstdlib>
08
09  using namespace cv;
10  using namespace cv::dnn;
11  using namespace std;
12
13  /* 영상에 대하여 최적의 클래스를 찾는다. */
14  static void getMaxClass(const Mat &probBlob, int *classId,
                                                double *classProb)
15  {
16      Mat probMat = probBlob.reshape(1, 1); // 영상을 1x1000 행렬로 바꾼다.
17      Point classNumber;
18      minMaxLoc(probMat, NULL, classProb, NULL, &classNumber);
19      *classId = classNumber.x;
20  }
21
22  static std::vector<String> readClassNames(const char *filename =
                                                "synset_words.txt")
23  {
24      std::vector<String> classNames;
```

```
25      std::ifstream fp(filename);
26      if (!fp.is_open()) {
27          std::cerr << "클래스 레이블이 들어 있는 파일이 없음" << filename <<
                                                              std::endl;
28          exit(-1);
29      }
30      std::string name;
31      while (!fp.eof()) {
32          std::getline(fp, name);
33          if (name.length())
34              classNames.push_back(name.substr(name.find(' ') + 1));
35      }
36      fp.close();
37      return classNames;
38  }
39
40  int main()
41  {
42      CV_TRACE_FUNCTION();
43      String modelTxt = "bvlc_googlenet.prototxt";
44      String modelBin = "bvlc_googlenet.caffemodel";
45      String imageFile = "space_shuttle.jpg";
46      Net net = dnn::readNetFromCaffe(modelTxt, modelBin);
47      if (net.empty()) { exit(-1); }
48
49      Mat img = imread(imageFile);
50      if (img.empty()) {
51          std::cerr << "입력 영상을 읽을 수 없음" << imageFile << std::endl;
52          exit(-1);
53      }
54      // GoogLeNet은 224x224 크기의 RGB-영상만을 인식할 수 있음
55      Mat inputBlob = blobFromImage(img, 1, Size(224, 224),
56          Scalar(104, 117, 123)); // 영상에서 일부를 추출한다.
57      Mat prob;
58      cv::TickMeter t;
59      for (int i = 0; i < 10; i++)
60      {
61          CV_TRACE_REGION("forward");
62          net.setInput(inputBlob, "data"); // 신경회로망의 입력 설정
63          t.start();
64          prob = net.forward("prob"); // 출력을 계산한다.
65          t.stop();
66      }
67      int classId;
68      double classProb;
69      getMaxClass(prob, &classId, &classProb);   //최적의 클래스를 찾는다.
70      std::vector<String> classNames = readClassNames();
71      std::cout << "최적의 클래스: #" << classId << " '" << classNames.
                                          at(classId) << "'" << std::endl;
72      std::cout << "확률: " << classProb * 100 << "%" << std::endl;
73      std::cout << "소요시간: " << (double)t.getTimeMilli() / t.getCounter() <<
```

```
       " ms (average from " << t.getCounter() << " iterations)" << std::endl;
74    return 0;
75  }
```

실행결과

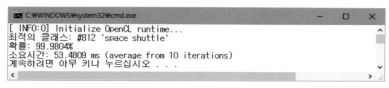

```
C:\WINDOWS\system32\cmd.exe                                    —    □    ×
[ INFO:0] Initialize OpenCL runtime...
최적의 클래스: #812 'space shuttle'
확률: 99.9804%
소요시간: 53.4809 ms (average from 10 iterations)
계속하려면 아무 키나 누르십시오 . . .
```

코드설명

먼저 GoogLeNet 모델 파일인 bvlc_googlenet.prototxt과 bvlc_googlenet.caffemodel를 다운로
드해야 한다. 또한 클래스들의 이름을 가지고 있는 파일 synset_words.txt가 있어야 한다. 이 파일
을 구하여 작업 디렉토리에 추가한다.

```
46    Net net = dnn::readNetFromCaffe(modelTxt, modelBin);
```

현재 경로에서 .prototxt와 .caffemodel 파일을 읽어서 신경 회로망을 초기화한다.

```
47    if (net.empty()) { … }
```

신경회로망이 성공적으로 읽혔는지 확인한다.

```
49    Mat img = imread(imageFile);
50    if (img.empty()) {
51     std::cerr << "입력 영상을 읽을 수 없음" << imageFile << std::endl;
52     exit(-1);
53    }
```

```
54    // GoogLeNet은 224x224 크기의 RGB-영상만을 인식할 수 있음
55    Mat inputBlob = blobFromImage(img, 1, Size(224, 224),
56      Scalar(104, 117, 123));
```

입력 영상을 읽어서 GoogleNet에서 허용하는 BLOB 형태로 변환한다.

먼저 영상의 크기를 조정하고 채널 순서를 변경한다. 이제 영상은 실제로 224 × 224 × 3 형태의 3
차원 배열이 된다. 다음으로 blobFromImages() 생성자 함수를 사용하여 영상을 1 × 3 × 224 ×
224 형태의 4차원 BLOB 형태로 변환한다.

```
62    net.setInput(inputBlob, "data"); // 신경회로망의 입력 설정
```

blob을 신경회로망으로 전달한다.

bvlc_googlenet.prototxt에서 신경회로망은 "data" 이름의 blob를 입력으로 받는다. 따라서 이
blob는 ".data"로 이름이 지정된다. 다른 blob는 "name_of_layer.name_of_layer_output"으
로 이름이 붙여진다.

```
64    prob = net.forward("prob"); // 출력을 계산한다.
```

신경회로망의 순방향 패스를 시작한다.

신경회로망을 순방향으로 통과하는 동안, 각 네트워크 계층의 출력이 계산되지만, 이 예제에서는
"prob" 계층의 출력만 필요하다.

```
67    int classId;
68    double classProb;
69    getMaxClass(prob, &classId, &classProb); //최적의 클래스를 찾는다.
```

영상이 속하는 클래스를 결정한다.

우리는 1000개의 ILSVRC2012 이미지에 대한 확률을 포함하는 "prob" 계층의 결과를 prob에
저장한다. 그리고 이 항목에서 최대값을 갖는 요소의 인덱스를 찾는다. 이 인덱스는 입력 영상의
클래스를 나타낸다.

```
71    std::cout << "최적의 클래스: #" << classId << " '" << classNames.
                                            at(classId) << "'" << std::endl;
72    std::cout << "확률: " << classProb * 100 << "%" << std::endl;
73    std::cout << "소요시간: " << (double)t.getTimeMilli() / t.getCounter() <<
          " ms (average from " << t.getCounter() << " iterations)" << std::endl;
```

결과를 화면에 출력한다.

▶ 기계 학습은 공식을 만들어서 처리할 수 없는 복잡한 문제에 적합하다.

▶ 기계 학습은 "교사"가 존재하는 지도 학습과 "교사"가 없는 자율 학습, 강화 학습으로 나누어진다.

▶ 지도 학습 Supervised Learning 은 "교사"에 의해 주어진 예제와 정답(레이블)을 제공받아서 입력을 출력에 매핑하는 일반적인 규칙을 학습하는 것이다. 지도 학습은 회귀 regression 와 분류 classification 로 나눌 수 있다.

▶ 자율 학습 Unsupervised learning 은 학습 알고리즘이 입력에서 어떤 구조를 발견하는 학습이다. 가장 대표적인 자율 학습이 클러스터링 clustering (군집화)이다.

▶ 강화 학습 reinforcement Learning 은 보상 및 처벌의 형태로 학습 데이터가 주어지는 알고리즘이다.

▶ 인공신경망 neural network 은 1950년대부터 연구되어 온 연구 주제로 인간의 두뇌를 본떠서 컴퓨터로 만들려고 하는 분야이다.

▶ 뉴런에서는 입력에 가중치가 곱해지고 이것들이 전부 합쳐진 후에 이 값이 임계값 이상이 되면 활성화되어서 출력이 나가게 된다. 퍼셉트론은 뉴런을 수학적으로 모델링한 것이다.

▶ 퍼셉트론은 논리적인 AND, OR처럼 선형 분리가능한 문제는 학습할 수 있었지만 논리적인 XOR와 같이 선형으로 분리가 불가능한 문제는 학습이 불가능하였다.

▶ 1980년대에 은닉층을 더한 다층 퍼셉트론을 위한 역전파 학습 알고리즘이 개발되었다. 역전파 학습 알고리즘은 XOR과 같은 문제도 학습이 가능하였다.

▶ DNN Deep Neural Network 에서는 은닉층이 여러 계층으로 이루어진다. 새로운 학습 알고리즘인 딥러닝 deep learning 이 발표되었다. 딥러닝은 다양한 분야에 응용되고 있다.

01 퍼셉트론으로 XOR 문제를 학습할 수 없는 것은 무엇때문인가?

02 선형 분리 가능한 문제란 무엇인가?

03 기계 학습 알고리즘은 어떻게 분류할 수 있는가?

04 KNN 알고리즘은 지도학습인가? 아니면 비지도학습인가?

05 K-means 클러스터링 알고리즘은 지도학습인가? 아니면 비지도학습인가?

06 지도 학습과 자율 학습의 차이점은 무엇인가?

07 역전파 학습 알고리즘을 인터넷의 자료를 이용하여 더 자세히 조사해보자.

08 KNN은 K-means 클러스터링과 어떻게 다른가?

09 현재의 컴퓨터 구조와 인공신경망의 구조를 비교해보자.

10 인공신경망의 최대 장점은 무엇인가?

11 퍼셉트론과 DNN은 어떤 점이 다른가?

12 컨볼루션 인공신경망^{CNN}는 무엇인가?

13 논리적인 OR을 OpenCV의 ANN_MLP 모듈을 이용하여 학습시키는 프로그램을 작성하시오.

14 본문에 나온 필기체 인식 프로그램을 참조하여 사용자로부터 필기체 숫자가 들어 있는 영상을 받아서 어떤 숫자인지를 판별하는 프로그램을 작성해보자.

찾아보기

OpenCV를 이용한
디지털 영상처리
DIGITAL IMAGE PROCESSING Using OpenCV

인 쇄	2019년 1월 31일
발 행	2019년 2월 7일
저 자	천인국
발 행 인	채희만
출판기획	안성일
마 케 팅	한석범, 최 현
편 집	이문영
관 리	이승희
북디자인	가인커뮤니케이션(031-943-0525)
발 행 처	**INFINITY**BOOKS
주 소	경기도 고양시 일산동구 하늘마을로 158 대방트리플라온 C동 209호
대표전화	02)302-8441
팩 스	02)6085-0777

도서 문의 및 A/S 지원

Homepage	www.infinitybooks.co.kr
E-mail	helloworld@infinitybooks.co.kr
I S B N	979-11-85578-40-8(93000)
등록번호	제25100-2013-152호
판매정가	**33,000원**